RECUPERAÇÃO
judicial

Artur **Lopes** Luidg **Uchoa**

RECUPERAÇÃO
judicial

Um guia descomplicado
para empresários,
executivos e outros
profissionais de negócios

Presidente
Henrique José Branco Brazão Farinha

Publisher
Eduardo Viegas Meirelles Villela

Editora
Cláudia Elissa Rondelli Ramos

Preparação de texto
Gabriele Fernandes

Revisão
Fabrícia Doretto
Renata da Silva Xavier

Projeto gráfico de miolo e editoração
Camila Rodrigues

Capa
Casa de ideias

Impressão
Edições Loyola

Copyright © 2014 *by* Artur Lopes e Luidg Uchoa
Todos os direitos reservados à Editora Évora.
Rua Sergipe, 401 – Cj. 1.310 – Consolação
São Paulo – SP – CEP: 01243-906
Telefone: (11) 3562-7814/3562-7815
Site: http://www.editoraevora.com.br
E-mail: contato@editoraevora.com.br

DADOS INTERNACIONAIS PARA CATALOGAÇÃO NA PUBLICAÇÃO (CIP)

L85r

Lopes, Artur
  Recuperação judicial : um guia descomplicado para empresários, executivos e outros profissionais de negócios / Artur Lopes e Luidg Uchoa. - São Paulo : Évora, 2013.
  320p. ; 16x23cm.

  Inclui bibliografia.
  ISBN 978-85-63993-73-1

  1. Administração de crises. 2. Falência. 3. Falência – Brasil. 3. Sociedades comerciais – Recuperação. 4. Sociedades comerciais – Recuperação – Brasil. I. Uchoa, Luidg. II. Título.

CDD- 658.4056

JOSÉ CARLOS DOS SANTOS MACEDO - BIBLIOTECÁRIO -- CRB7 N. 3575

Deus quer, o homem sonha, a obra nasce.

– Fernando Pessoa –

Este livro é dedicado à Adriana, Beatriz, Conceição e Gabriel
– Artur Lopes–

Este livro é dedicado à Roberta, Lucas, Pedro e Laura
– Luidg Uchoa–

Apresentação

A ideia de escrever este livro surgiu quando fomos colocados diante de um dilema prático: requerer ou não a recuperação judicial numa empresa para a qual estávamos prestando consultoria.

Após listar prós e contras e encaminhar nossa decisão, nos demos conta que, até mesmo para nós, que conhecemos um pouco a matéria, a opção pela recuperação judicial é difícil. Sendo assim, o que se dirá dos empresários não versados no tema e que estão sendo pressionados pela premência das circunstâncias?

Quando a dificuldade aparece, o empresário se vê lançado em um assustador pântano, no qual se movem os mais variados interesses, alguns deles legítimos, outros nem tanto.

Nesse momento, com a superveniência da dificuldade, o gestor é confrontado por bancos, fornecedores, sindicatos e credores em geral – quando não por seus sócios ou até mesmo pela família. Em momentos assim, em que a perpetuidade da companhia é desafiada, há uma profusão de opiniões que apontam para caminhos muitas vezes contraditórios entre si. Toda sorte de situações é cogitada: a possibilidade da venda total da empresa; a obtenção de um sócio capitalista; a descontinuação do negócio e a venda dos ativos para cobrir as dívidas... E quando o desespero e a urgência são grandes, costuma-se surgir, entre as cogitações, a impetração de uma recuperação judicial.

O empresário, quando pensa no requerimento de uma recuperação judicial, inicia, muitas vezes, uma desmesurada quantidade de consultas a advogados e a empresas de consultoria especializadas na confecção de planos de recuperação judicial e de gestão de crise. No curso dessa romaria, é importante que se tenha uma visão muito clara daquilo que pode ser feito e do que não pode ser feito a fim de evitar armadilhas, perda de tempo, de dinheiro e, principalmente, de alento e energia que, num momento de dificuldade como esse, constituem recursos tão importantes quanto os demais.

Esta obra, embora sucinta, tem a ambição de poder oferecer ao empresário uma visão abrangente do processo de reestruturação de uma empresa por intermédio de uma recuperação judicial.

Ser informado de todos os ônus e bônus desse processo por meio de advogados pode, eventualmente, contemplar um conflito de interesses, pois, na condição de prestadores de serviço, estes desejam efetuar a venda e, certamente, ressaltarão as virtudes do instituto e a sua própria proficiência técnica para conduzir o problema.

Já se disse, e concordamos, que informação é poder.

Portanto, ao conhecer melhor o processo de recuperação judicial, o empresário poderá, de forma isenta, cotejar os pontos positivos e negativos de sua adoção no que se aplica ao seu caso particular. Em última análise, terá os instrumentos tanto para verificar se o processo lhe convém ou não, como para questionar seus interlocutores e intervir no processo de maneira assertiva, caso nele queira ingressar. E principalmente, o conhecimento permite que ele não se torne refém desses prestadores de serviço, de credores ou de quem quer que seja.

Que fique claro, entretanto, que esta obra pretende oferecer uma visão geral do processo de recuperação privilegiando os seus aspectos mais significativos. O foco do trabalho é a abordagem pratica e voltada, em especial, para um publico leigo. Que não se espere, nas páginas seguintes, um aprofundado estudo sobre o instituto e sua interpretação dentro e fora dos Tribunais. Tal espaço, acreditamos, vem sendo bem ocupado por uma farta doutrina e por uma dinâmica exegese do Judiciário.

Para alguns, portanto, a obra pode ser tida como rasa, simplista até, porém ela não é um ponto de chegada, mas, sim, de partida para aqueles os quais, no final, a lei é dirigida, ou seja, empresários e executivos de empresas.

Prefácio

Na qualidade de empresário e presidente de uma das maiores associações comerciais do Brasil, não foram poucas as vezes em que me deparei com situações de penúria e de extremo sofrimento em virtude de reveses da vida empresarial.

Ao contrário do que pressupõe o senso comum, o empresário (aquele que é o honesto), sofre tanto ou mais do que seus credores, funcionários e parceiros de negócio.

A crise, a dificuldade de uma empresa, apesar de indesejada, faz parte do ciclo de vida das organizações que por vezes tem a sua perpetuidade ameaçada.

A vida me ensinou que as organizações que sublimam a crise e dela saem revitalizadas são aquelas em que os seus dirigentes tem clareza, coragem e ousadia.

O tema desta obra é particularmente incômodo, ninguém, em sã consciência, empreende acalentando o pensamento de que em algum momento vai sofrer uma crise, que a falência do seu empreendimento poderá ocorrer.

No entanto, é necessário estar atento e desprovido de preconceitos quando a luta pela sobrevivência passa a dominar o cotidiano.

Um pedido de recuperação judicial, convenhamos, não é uma das melhores experiências da vida de um empresário, porém, em determinados casos, é condição não só de sobrevivência, mas também de viabilização do negócio.

Há situações em que os caminhos difíceis são os únicos a percorrer. O preconceito, o orgulho, o apego e o receio da repercussão de determinadas medidas para os interlocutores cotidianos muitas vezes inibem ações necessárias, e essa hesitação apenas complica um cenário, em alguns casos, já debilitado.

Vi, nesta obra, um importante apoio para o empresário que, em algum momento da trajetória, se vê em dificuldades.

Digo isso, não por que o livro permite ao empresário antever os benefícios de uma recuperação judicial, mas porque informa de maneira isenta e, assim fazendo, permite também o contrário: a opção por se evitar esse procedimento extremo.

Esta obra traz informação acessível e imparcial propiciando que o empresário, quando acossado pelos acontecimentos, possa, ele mesmo, sem interferência de credores, funcionários de confiança, consultores e advogados, julgar o que melhor lhe convém e, obtendo essa clareza, municiar-se da coragem que será o seu combustível nessa travessia.

André Menezes,
Presidente da Associação Comercial de Osasco.

Sumário

Apresentação IX

Prefácio XI

Introdução 1

Capítulo 1. Origem da recuperação judicial, evolução do instituto e direito comparado ... 4

Capítulo 2. Quando é necessária a recuperação judicial? 7

Capítulo 3. Classificação dos débitos quanto à sua incidência na recuperação judicial ... 12

Capítulo 4. Requisitos para o requerimento da recuperação judicial 20

Capítulo 5. Providências (gestão, advogado e assessoria contábil) 23

Capítulo 6. Documentos necessários 26

Capítulo 7. Ajuizamento do processo e providências no *day-after* 32

Capítulo 8. Processamento do pedido 35

Capítulo 9. Elaboração do plano 47

Capítulo 10. Apresentação do plano 58

Capítulo 11. Modalidades de aprovação 60

Capítulo 12. Desdobramentos 69

Capítulo 13. Da falência 70

Capítulo 14. Passivo tributário na recuperação judicial 72

Capítulo 15. Conclusão 74

Posfácio 76

Plano de recuperação judicial – Empresa 1 79

Plano de recuperação judicial – Empresa 2 149

Plano de recuperação judicial – Empresa 3 221

Agradecimentos 299

Introdução

Além da motivação específica a que nos referimos na apresentação, há muito vimos pensando em escrever sobre recuperação judicial. Primeiro porque esse instituto permite, quando bem utilizado, garantir a perpetuidade das empresas, manter postos de trabalho e preservar fontes geradoras de riqueza e, portanto, é de interesse geral e até mesmo social, a difusão dos meios para a sua correta utilização.

Outra razão é que a recuperação judicial ainda é instrumento pouco conhecido dos empresários, e mesmo dos profissionais que se dedicam à revitalização de organizações em dificuldades financeiras e operacionais. Tal desconhecimento faz com que se percam boas oportunidades de efetivamente promover a superação dos reveses decorrentes da existência corporativa e recolocar empresas, empregados e comunidades no caminho da prosperidade.

Ao longo de quase uma década, tivemos contato com dezenas, talvez centenas, de empresários. Em várias reuniões, a questão da recuperação judicial surgia, ora sendo entendida esperançosamente como uma saída para uma situação desafiadora, ora sendo refutada como algo a ser evitado a qualquer custo. No entanto, percebíamos que, em qualquer uma dessas situações, tais empresários tinham apenas um palpite sobre o que era tal instituto, na maior parte das vezes as informações surgiam de "ouvir dizer". Nunca encontramos entre esses homens de negócio algum que tivesse pelo menos um razoável conhecimento da mecânica de funcionamento do processo, das suas consequências e dos riscos a ele inerentes.

Nossa motivação em escrever sobre o tema é, portanto, enfrentar tal "desconhecimento" que deriva, dentre outros motivos, da ausência de uma literatura específica sobre os aspectos da administração de uma empresa em crise e sobre a recuperação judicial propriamente dita. Aliás, devemos nos corrigir: existem, sim, dezenas, talvez centenas de obras sobre a recuperação judicial. Porém, todas elas priorizam exclusivamente o enfoque jurídico da questão. São obras escritas e dirigidas a advogados, juízes, promotores e profissionais que circunstancialmente atuam nos processos, como peritos, administradores judiciais, membros de comitê de credores, etc. Abusando de jargões técnicos, estão longe, a nosso ver, do alcance de pessoas leigas.

Mas, por sua vez, esses operadores do Direito que dominam tão bem os aspectos processuais e doutrinários carecem de uma visão pulsante da realidade de uma empresa em crise que, diga-se, vai além, muito além daquilo que nos autos consta. Por meio de uma melhor apresentação do tema, ou seja, através de uma perspectiva ampla, acreditamos que esses profissionais estariam mais engajados no processo de superação da dificuldade, com uma visão abrangente do todo, não se restringindo apenas aos aspectos jurídicos.

E, finalmente, cremos que um livro sobre recuperação judicial pode ser relevante a funcionários, fornecedores, clientes ou credores, os chamados *stakeholders*. Dessa maneira, eles poderão entender todo o contexto e a ele dedicar seus esforços para que, ao final, possam bem defender seus interesses e propiciar as condições necessárias para que a empresa triunfe.

Portanto, esta obra é muito ambiciosa na medida em que se propõe a dialogar com diversos públicos: os operadores do Direito (promotores, juízes, advogados); executivos e funcionários de empresas em recuperação judicial, ou em vias de nela ingressar; empresários; os interessados na condução de processos de recuperação judicial e ao público em geral, já que em um país de tamanha oscilação econômica, crises, lamentavelmente, passam a ser um assunto de interesse geral.

Dito isso, vale a pena ressaltar que o processo de recuperação judicial exige, atualmente, não somente um trabalho jurídico, como ocorria no tempo da concordata, mas uma atuação multidisciplinar. Ou seja, a condução adequada de um processo deste tipo requer maestria, não somente no manejo de petições, mas também, principalmente, na elaboração do Plano de Recuperação Judicial, na sua execução e administração cotidiana.

Diferentemente do intrépido e heroico falencista (essa era, e ainda é, a designação do advogado especializado em concordatas e recuperações judiciais), que tudo resolvia com a verve de suas petições, a condução do processo de resgate e salvamento de uma empresa não está mais entregue somente ao profissional jurídico. Agora, entraram em cena empresas especializadas na elaboração de planos de recuperação judicial ou, ainda, empresas de consultoria que administram a companhia, tanto no período anterior, quanto no curso da recuperação.

Atualmente, a saída de uma situação de crise não passa somente pela concessão de prazos e descontos, como se dava na época da concordata. Não é raro, nos tempos atuais, que os credores constituam-se em SPEs (Sociedades de Propósito Específico) que irão gerir e/ou partilhar ativos dos quais a empresa possa dispor para o pagamento das dívidas. Há leilões de dívida que atendem à conveniência tanto do credor, que pretende solucionar em menor prazo o problema; quanto da empresa, que conseguirá deságio sobre o seu endividamento. Enfim, há, hoje, uma abrangente sofisticação no tratamento de uma dificuldade financeira, o que torna a informação uma importante aliada do empresário, que lhe permitirá conduzir o trabalho e não ser conduzido por ele.

Finalmente, a grande ambição desta obra é oferecer de maneira acessível a diversos públicos a sistematização e consolidação de conhecimentos esparsos que, bem aplicados, poderão fazer a diferença entre a vida e a morte de uma organização.

Como se vê, pretensão é o que não nos falta. Esperamos que, ao final da leitura, nossos leitores se sintam enriquecidos e com uma visão mais abrangente de todo o processo da recuperação judicial.

Capítulo 1. Origem da recuperação judicial, evolução do instituto e direito comparado

A recuperação judicial não é um instrumento que surgiu da noite para o dia. Ela é fruto de uma evolução considerável em relação à maneira com que o Estado brasileiro costumava lidar com empresas em dificuldades e, além disso, pode ser considerada uma evolução de mentalidades que tem suas raízes na pré-história do Direito.

A intervenção do Estado, mediando a relação entre particulares no sentido de que os interesses dos credores fossem preservados, transformou-se de maneira significativa. Da possibilidade de se manter o devedor em cárcere privado ou escravizá-lo, como preconizado no Direito Romano, chegou-se a legislações que, não desprotegendo os credores, passaram a observar a importância e o relevo social da empresa tentando preservá-la dentro do possível.

Não obstante a existência de legislação específica sobre insolvência, tanto no Direito Medieval, quanto no Direito Moderno, seu impulso maior deu-se somente no pós-guerra, fruto do progresso econômico e da multiplicação de empreendimentos, e aprimorou-se em diversos países, tornando-se uma legislação que assistia à companhia em crise e lhe dava a possibilidade de superá-la.

Atualmente, segundo Waldo Fazzio Junior[1]:

> A tendência dos atuais sistemas jurídicos regentes da insolvência é o da realização dos direitos dos credores mediante a recuperação da empresa devedora, ficando a falência como antídoto residual, de cunho liquidatário, dirigida exclusivamente aos empreendimentos inviáveis.

---

[1] FAZZIO JÚNIOR, Flávio. *Lei de falência e recuperação de empresas*. 3. ed. São Paulo: Editora Atlas, 2006, p. 28.

No Brasil, foi o decreto-lei nº 7.661/45 que instituiu a falência e a concordata; a primeira regulamentando a liquidação da empresa, e a segunda concedendo ao *empresário honesto* e *infeliz nos negócios* a possibilidade de sublimar o momento de crise.

A antiga concordata preventiva era *dilatória*, quando o credor solicitava a concessão de prazo, que não poderia superar 24 meses para o pagamento; *remissória*, quando o credor pleiteava um desconto na dívida e; a *mista*, quando desconto e prazo eram solicitados. Havia, ainda, a obrigatoriedade de quitação de 2/5 da dívida no primeiro ano.

O figurino legal era claramente engessado e já não correspondia, há muito, às exigências de uma sociedade cada vez mais dinâmica e inserida numa nova ordem econômica na qual os negócios se fazem de modo instantâneo e pulsante. A internet, a telefonia celular e a integração comercial entre países e blocos modificaram por completo o ambiente econômico.

Ademais, além do evidente anacronismo quanto aos meios de superação da crise, a concordata também apresentava dificuldades técnicas para a sua concessão, ao exigir que o ativo da empresa correspondesse a mais de 50% do seu passivo quirografário[2] ou que o devedor não tivesse título protestado por falta de pagamento.

Em que pese a jurisprudência haver abrandado tais requisitos, é certo que permanecia-se sempre à mercê de boa interpretação e da boa vontade do julgador que, no mais das vezes, não faltavam. Porém, não eram poucos os juízes insensíveis à evolução interpretativa, especialmente nos grotões do País.

É inegável, portanto, que a lei nº 11.101, de 9 de fevereiro de 2005 – (lei que regula a recuperação judicial, a extrajudicial e a falência do empresário e da sociedade empresária), constitui um avanço não só por ampliar expressivamente os meios de recuperação da empresa, bem como por conclamar todos os interessados a participar do processo de superação da crise por meio da assembleia ou mesmo integrando o comitê de credores.

O Brasil alinhou-se com a vanguarda do direito nessa matéria, pois diversos países atualizaram sua legislação de salvaguarda da empresa em crise. Como exemplos desse movimento temos a Itália (1991), Portugal (1993), Alemanha (1999) e Espanha (2003).

Não obstante a constante evolução da proteção à empresa nos países citados, o certo é que o legislador brasileiro parece ter se inspirado no exemplo da Legislação

---

[2] Veja a definição de quirografário presente no Dicionário Houaiss da Língua Portuguesa: "JUR 1. que não goza de preferência com relação aos demais." HOUAISS, Antonio. *Dicionário Houaiss da língua portuguesa*. Rio de Janeiro: Editora Objetiva, 2009. p. 1.598.

Norte-Americana sobre a proteção de credores e preservação da empresa. Essa legislação denomina-se *Bankruptcy Act*, de 1978, que, dentre outras providências, criou Tribunais especializados em direito falimentar. Essa legislação veio sob a forma de 13 capítulos, e a dinâmica da nossa atual legislação incorpora muito dos dispositivos ali inseridos, especialmente no Capítulo 11, concebidos para propiciar condições para a recuperação da empresa.

Capítulo 2. Quando é necessária a recuperação judicial?

O empresário, nos dias de hoje, se vê cotidianamente diante de diversos dilemas pois as tecnologias, que não cessam de se multiplicar; a integração e interdependência de economias e empresas; e, até mesmo, a modificação de modos de produção tornam inconsistentes certezas que outrora eram sólidas.

Muitos desses empresários e suas respectivas empresas, desatentos aos novos ventos ou impossibilitados de modificar suas estruturas de maneira desejável, acabam experimentando dificuldades no giro dos seus negócios e são obrigados a reestruturarem-se, sob pena de sucumbirem.

O processo de reestruturação nunca é algo simples. Demanda a gestão concomitante de inúmeras variáveis que, se não forem bem administradas, poderão provocar a quebra da companhia.

Já manifestamos a opinião de que o processo de recuperação judicial, além de oneroso por demandar os serviços de profissionais caros (advogados, gestores, assessores, administrador judicial e eventualmente peritos), pode tornar a administração da empresa menos ágil. Isso ocorre na medida em que esta pode ser fiscalizada por um comitê de credores e, em última instância, até mesmo pelo Magistrado e pelos representantes do Ministério Público. Essas entidades podem ver, num ato de gestão, um potencial lesivo aos direitos dos credores, ainda que a motivação em empreendê-lo tenha sido a melhoria da empresa com o objetivo de gerar melhores condições para saldar o débito.

Em princípio, ainda que na contramão dos gestores, somos contra o requerimento de recuperação judicial, pois acreditamos que ela dificulta a administração e só deve ser utilizada como recurso extremo. Nos últimos anos, o mercado assistiu a tal festival de ajuizamentos de processos de recuperação judicial e alguns estão convencidos de que vivemos mesmo a consolidação de uma indústria de recuperação judicial insuflada por gestores preguiçosos, credores gananciosos e advogados com poucos escrúpulos e nenhuma isenção. Todos estes personagens são, evidentemente, patrocinados por empresários e executivos reféns de uma situação de medo e da falta de preparo para lidar com crises.

Há situações específicas, entretanto, em que a discussão sobre a necessidade de uma recuperação judicial é supérflua. Em determinadas circunstâncias, simplesmente não há saída. A distinção de quando esse instituto é imprescindível e quando ele é evitável passa por uma interpretação e avaliação muito técnicas. Não há uma receita aplicável a qualquer empresa.

Antes de optar, ou não, pela recuperação judicial, o empresário deve, obrigatoriamente, mergulhar nas condições do seu negócio e na situação de sua empresa, a fim de ter um diagnóstico da situação e um prognóstico de conduta.

Não nos deteremos, nesta obra, sobre os elementos necessários para o entendimento da situação e diagnose. Para se diagnosticar uma empresa eu, Artur, escrevi sobre o tema em duas ocasiões[1].

Tendo em conta que na imensa maioria das crises financeiras há um estrangulamento do fluxo de caixa, especialmente no curto e médio prazos, e uma incapacidade da empresa arcar com seus compromissos nas bases em que foram originalmente contratados, o que determina a necessidade (ou não) da recuperação judicial é a possibilidade ou impossibilidade de rearranjar esses débitos com os credores.

Assim, se determinada empresa, hipoteticamente, fatura 10 milhões de reais mensalmente, tem um lucro de um milhão de reais e deve 48 milhões de reais, ela, desprezando-se o serviço da dívida (juros e correção monetária), poderia, em tese, renegociar o passivo com seus fornecedores em 48 meses, evitando, desse modo, uma recuperação judicial e seus encargos.

Sucede, entretanto, que nem sempre aquilo que é matematicamente simples pode ser implementado em virtude de vários fatores, dentre os principais, destacam-se dois:

- Receptividade dos credores.
- Características do débito.

Vamos analisá-los.

---

[1] LOPES, Artur; HIPÓLITO, Jonas. *Manual de gestão de crise financeira e turnaround*, São Paulo: Editora IOB, 1999.
LOPES, Artur. *Quem matar na hora da crise*. São Paulo: Editora Évora, 2011.

A dinâmica atual dos negócios, diferentemente de outrora, é quase sempre impessoal. Assim, muitas vezes, o laço que une o credor ao devedor é unicamente a entrega do bem ou serviço contratado, e o pagamento do preço acordado.

Atualmente, as lógicas de médio e longo prazo são substituídas pela necessidade de apresentação de resultados imediatos. Os executivos são desafiados a apresentar o lucro quase que instantaneamente, e qualquer óbice aos bons números momentâneos, é entendido como elemento retardador, ainda que posteriormente resulte em bons negócios.

A *tendência* do conjunto de credores, até por não conhecerem o problema em profundidade e também carecerem de tecnologia para análise, é minimizar, reduzir o prazo de qualquer renegociação, ou até mesmo negá-la peremptoriamente. Com tal postura, pressionam o devedor que, muitas vezes, depende desses mesmos parceiros comerciais para o giro de seus negócios.

Havendo escassez de recursos, o processo de renegociação, além de necessário, deve ser técnico e cercado de cuidados e respeito à figura do credor. O que deve inspirar esse processo é o propósito de proteger os interesses de todos, mesmo daquele credor que reluta em aceitar a nova proposta.

O que diferencia a seriedade da leviandade é sempre uma abordagem técnica que comprove a necessidade de alterações naquilo que foi pactuado primitivamente. Dessa maneira, quando acompanhada da metodologia e abordagem corretas, pode-se, sim, obter, ainda que a contragosto de outras partes, o alongamento do pagamento da dívida pela via negociada.

Nessas situações, em que uma abordagem técnica evidencia a seriedade e a necessidade daquilo que é solicitado, ainda que impelido a conformar-se com uma situação diversa da que almejava, o credor avalia que terá mais chances de reaver seu crédito pela via negociada do que o exigindo judicialmente.

Outro argumento que normalmente sensibiliza os credores reside na recorrência dos negócios, ou seja, caso sejam repactuadas as condições originalmente ajustadas e estabilizada a operação, o devedor continuará a adquirir os bens ou os serviços até então fornecidos pelo credor. E mais, o estreitamento da relação poderá fidelizar esse consumidor que, inclusive em algumas situações, passa a comprar à vista, sem risco adicional.

Há, por outro lado, débitos que, por força de garantias concedidas, deixam pouca margem de renegociação. Assim, temos os débitos de *leasings* e aqueles garantidos por *alienação fiduciária*, cuja execução, muitas vezes, caso o contrato já esteja em estágio avançado de cumprimento, representa, pelo caminho judicial, até mesmo um ganho para o credor. Pois este, num primeiro momento, irá retomar liminarmente o bem, realizá-lo, e, com muita calma, conduzir uma discussão judicial sobre a matéria e, em alguns casos, até mesmo sobre o saldo remanescente da operação financeira.

Como dissemos no início, a reestruturação de uma empresa não é algo simples. É necessário, portanto, nessas situações, munir-se de um arsenal técnico que embase as solicitações, além de ter conhecimento do contexto e experiência no redesenho de passivos com fornecedores, bancos e assemelhados e credores em geral, até mesmo, em último caso, trabalhistas.

O principal equívoco dos empresários, ao longo desses processos, é negociar pontualmente, capitulando, às vezes rapidamente, aos credores mais agressivos e intransigentes, o que nunca implica em bons resultados. Ao contrário disso, em virtude do envolvimento emocional, recomenda-se, sempre que possível, que o empresário nunca vá diretamente para o *front* de negociação. A sua intervenção deve se dar apenas na finalização do acordo.

Não há uma fórmula, não há um cálculo matemático que possa determinar quando é o caso de ajuizar ou evitar um processo de recuperação judicial. Até mesmo as considerações feitas acima podem cair por terra se um credor relevante resolver, por capricho, furtar-se a renegociar o débito ou, por mera liberalidade, realizar uma negociação inusitada.

Apesar da inexistência de parâmetros objetivos, temos como experiência que as empresas que consigam renegociar seus débitos com fornecedores e bancos em até 60 meses conduzem o processo de reestruturação sem a necessidade de recuperação judicial.

Cada realidade é uma realidade, não podemos generalizar. Há, como dissemos, diversas variáveis envolvidas no processo de reestruturação de uma empresa. Os credores nunca são os mesmos, e o prazo acima é meramente indicativo, cabendo ao empresário, após diagnosticar concretamente a sua operação, avaliar o que melhor lhe convém.

> O executivo e empresário atento e responsável, se exposto a um caso concreto, necessariamente deve avaliá-lo à luz de todas as variáveis presentes. Caso não reúna condições para isso, é preciso assessorar-se de profissionais reconhecidamente experientes e idôneos. Enfatizamos que este livro não recomenda nenhuma providência em abstrato, sem uma profunda análise das circunstâncias concretas. Não estamos tratando, como já dissemos, de uma ciência exata.

Certamente, haverá empresas que, mesmo necessitando do alongamento de sua dívida em prazos menores ou iguais a 60 meses, serão forçadas a requerer o favor legal em função das suas peculiaridades. Dizemos, portanto, que é *factível* o redesenho dos passivos nesse prazo, não que seja imperativo ou mesmo indicado.

Já quanto às empresas cujo prazo necessário para pagar as dívidas supera esse período de 60 meses, é mais ou menos óbvio que a negociação direta é fadada ao insucesso. Ao credor normalmente é mais garantido, nessa situação, recorrer ao Judiciário. Numa análise superficial, é possível afirmar que, na maioria desses casos, a empresa reclama o ajuizamento de um pedido de recuperação judicial para proteger-se de pedidos de falência e arrestos, sequestros e demandas contra seus ativos e, nem por isso, como se verá, ela perde a sua viabilidade.

Capítulo 3. Classificação dos débitos quanto à sua incidência na recuperação judicial

Ao examinarmos a lei que regulamenta a recuperação judicial, ela pode nos parecer clara quanto ao seu alcance. No entanto, o fato é que, infelizmente, nem todos os débitos estão sujeitos aos seus efeitos. Por esse motivo, o entendimento da natureza dos passivos e o seu tratamento é de grande importância para a compreensão do que pode e do que não pode ser feito sob a égide do instituto.

A Lei de Recuperação Judicial, em seu artigo 49, diz que: "Estão sujeitos à recuperação judicial todos os créditos existentes na data do pedido, ainda que não vencidos."

Note-se, portanto, que o comando legal fala de *todos* os créditos, ou seja, independentemente da data de pagamento, sem diferença entre as obrigações vencidas ou a vencer, ainda que no longo prazo. A lei se refere a todas as obrigações contraídas, independentemente da data de seu vencimento.

Como estamos abordando o assunto sob a ótica do empresário e da empresa devedores, ou seja, dos possíveis requerentes de uma recuperação judicial, vamos nos referir às obrigações contraídas como "débitos", como os compromissos que a empresa tem a pagar e que poderão, ou não, conforme a sua natureza, incluir-se no processo de recuperação judicial.

Vamos analisar, doravante, quais débitos estão e quais não estão sujeitos ao favor legal.

3.1. Débitos sujeitos à recuperação judicial

Muito embora a existência de débitos excluídos da incidência da recuperação judicial constitua um obstáculo adicional para as empresas em dificuldades, o fato é que, normalmente, a maior parte da dívida pode, sim, enquadrar-se nesse instituto.

A recuperação judicial prevê três categorias de credores:

a.   Credores trabalhistas;

b.   Credores com garantia real;

c.   Credores quirografários (sem garantia específica).

Como se verá no curso desta obra, os planos de recuperação judicial normalmente são aprovados após a realização de uma assembleia de credores na qual todas as três classes citadas anteriormente têm poder de voto. A aprovação ou rejeição do plano, havendo assembleia, se dará mediante o quórum estabelecido em lei e sobre o qual falaremos adiante.

Antes, porém, vejamos as características de cada uma das classes de credores:

A. CREDORES TRABALHISTAS

Compõem essa classe todos os débitos decorrentes de relação trabalhista contraídos até a data de ajuizamento da recuperação judicial. Note-se que, para constar como credor, o titular necessita de um crédito reconhecido, que pode derivar de um processo judicial que tenha declarado a obrigação da empresa em pagar determinada quantia; se originar da falta de pagamento de alguma importância incontroversa – reconhecida por ambas as partes, como no caso de verbas rescisórias –; ou ser decorrente de um dever legal imposto à empresa.

Não constituem créditos trabalhistas as ações judiciais em que se discute vínculo trabalhista, existência ou não de horas extras, horas adicionais, equiparações, etc. Exceções se aplicam quando na data do requerimento do favor legal não houver mais recurso ou se a decisão, no jargão do Direito, houver transitado em julgado.

B. CREDORES COM GARANTIA REAL

Os débitos com garantia real são aqueles cujo pagamento é assegurado por uma garantia específica da própria empresa. Assim, as garantias reais mais usuais conferidas aos credores são hipoteca, penhor e a anticrese.

A hipoteca é uma garantia real que confere ao credor (aquele que empresta dinheiro, geralmente um banco) o direito de ser pago pelo valor do bem.

O penhor é um direito real de garantia que recai normalmente sobre coisas móveis ou mobilizáveis, as quais devem ser entregues ao credor e deve conter especificação do bem, que é um requisito intrínseco dessa garantia.

A anticrese é o contrato pelo qual o devedor, ou um terceiro, atribui a posse de um imóvel seu ao credor, para que este perceba em compensação da dívida os respectivos frutos. A anticrese tem muito pouca utilização.

C. CREDORES QUIROGRAFÁRIOS (SEM GARANTIA ESPECÍFICA)

Todo e qualquer débito que não tenha origem numa relação de trabalho ou não disponha de garantia real da empresa, ou não faça parte do *hall* das exclusões que veremos adiante é, para os fins e efeitos de uma recuperação judicial, quirografário.

Se um débito, por exemplo, for garantido por uma hipoteca de um bem de propriedade do sócio, para os fins e efeitos de alocação do crédito na recuperação judicial, ele será quirografário, pois a garantia oferecida é de terceiro, não da empresa.

Há situações, inclusive, em que a natureza do débito o exclui da recuperação judicial – como na hipótese de alienação fiduciária – mas a garantia do bem alienado é inferior ao saldo devedor e, essa diferença, não coberta, será classificada como um débito quirografário. Em tal hipótese, o débito não está sob os efeitos da recuperação judicial até o valor do bem dado em alienação fiduciária. O restante do saldo devedor é quirografário.

Também será quirografário, como se verá ao longo desta obra, a operação que, embora celebrada nos moldes de algum dos institutos que não se acham sujeitos à recuperação judicial, não seguiu as formalidades de registro.

Assim, como regra, todo e qualquer débito sujeito aos efeitos da recuperação judicial e que não tenha garantia real ou que não seja oriundo de uma relação de trabalho será quirografário. Na prática, isso se dá na maioria dos débitos contraídos junto a fornecedores que, em virtude do dinamismo das relações comerciais, normalmente não são calçados por nenhuma garantia real da empresa.

3.2. DÉBITOS NÃO SUJEITOS À RECUPERAÇÃO JUDICIAL

A Lei de Recuperação Judicial, ao longo de seu texto, faz referência a algumas situações em que débitos são excluídos da sua abrangência. Vamos, doravante, nos deter neles e verificar a sua implicação. Como regra geral, todos os débitos estão sujeitos ao favor legal, as hipóteses listadas a seguir constituem exceções.

Assim, por força dos parágrafos 3º e 4º do artigo 49 e de todo o artigo 68 da referida lei[1], consideram-se excluídos da recuperação judicial os:

---

[1] "3º Tratando-se de credor titular da posição de proprietário fiduciário de bens móveis ou imóveis, de arrendador mercantil, de proprietário ou promitente vendedor de imóvel cujos respectivos contratos contenham cláusula de irrevogabilidade ou irretratabilidade, inclusive em incorporações imobiliárias, ou de proprietário em contrato de venda com reserva de domínio, seu crédito não se

a. Débitos decorrentes de alienação fiduciária;
b. Débitos decorrentes de contrato de arrendamento mercantil;
c. Débitos com proprietário ou promitente vendedor de imóvel cujos contratos tenham a cláusula de irrevogabilidade ou irretratabilidade, inclusive em incorporações imobiliárias;
d. Débitos decorrentes de venda em reserva de domínio;
e. Débitos decorrentes de adiantamento de contrato de câmbio;
f. Débitos tributários.

Muito embora não se justifique, na nossa visão, a exclusão de tantos e tão representativos débitos, o legislador procurou preservar, nos parece claro, na maioria das excludentes, os contratos nos quais o credor é proprietário de um bem e o devedor o detém numa posse precária, não definitiva. Vamos nos deter em cada um delas:

A. DÉBITOS DECORRENTES DE ALIENAÇÃO FIDUCIÁRIA

A alienação fiduciária encontra-se disciplinada em legislação própria[2] e consiste numa operação em que ao credor é transferida a propriedade e a posse indireta de um determinado bem, que o devedor pode utilizar e cujo preço se compromete a pagar.

Entende-se, desse modo, a razão da exclusão na medida em que a propriedade do bem, o domínio como se diz em linguagem jurídica, não é do devedor, mas, sim, do credor que o adquiriu e que, depois de pago o seu preço, o entregará. Desse modo, na ausência de pagamento do valor contratado, o credor (proprietário do bem) poderá liminarmente requerer a sua busca e apreensão.

A alienação fiduciária é largamente utilizada em contratos bancários, seja para garantia de financiamentos ou para a aquisição de veículos e/ou equipamentos.

---

submeterá aos efeitos da recuperação judicial e prevalecerão os direitos de propriedade sobre a coisa e as condições contratuais, observada a legislação respectiva, não se permitindo, contudo, durante o prazo de suspensão a que se refere o § 4º do art. 6º desta lei, a venda ou a retirada do estabelecimento do devedor dos bens de capital essenciais à sua atividade empresarial.
§ 4º Não se sujeitará aos efeitos da recuperação judicial a importância a que se refere o inciso II do art. 86 desta lei.
Art. 68. As Fazendas Públicas e o Instituto Nacional do Seguro Social – INSS poderão deferir, nos termos da legislação específica, parcelamento de seus créditos, em sede de recuperação judicial, de acordo com os parâmetros estabelecidos na lei nº 5.172, de 25 de outubro de 1966 – Código Tributário Nacional."

[2] *Vide* BRASIL. Decreto-lei nº 911, de 1º de outubro de 1969. Altera a redação do art. 66, da lei nº 4.728, de 14 de julho de 1965, estabelece normas de processo sobre alienação fiduciária e dá outras providências. Disponível em: <http://www.planalto.gov.br/ccivil_03/decreto-lei/1965-1988/Del0911.htm>. Acesso em: 27/09/2013.

Vale salientar que a garantia, na hipótese de alienação fiduciária, vai até o montante do bem. Assim, se a dívida é de 100 mil reais e é garantida, via alienação fiduciária, por um veículo que vale 10 mil reais, o saldo de 90 mil reais é um débito quirografário na hipótese de uma recuperação judicial, ainda que o contrato que lhe deu origem ostente a exceção legal.

Outro aspecto que merece atenção é que, muito embora o contrato contenha alienação fiduciária, ela só será efetivada se obedecer aos requisitos legais.

Os contratos de Cessão Fiduciária de Direitos Creditórios estão sendo equiparados às Alienações Fiduciárias. Esta modalidade é amplamente utilizada pelo setor financeiro, já como instrumento para a exclusão de possíveis recuperações judiciais. Existem várias discussões e muita controvérsia no judiciário a respeito das cessões fiduciárias, pois não existe consenso de que esta modalidade de financiamento se equipara à alienação fiduciária.

B. Débitos decorrentes de contrato de arrendamento mercantil

O contrato de Arrendamento Mercantil é o popular *leasing* e é definido por Maria Tereza Camargo Biderman[3] como "aluguel de ativos fixos (imóveis, automóveis, máquinas, equipamentos, etc.) mediante o pagamento de uma renda mensal, por um período estabelecido, ao final do qual o arrendatário pode decidir pela compra ou não do bem utilizado".

A definição acima é muito clara e, assim sendo, embora não se concorde com a exclusão dos contratos de *leasing*, entende-se o pensamento do legislador a respeito, pois o instituto é, na realidade, um aluguel com opção de compra futura.

C. Débitos com proprietário ou promitente vendedor de imóvel cujos contratos tenham a cláusula de irrevogabilidade ou irretratabilidade, inclusive em incorporações imobiliárias

Os débitos de aquisição de bens imóveis, *desde que contenham a cláusula de irrevogabilidade ou irretratabilidade*, não se encontram sob os efeitos da recuperação judicial. A lógica é a mesma: até que não seja liquidado o preço, a propriedade permanece com o credor, e havendo ruptura do pagamento, o contrato se resolve pelas condições contratuais.

---

[3] BIDERMAN, Maria Tereza Camargo. *Dicionário de termos financeiros e bancários*. São Paulo: Editora Disal, 2006. p. 253.

D. Débitos decorrentes de venda em reserva de domínio

A venda com reserva de domínio é uma modalidade de negociação em que o vendedor de coisa móvel tem a garantia da propriedade da coisa vendida a prazo, até que seja pago integralmente, momento em que será transferido o domínio da coisa ao comprador.

Tais negócios são disciplinados pelo artigo 521 do Código Civil[4] e não são abrangidos pela recuperação judicial.

E. Débitos decorrentes de adiantamento de contrato de câmbio

Já ouvimos de várias pessoas que os débitos cambiais não se sujeitam ao regime da recuperação judicial. Tal assertiva, entretanto, não tem amparo, uma vez que a lei exclui, textualmente, apenas uma modalidade específica de contrato em moeda estrangeira, os Adiantamentos de Contratos de Câmbio para exportação, os chamados ACCs e ACEs. As demais dívidas contraídas em moeda estrangeira estão sendo amplamente discutidas nos Tribunais, pois não existe ainda uma jurisprudência clara sobre sua sujeição ou não aos efeitos da recuperação judicial, como, por exemplo, o PPEs (Pré-Pagamento de Exportação) e outras dívidas cambiais. Até mesmo os ACCs e ACEs têm sido discutidos, perante os Tribunais, principalmente quando as instituições financeiras tentam desvirtuar o instituto da exportação e procuram formalizar estes instrumentos somente para se verem livres da recuperação judicial.

Pelo ACC, o devedor recebe antecipadamente os recursos, mediante um pedido formal de um cliente estrangeiro para produzir os bens ou serviços que serão fornecidos, com até 360 dias previamente ao embarque ou à execução dos serviços, já pelo ACE, a mercadoria ou serviço foi previamente embarcado ou executado e a instituição financeira adianta para a empresa exportadora o valor correspondente. Nesta modalidade de crédito, o exportador tem a opção de prazos de 360 dias do embarque ou da prestação dos serviços até a efetiva liquidação pelo cliente. Como podemos ver no texto abaixo, circular 3589 do Banco Central do Brasil[5] o mesmo autoriza a prorrogação dos contratos de câmbio de exportação pelo prazo máximo

---

[4] O referido texto legal dispõe que "na venda de coisa móvel, pode o vendedor reservar para si a propriedade, até que o preço seja integralmente pago."

[5] Circular 3589 05 de Abril de 2012 – Banco Central do Brasil
O contrato de câmbio de exportação pode ser celebrado para liquidação pronta ou futura, prévia ou posteriormente ao embarque da mercadoria ou da prestação do serviço, observado o prazo máximo de 750 dias entre a contratação e a liquidação, bem como o seguinte:

de 1500 dias. Ocorre que, na prática, os bancos não efetuam esta prorrogação, pois aguardam os desdobramentos da recuperação judicial e muitas vezes prorrogam as operações para datas próximas a realização da assembleia.

F. Débitos tributários

Também se entende, de maneira pacífica, que as dívidas tributárias não estão abrangidas pela recuperação judicial, portanto, não sofrem os seus efeitos.

Muito embora a Lei de Recuperação Judicial não seja específica no sentido de afastar a incidência dos débitos tributários, pois não encontramos nenhum dispositivo particular que diga expressamente que eles estão excluídos do processo de recuperação, é fato que o artigo 68 da lei dispõe que:

> As Fazendas Públicas e o Instituto Nacional do Seguro Social – INSS poderão deferir, nos termos da legislação específica, parcelamento de seus créditos, em sede de recuperação judicial, de acordo com os parâmetros estabelecidos na lei nº 5.172, de 25 de outubro de 1966 – Código Tributário Nacional.

Ora, se uma norma específica pode ser editada, é óbvio que o endividamento tributário não está incluído no regime da lei, pois do contrário seria desnecessária a edição de legislação suplementar.

Mas não é só! Quando o Juiz avalia o cumprimento de todos os requisitos legais para a recuperação judicial, ele se manifesta determinando o processamento do pedido, ou seja, autoriza que o processo tenha curso, siga em frente para a apresentação do plano de recuperação judicial para trâmite de sua aprovação ou rejeição.

Uma das consequências desse despacho, dessa manifestação do Juiz, é determinar que todas as execuções contra o devedor sejam suspensas, com a ressalva aos débitos tributários.

Assim, o § 7º do artigo 6º da Lei de Recuperação Judicial diz que "as execuções de natureza fiscal não são suspensas pelo deferimento da recuperação judicial,

---

"a) no caso de contratação prévia, o prazo máximo entre a contratação de câmbio e o embarque da mercadoria ou da prestação do serviço é de 360 dias;
b) o prazo máximo para liquidação do contrato de câmbio é o último dia útil do 12º mês subsequente ao do embarque da mercadoria ou da prestação do serviço.
1-A. Para os contratos de câmbio de exportação celebrados até 5 de abril de 2012, no caso de recuperação judicial, ajuizamento de pedido de falência do exportador ou em outra situação em que fique documentalmente comprovada a incapacidade do exportador para embarcar a mercadoria ou para prestar o serviço por fatores alheios à sua vontade, o embarque da mercadoria ou a prestação do serviço pode ocorrer até 30 de abril de 2014, desde que o prazo entre a contratação e a liquidação do contrato de câmbio não ultrapasse 1.500 dias. (NR)".

ressalvada a concessão de parcelamento nos termos do Código Tributário Nacional e da legislação ordinária específica".

Se o débito tributário fosse abrangido pela lei, as execuções fiscais seriam suspensas como ocorre com as demais execuções.

3.3. Requisitos de validade dos contratos

Vimos durante este capítulo que há uma série de débitos que não se sujeitam à recuperação judicial por expressa determinação legal, além de débitos que figuram em categoria autônoma de garantia real.

Tais dívidas têm um tratamento diferenciado. Seus credores têm mais força para o recebimento daquilo que lhes é devido. Sucede, entretanto, que, para merecer essa diferenciação, é fundamental o registro dos negócios nos cartórios de registro de imóveis ou títulos e documentos, quando for o caso, além, evidentemente, de outras autarquias, como o DETRAN, no caso de veículos.

A inobservância das formalidades legais propicia a desnaturação dos contratos e a classificação dos débitos como "quirografários" e, por consequência, sem nenhuma vantagem adicional.

Vide, sobre o tema, o teor da Súmula 60 do Tribunal de Justiça do Estado de São Paulo que reza:

"A propriedade fiduciária constitui-se com o registro do instrumento no registro de títulos e documentos do domicílio do devedor".

Tem-se, portanto, que inexistindo o cumprimento da formalidade do negócio jurídico, embora celebrado sob a designação de uma alienação fiduciária ou qualquer outra excludente, na prática, numa recuperação judicial, será tido como débito quirografário.

Do mesmo modo, uma dívida hipotecária cujo contrato não tenha sido registrado no competente cartório de registro de imóveis será tida como quirografária.

Capítulo 4. Requisitos para o requerimento da recuperação judicial

O ajuizamento do pedido de Recuperação Judicial traz consequências não somente a empresa que requer a proteção mas também traz profundas repercussões sobre a vida de seus funcionários, no cotidiano de seus fornecedores, parceiros financeiros e até mesmo de seus clientes.

Pela sua importância e impactos interno e externo, trata-se de um verdadeiro "divisor de águas" na vida de uma companhia e, muitas vezes, na vida de fornecedores, prestadores de serviço e demais parceiros de negócio.

A lei pretende inibir a utilização massiva e irrefletida das recuperações judiciais, o que pode gerar fraudes, impedindo a ação de aproveitadores e bucaneiros de toda sorte.

É necessário, portanto, que o ajuizamento do processo de recuperação judicial seja possível APENAS mediante o preenchimento de determinados requisitos, segundo o artigo 48[1] da LRJ. São eles:

---

[1] "Poderá requerer recuperação judicial o devedor que, no momento do pedido, exerça regularmente suas atividades há mais de 2 (dois) anos e que atenda aos seguintes requisitos, cumulativamente:
I – não ser falido e, se o foi, estejam declaradas extintas, por sentença transitada em julgado, as responsabilidades daí decorrentes;
II – não ter, há menos de 5 (cinco) anos, obtido concessão de recuperação judicial;
III – não ter, há menos de 8 (oito) anos, obtido concessão de recuperação judicial, com base no plano especial de que trata a Seção V deste Capítulo;
IV – não ter sido condenado ou não ter, como administrador ou sócio controlador, pessoa condenada por qualquer dos crimes previstos nesta lei.
Parágrafo único. A recuperação judicial também poderá ser requerida pelo cônjuge sobrevivente, herdeiros do devedor, inventariante ou sócio remanescente."

a. Exercício regular do comércio há mais de 02 anos;
b. Não ser falido e, se o foi, estejam as responsabilidades inerentes ao caso declaradas extintas por sentença da qual não caiba mais recurso;
c. Não ter, há menos de 5 anos, obtido concessão de recuperação judicial;
d. Não ter, há menos de 8 anos, obtido concessão de recuperação judicial, com base no plano especial para microempresas ou empresas de pequeno porte;
e. Não ter sido condenado ou não ter, como administrador ou sócio controlador, pessoa condenada por qualquer dos crimes previstos nesta lei.

Assim, para tonar-se "apto" a requerer a recuperação judicial é necessário o enquadramento nas hipóteses descritas acima e a sua comprovação documental, conforme verificaremos mais detalhadamente doravante.

A primeira exigência que a lei faz é de que a empresa que requer uma recuperação judicial tenha um tempo mínimo de vida, no caso dois anos. Não houvesse essa vedação, empresas poderiam ser constituídas e administradas de maneira relapsa e, na superveniência de dificuldade, recorreriam à recuperação judicial não como meio de salvação, mas como meio de vida. O legislador pretendeu, com acerto, evitar a possibilidade de fraudes. Para comprovação do cumprimento do exercício do comércio no prazo exigido pela lei, faz-se necessária a apresentação de certidão de breve relato emitida pela Junta Comercial do Estado em que se localiza a sede social da empresa ou o de seu estabelecimento mais relevante, conforme o caso.

O sócio da empresa que requer a recuperação judicial não pode ser falido ou, se por infelicidade isso aconteceu, para gozar, mais uma vez, do favor legal, as obrigações devem ter sido declaradas extintas por decisão judicial. Ora, se o devedor não se desincumbiu dos ônus de outro empreendimento, não é razoável movimentar o Judiciário e até mesmo mobilizar credores em geral para análise de condições excepcionais para o resgate de nova dívida. O cumprimento dessa exigência se dá por certidão negativa de falência ou havendo alguma distribuição falimentar, o devedor deverá juntar uma certidão de objeto ao pé daquele processo.

No mesmo sentido, a lei impede o requerimento de duas recuperações judiciais num período de 5 anos. A recuperação judicial, como já se disse, é um recurso extremo e, como tal, merece ser utilizado única e tão somente para evitar a quebra iminente. Ela é uma nova chance para o empresário que, presume-se, após ter obtido o favor legal, vai conduzir seus negócios com prudência e profissionalismo, evitando que sejam impostos mais sacrifícios aos credores. Assim, a empresa requerente deverá instruir o processo de recuperação judicial com uma certidão, emitida pelo Poder Judiciário, na qual não conste o mesmo processo no período vedado pela lei.

A Lei de Recuperação Judicial, na seção V do Capítulo III, estatui facilidades para o requerimento de recuperação judicial por microempresas ou empresas de pequeno porte. Em função das facilidades concedidas, exige-se um interregno de tempo até maior para a concessão de nova recuperação judicial. Também aqui, a comprovação de cumprimento desse requisito se dá por intermédio de certidão expedida pelo Judiciário.

Finalmente, para requerer recuperação judicial, o empresário ou administrador não pode ter sido condenado por crime falimentar, pois, do contrário, o sacrifício dos credores pode até mesmo constituir meio de vida para quem deve e, com justiça, tal abuso não deve ser tolerado.

As vedações procuram, basicamente, evitar o uso indevido e/ou leviano da recuperação judicial de modo a evitar a sua banalização e, consequentemente, o seu descrédito.

Capítulo 5. Providências
(Gestão, advogado e assessoria contábil)

Uma vez que já vimos quando a recuperação judicial é necessária, quais são os débitos contemplados e os excluídos, e quais os requisitos que autorizam o seu requerimento, passamos agora a tratar de outra importante premência: a de que o empresário se veja adequadamente assessorado com vistas a modificar sua empresa por meio do favor legal.

De uma maneira geral, a empresa em dificuldades, que decidiu-se pela recuperação judicial, necessita do auxílio extremamente especializado de três grupos distintos de profissionais: é necessária a atuação de um gestor de crise, de um advogado *expert* na área e de uma empresa especializada na interpretação e confecção de indicadores financeiros e contábeis, bem como na confecção de planos de recuperação judicial.

Não se pretende aqui, que fique bem claro, desmerecer aqueles profissionais que porventura já prestem serviços à companhia ou até mesmo façam parte do quadro de colaboradores; no entanto, a necessidade de impetração de recuperação judicial constitui um evento extremamente grave e atípico na medida em que se lida com a "vida" ou a "morte" do negócio. Por melhores que sejam os financistas que gerenciam a empresa, por mais detalhados, atualizados e dedicados que sejam os seus profissionais contábeis e por mais combativos que sejam seus advogados, o fato é que a recuperação judicial requer um nível de especialização que só se obtém pela experiência reiterada, não pelo estudo acadêmico.

A gestão de crise é uma especialidade e, como tal, quem nela atua necessita, além de conhecimento técnico específico, de repertório e experiência para enfrentar os diversos e sucessivos desafios que se apresentam no cotidiano.

Não se pode colocar um projeto de tamanha importância nas mãos de pessoas que não sejam experimentadas. Ou seja, a experiência nos processos de recuperação judicial é extremamente importante, posto que uma coisa é ler a lei e outra bem diferente é ter a prática no dia a dia com as diversificadas e inusitadas situações que costumam surgir em uma empresa em recuperação.

Veremos, a seguir, a pertinência e importância da atuação de cada um desses profissionais.

A recuperação judicial é sempre um MEIO para a superação da dificuldade, nunca um FIM em si mesma. A concessão de prazos, descontos e condições especiais para o pagamento da dívida pressupõem uma mudança de atitude, de cenário e de resultados e também de protagonistas. Com isso, queremos dizer que normalmente quem deu causa ao problema não dispõe, pelo menos em um primeiro momento, da credibilidade necessária para reverter a situação.

Faz-se necessária, portanto, uma intervenção, uma visão diferenciada da mesma realidade para que a crise seja superada, e é por esse motivo que as organizações podem e devem valer-se de gestores acostumados a situações de crise que, com técnica e isenção, conseguem trazer a operação para um patamar de normalidade e paulatinamente restabelecer a confiança dos agentes econômicos envolvidos.

Além da tecnologia na superação de crises, normalmente as empresas precisam de novos capitais que podem ser melhor atraídos se geridos por profissionais experientes e que gozem de boa reputação no mercado.

Não se trata, no entanto, de demonizar ou emitir juízo de valor acerca dos profissionais que estavam lidando com a dificuldade, mas, sim, de uma visão pragmática, tão apropriada ao alucinante ritmo dos tempos atuais. Refletindo de uma maneira realista, com que grau de confiança o fornecedor, o fundo de investimento, o banco ou a *factoring* receberiam a garantia de que novos recursos seriam empregados e produziriam um retorno satisfatório da boca dos mesmos gestores que haviam anunciado um *default*?

Isso não significa, em absoluto, que a empresa seguirá indefinidamente à mercê de uma intervenção externa. A boa gestão de crise pressupõe escopo delimitado e interinidade, ou seja, o gestor interino tem prazo de conclusão dos trabalhos previamente definido, variando, em geral, de seis meses a um ano de atuação.

Em virtude da conhecimento requerido, o advogado contratado para o processo de recuperação judicial há de ser, necessariamente, um especialista. O profissional escolhido para patrocinar o processo deve ser arrojado no limite da responsabilidade e do respeito aos credores, especialmente financeiros. Já soubemos de casos em que os credores reuniram-se, deixando claro que a interlocução, se mantido determinado advogado, não prosseguiria. Além de conhecimento técnico e boa reputação, o profissional eleito deve ser respeitado dentro e fora do Judiciário.

O momento de crise denota, além de instabilidade financeira, uma grande fragilidade emocional, em virtude da qual o empresário fica suscetível a várias soluções, algumas delas de impossível implementação.

E, finalmente, além do gestor de crise que garantirá o redesenho da empresa e o capital de giro necessário às operações, bem como do advogado que patrocinará o processo, é necessária uma equipe para o levantamento do balanço especial, preparação do processo, apresentação do plano e condução estratégica da Recuperação Judicial. **Mais uma vez é necessário auxílio externo na medida em que somente um perito pode desarmar determinadas situações decorrentes de uma contabilidade equivocada, ou, ainda que a escrituração esteja coerente, há toda uma tecnologia para o levantamento de demonstrações financeiras específicas. Os contadores internos das empresas não possuem expertise para isso, e tampouco para a realização do plano e sua defesa em assembleia.**

O recebimento do processo instruído com o balanço especial, a concepção do plano e o encaminhamento técnico para a sua aprovação agregam muito valor à operação, preservam postos de trabalho e, muitas vezes, salvam o empreendimento.

Tais afirmações não são mera retórica. Nesta obra, como apêndice, trazemos alguns exemplos consubstanciados em planos bem engendrados que trouxeram valor inestimável às empresas: num deles, o passivo foi decisivamente fracionado; noutro, por intermédio de um processo de desmobilização, preservou-se a riqueza, os interesses dos credores e até mesmo dos devedores pela criação de um novo empreendimento. Mas que ninguém se engane, ou se entregue a raciocínios simplistas, pois, em ambos os casos, o resultado só foi possível em virtude do trabalho ininterrupto na observância das formalidades legais, na orientação ao público interno das empresas e na formulação constante de estratégias. Tarefas, estas, que só podem ser alcançadas pela especialização do trabalho.

Capítulo 6. Documentos necessários

A recuperação judicial é um processo jurídico, tramita pelo Judiciário, é analisada pelo Ministério Público, pelo Juiz e por uma Câmara de Juízes, caso haja recurso sobre alguma decisão. E nesse processo também intervêm os credores em geral, além de peritos, o administrador judicial, etc.

Essa providência requer, portanto, o cumprimento de diversos requisitos e a coleta de vários documentos[1] a fim de assegurar a todos o que lhes é de direito e permitir que a empresa se reestruture e possa sublimar os tempos difíceis.

---

[1] "Art. 51. A petição inicial de recuperação judicial será instruída com:
I – a exposição das causas concretas da situação patrimonial do devedor e das razões da crise econômico-financeira;
II – as demonstrações contábeis relativas aos 3 (três) últimos exercícios sociais e as levantadas especialmente para instruir o pedido, confeccionadas com estrita observância da legislação societária aplicável e compostas obrigatoriamente de:
a) balanço patrimonial;
b) demonstração de resultados acumulados;
c) demonstração do resultado desde o último exercício social;
d) relatório gerencial de fluxo de caixa e de sua projeção;
III – a relação nominal completa dos credores, inclusive aqueles por obrigação de fazer ou de dar, com a indicação do endereço de cada um, a natureza, a classificação e o valor atualizado do crédito, discriminando sua origem, o regime dos respectivos vencimentos e a indicação dos registros contábeis de cada transação pendente;
IV – a relação integral dos empregados, em que constem as respectivas funções, salários, indenizações e outras parcelas a que têm direito, com o correspondente mês de competência, e a discriminação dos valores pendentes de pagamento;
V – certidão de regularidade do devedor no Registro Público de Empresas, o ato constitutivo atualizado e as atas de nomeação dos atuais administradores;
VI – a relação dos bens particulares dos sócios controladores e dos administradores do devedor;
VII – os extratos atualizados das contas bancárias do devedor e de suas eventuais aplicações financeiras de qualquer modalidade, inclusive em fundos de investimento ou em bolsas de valores, emitidos pelas respectivas instituições financeiras;

Como qualquer processo, a recuperação judicial é iniciada com um pedido dirigido ao Juiz competente. Esse pedido deve preencher todos os requisitos de qualquer ação judicial, além de conter providências específicas inerentes ao instituto.

Em primeiro lugar, é necessário que nesse pedido, que no jargão jurídico é denominado *petição inicial*, conste a *exposição das causas concretas da situação patrimonial do devedor e das razões da crise econômico-financeira*.

Muitos processos de recuperação judicial são iniciados de maneira quase padronizada, com uma descrição genérica das dificuldades da economia, especialmente das altas taxas de juros, e outras abstrações sem, no entanto, atender ao que a lei exige. Vários são os processos em que as *causas concretas* do comprometimento da situação patrimonial e *as razões da crise* permanecem intocadas, sendo substituídas por um candente libelo contra a globalização, os juros, a retração da economia. A argumentação é, muitas vezes diletante, nunca trazida para o caso concreto.

Além de uma descrição fiel da situação original, a empresa deve juntar, ao pedido de recuperação judicial, diversos documentos, são eles:

A. Demonstrações Contábeis

É necessário que o requerente, a empresa que impetra o favor legal apresente os seus balanços patrimoniais, a demonstração dos resultados acumulados e do último exercício social. Tais documentos devem abranger os três últimos exercícios e atenderem à legislação societária e fiscal.

Além dos balanços anteriores, exige-se, para o requerimento da recuperação judicial, o levantamento de um *balanço especial* com data do protocolo do processo.

Essa é uma das maiores dificuldades para a impetração de recuperação judicial e constitui um perigoso Calcanhar de Aquiles dos processos. Explicamos.

VIII – certidões dos cartórios de protestos situados na comarca do domicílio ou sede do devedor e naquelas onde possui filial;
IX – a relação, subscrita pelo devedor, de todas as ações judiciais em que este figure como parte, inclusive as de natureza trabalhista, com a estimativa dos respectivos valores demandados.
§ 1º Os documentos de escrituração contábil e demais relatórios auxiliares, na forma e no suporte previstos em lei, permanecerão à disposição do juízo, do administrador judicial e, mediante autorização judicial, de qualquer interessado.
§ 2º Com relação à exigência prevista no inciso II do *caput* deste artigo, as microempresas e empresas de pequeno porte poderão apresentar livros e escrituração contábil simplificados nos termos da legislação específica.
§ 3º O Juiz poderá determinar o depósito em cartório dos documentos a que se referem os §§ 1º e 2º deste artigo ou de cópia destes".

Normalmente, quem pede uma recuperação judicial é tomador de recursos e, nessa qualidade, é usual que não resista à tentação de exibir uma situação de equivalência e suficiência patrimonial que, nem sempre, corresponde à realidade.

Muitas vezes, inclusive, as demonstrações contábeis não refletem a realidade por distorções normais, pela ausência de baixa em estoques ou no contas a receber. Enfim, a contabilidade nas empresas nacionais, especialmente nas pequenas e médias, muitas vezes não casa exatamente com a realidade.

Nesse momento, quando é necessário um pesado ajuste, é fundamental a correção de todas as distorções por dois motivos: o primeiro deles é espelhar a realidade de modo a autorizar a recuperação judicial, pois se o balanço, por exemplo, mostra um vultuoso estoque – ainda que ele não exista de fato –, não há sentido em pedir a dilação, desconto ou qualquer providência com a dívida, já que bastaria ao devedor desmobilizar o estoque e pagar a todos. Essa inexatidão não é coerente com o processamento da recuperação judicial.

Outro aspecto que merece atenção é que o requerimento de uma recuperação judicial é uma excelente oportunidade para "limpar" as demonstrações financeiras inexatas e fazer da contabilidade uma ferramenta gerencial, não uma peça de ficção. Essa medida extrema permite, sem maiores questionamentos, o reconhecimento de prejuízos, a baixa de estoques inexistentes, assim como um tratamento adequado à contas a receber, dentre outras vantagens.

Com relação à exigência de apresentação das peças contábeis, as microempresas e empresas de pequeno porte poderão apresentar livros e escrituração contábil simplificados, nos termos da legislação específica.

B. Fluxo de caixa

A recuperação judicial caracteriza-se, quase sempre, por um estrangulamento de caixa. Há mais obrigações do que recursos e, por conta disso, a operacionalidade e a própria sobrevivência da empresa ficam ameaçadas.

O Legislador instituiu a exigência de que a empresa requerente evidencie a situação de dificuldade para evitar a utilização leviana do instituto.

O fluxo de caixa não precisa, aliás, não deve, ser analítico, bastando uma versão sintética para o entendimento da situação, eis que os números da empresa serão exaustivamente investigados por ocasião da análise do plano de recuperação judicial.

Vale esclarecer, finalmente, que a lei não determina o formato do fluxo de caixa, o que possibilita que cada empresa efetue, de acordo com as peculiaridades de sua operação, uma demonstração mais esclarecedora, levando em conta o seu plano de contas e a lógica dos seus negócios.

C. Relação de Credores

O pedido de recuperação judicial deve fazer-se acompanhar, também, pela relação nominal de credores por categoria, sejam eles quirografários, com garantia real ou trabalhistas.

Essa relação deve conter o endereço de cada credor, a natureza e a classificação do crédito, a sua origem e vencimentos, além da indicação dos registros contábeis de cada transação.

Na realidade, todos os pontos exigidos pela lei na elaboração da lista procuram dar transparência ao processo de recuperação judicial. A lista precisa ser elaborada de forma analítica e sintética, nela devendo constar o número de cada documento, natureza e classificação (trabalhista, garantia real e quirografário), sua origem (prestação de serviços, compra de matéria-prima, empréstimos e outros), seu vencimento (data de vencimento do título) e como o referido documento se encontra lançado na contabilidade do devedor (identificação do registro contábil).

Como já abordado anteriormente, a falta de utilização da contabilidade como um instrumento de gestão acaba colocando a conciliação contábil em segundo plano; dessa forma, na maioria dos casos, a elaboração da lista de credores fica comprometida sem uma análise e sem trabalhos técnicos.

Todos os débitos devem ser relacionados, em suas respectivas classes, não importando a data de vencimento, mas, sim, a data de emissão do documento ou a aquisição do bem, serviço ou mercadoria. Deve-se lembrar que a data de corte é a data do pedido de recuperação judicial, ou seja, todos os débitos assumidos vencidos e a vencer até a data do pedido devem estar relacionados.

Como prevê a lei, todos os débitos devem ser corrigidos até a data da instrução do pedido. Na maioria dos casos, o devedor não se preocupa com a correção dos débitos, o que acaba por gerar um grande número de habilitações por parte dos credores, pleiteando apenas a correção.

Todas as operações com garantias, em sua maioria financeiras, para serem classificadas como "garantia real", devem ser minuciosamente observadas, pois é preciso que a respectiva garantia esteja devidamente formalizada e revestida das legalidades jurídicas.

D. Relação de Empregados

A petição inicial deve ser acompanhada da relação de todos os empregados, discriminando suas funções, salários e outros créditos com a indicação do período a que se referem e o saldo em aberto, se houver.

E. Regularidade no registro público de empresas

Grande parte das empresas tem seus atos constitutivos registrados nas Juntas Comerciais (cabe aqui uma ressalva, já que em sociedades civis, também sujeitas aos efeitos da recuperação judicial, o registro se dá nos cartórios de registro de títulos e documentos), e, desse modo, a petição inicial deve ser instruída com os respectivos documentos que evidenciem a existência, o registro e a sua regularidade.

F. Relação dos bens particulares dos sócios ou administradores

A lei exige que o processo seja instruído, também, com a relação dos bens dos sócios controladores e dos administradores.

Tal providência não implica em constrição judicial e constitui apenas uma formalidade. O recebimento e processamento do pedido e a aprovação do plano não implicam em qualquer restrição e abalo ao patrimônio pessoal dos sócios pelas dívidas da empresa, salvo se o administrador ou sócios controladores avalizaram os débitos, pois, nesse caso, o patrimônio pode, sim, ser alcançado, mas por força do aval e tem tais hipóteses o tratamento especializado é ainda mais importante.

G. Extratos bancários da data do ajuizamento

Extratos atualizados das contas bancárias do devedor e de suas eventuais aplicações financeiras de qualquer modalidade, inclusive em fundos de investimento ou em bolsas de valores, emitidos pelas respectivas instituições financeiras na data do pedido de recuperação judicial.

H. Certidões de protestos

O ajuizamento do processo de recuperação judicial deve fazer-se acompanhar pelas certidões dos cartórios de protestos situadas na comarca do domicílio ou sede do devedor e naquelas em que possui filial.

Embora o dispositivo seja claro, na prática, há complicações no seu cumprimento.

Muitas empresas possuem estabelecimentos em várias cidades, o que significa que essas certidões devem ser pedidas em comarcas[2] diferentes, que nem sempre estão sequer no mesmo Estado.

---

[2] A definição de comarca, segundo o Dicionário Houaiss da Língua Portuguesa:"2 JUR B circunscrição judiciária, sob a jurisdição de um ou mais juízes de direito". HOUAISS, Antônio. *Dicionário Houaiss da Língua Portuguesa*. Rio de Janeiro: Editora Objetiva, 2001. p. 766.

A dificuldade para cumprir esse requisito, em determinadas situações, é imensa, pois os prazos para a entrega das certidões, após a requisição, variam muito. Trata-se de uma operação de guerra.

Além dessa dificuldade logística, há casos em que nos deparamos com a falta de baixa, na acepção fiscal do termo, de estabelecimentos já desativados na prática, o que pode implicar na demora para o processamento do pedido.

I. Relação das ações judiciais

O devedor, quando requerer a recuperação judicial, deve também relacionar todos os processos judiciais, sejam eles tributários (execuções fiscais), civis ou trabalhistas. Note-se que a lei exige a compilação de TODAS as ações, o que demanda pesquisa na totalidade das praças onde a empresa possui estabelecimento e pode ter sido demandada.

A Lei de Recuperação Judicial exige, ademais, que se relacionem tanto os processos que a requerente propôs, ou seja, que ela é autora, bem como nas contrárias, onde ela é ré.

J. Prazo para fornecimento de documentos

Ninguém, em sã consciência, requer uma recuperação judicial de maneira leviana, mas, nem por isso, as empresas encontram-se preparadas para o procedimento, especialmente por força da necessidade de levantamento do balanço especial e das certidões necessárias.

O levantamento da documentação necessária tem de ser efetuado em poucos dias. Devemos nos lembrar que vários documentos são expedidos por órgãos oficiais, fóruns, cartórios e outros, os quais demandam certo prazo para expedição das certidões. Desse modo, não é vedado, aliás, é até aconselhado ao Juiz que conceda, se solicitado, prazo adicional para a entrega dos documentos necessários para o processo.

Essa prática, ressalte-se, vem desde o tempo da concordata e, com acerto, esse entendimento perdura até hoje. Numa situação de urgência, a empresa poderá mesmo entrar com o processo de recuperação judicial sem a documentação exigida pela lei, com a solicitação de prazo para sanar a irregularidade.

Capítulo 7. Ajuizamento do processo e providências no *day-after*

Como se viu no capítulo anterior, a quantidade e a qualidade dos documentos solicitados para o processamento da recuperação judicial pode ser exaustiva. Mas a entrega dos documentos não significa que a escalada já atingiu o topo da montanha. Talvez da primeira grande colina, mas ainda há uma cordilheira de cuidados e providências, e muitas interdições, sobre as quais ainda será preciso caminhar.

Após o requerimento da recuperação judicial, com a apresentação de todos os documentos exigidos ou com a solicitação de prazo para completar a documentação, são necessários vários cuidados na gestão da companhia, de modo a evitar prejuízo aos credores e evitar impugnação dos atos de gestão.

Vejamos, abaixo, as principais cautelas e/ou obrigações que a empresa e o empresário assumem em virtude do requerimento da moratória:

7.1. Impossibilidade de alienar ou onerar ativos

Uma vez requerida a recuperação judicial, a empresa não poderá alienar ou onerar ativos sem a intervenção do Judiciário, eis que os bens da empresa em recuperação judicial poderão, em tese, responder pelo pagamento dos credores, caso a empresa não consiga cumprir o plano ou incorra em condutas que autorizem a decretação da falência.

Para preservar esse acervo, a empresa, ainda que de maneira justificada e legítima, não pode mais dispor livremente dos ativos quando usufrui da modificação das condições contratadas com seus credores, fazendo-se necessária a interveniência e autorização judicial para a venda.

Além da frustração do pagamento dos credores, no caso de quebra, a alienação ou oneração de bens ativos pode ser feita de maneira fraudulenta e a intervenção e acompanhamento do Judiciário desencoraja a tentativa de fraude, quando não impede completamente operações obscuras e de utilidade duvidosa.

7.2. Identificação da condição de recuperanda

Quando ingressa com o pedido de recuperação judicial, a empresa, assume, pode-se dizer um "sobrenome" obrigatório, em virtude do que reza o artigo 69 da Lei de Recuperação Judicial:

"Em todos os atos, contratos e documentos firmados pelo devedor sujeito ao procedimento de recuperação judicial deverá ser acrescida, após o nome empresarial, a expressão 'em recuperação judicial'.

"Parágrafo único. O Juiz determinará ao Registro Público de Empresas a anotação da recuperação judicial no registro correspondente."

A lei não deixa claro qual o termo inicial para que a anotação passe a fazer parte do cotidiano da recuperanda, porém entendemos que essa obrigatoriedade surge por ocasião do despacho que determina o processamento do feito.

O dispositivo legal, a pretexto de talvez proteger quem venha a contratar com a empresa em recuperação, não é construtivo na medida em que todos os negócios relevantes atualmente são precedidos de consultas aos organismos de crédito (SERASA, SPC, etc.), nos quais essa condição é apontada. Mais ainda, cria um incômodo estigma, já que para os que são pouco versados no tema, a expressão equivale a uma quebra.

A exigência legal nos lembra o filme *A letra escarlate*, no qual, numa comunidade puritana, uma jovem tem um desvio de comportamento, segundo a moralidade vigente, e é obrigada a ostentar sempre a letra "A" no peito como punição à sua falta.

Muito embora essa seja uma exigência legal, o seu cumprimento, sabiamente, não vem sendo reclamado a ferro e fogo.

7.3. Vinculação ao plano de recuperação judicial

Como a contrapartida às novas condições que a empresa obtém por intermédio da recuperação judicial, ela deverá cumprir a risca o que o plano apresenta, até mesmo antes da sua aprovação. Entendemos que convém à linha de gestão que não lhe seja contraditória. O descumprimento do plano, lembre-se, tem como sanção a quebra da empresa.

7.4. Arcar com todas as custas e despesas do processo

É obrigação da recuperanda, também, arcar com as despesas inerentes ao processo, englobando as custas judiciais, emolumentos, taxas, honorários do administrador judicial e, eventualmente, de peritos, sejam eles do Juízo ou do administrador judicial.

7.5. Apresentar demonstrativos de despesas e receitas mensais a partir da impetração do pedido

Ao ingressar com um pedido de recuperação judicial, a empresa requerente assume a obrigação de prestar contas de seu desempenho, o que é feito mediante a apresentação de demonstrações contábeis.

Uma vez disponibilizados no processo, os balancetes são objeto de análise do Juiz, do administrador judicial e de qualquer credor ou interessado.

Entretanto, o que se vê, infelizmente, são demonstrações financeiras muito "sintéticas", que não permitem uma análise muito aprofundada do desempenho da empresa. O ideal seria que a lei estabelecesse a forma de sua apresentação. Como não o faz, deixa ao arbítrio da empresa a escolha da forma.

7.6. Administrar de maneira austera, transparente e proba

O processo de recuperação judicial não implica, num primeiro momento, na mudança da administração da empresa. Porém, a conduta do empresário pode ensejar a sua destituição como administrador, mediante ato de ofício do Juiz, a requerimento do administrador judicial e de credores, organizados ou não em Comitê.

A lei prevê a destituição quando houver condenação judicial, sem possibilidade de recurso, do empresário por crime cometido em recuperação judicial ou falências anteriores; ou, ainda, quando houver indícios claros de conduta tipificada, como crime na legislação falimentar[1] ou se tiver agido com dolo, simulação ou fraude contra o interesse dos credores.

Não se deveria, em tese, sequer mencionar a austeridade, transparência e probidade como providências adicionais, pois, em tese, constituem DEVERES implícitos no próprio ato de administrar um negócio.

Sucede, entretanto, que, muitas vezes, a administração da companhia, voltada para a sobrevivência numa situação de dificuldade, encontra-se numa linha tênue de práticas não recomendáveis, é preciso cessar toda e qualquer conduta que possa propiciar questionamento.

---

[1] Veja-se, sobre o tema, a redação dos artigos 168 a 179 da lei 11.101/05.

Capítulo 8. Processamento do pedido

Podemos dizer que, a partir desta etapa, se materializarão as primeiras medidas concretas que irão, efetivamente, mudar a vida econômica da organização. Nessa fase, o Juiz determina algumas condutas práticas que poderão ter repercussão sobre o humor dos credores. Nesse sentido, eles, os credores, começam a procurar os responsáveis pela recuperação da empresa para se informarem sobre o andamento dos planos de soerguimento da organização. Esse assédio reclama firmeza do empresário.

Nesta etapa, não será avaliada a capacidade de superar a crise da empresa. O Juiz analisa os motivos que levaram a empresa a essa situação e verifica se os requisitos para o requerimento da recuperação judicial e a documentação necessária foram devidamente cumpridos.

No ato do processamento da recuperação judicial, o Magistrado nomeará o administrador judicial, determinará a dispensa de apresentação de certidões negativas para que o devedor exerça suas atividades (exceto para contratação com o Poder Público ou recebimento de benefícios ou incentivos fiscais ou creditícios), e suspenderá todas as ações ou execuções contra a empresa pelo prazo de 180 dias. Além disso, determinará à devedora a apresentação de contas demonstrativas mensais e ordenará a intimação do Ministério Público e Fazendas Públicas (Federal, Estadual e Municipal).

Uma vez que a empresa se enquadre em todas as exigências legais, obtenha e disponibilize todos os documentos necessários e cumpra os prazos estabelecidos pela lei, o Juiz vai "autorizar o processamento" do pedido de recuperação judicial.

De maneira indevida, diz-se que a recuperação judicial foi "deferida", quando, na verdade, o processo ainda não foi concluído ou a pretensão da recuperanda aceita.

O Juiz, nesse momento, apenas analisa se as formalidades foram todas atendidas e se o processo pode prosperar.

O prosseguimento do processo tem o poder, inclusive, de redundar na falência da empresa se o plano não for aprovado ou não for apresentado no prazo. Que fique claro, portanto, que o processamento do pedido não implica no abono das pretensões da empresa requerente.

Uma vez que o andamento do processo foi autorizado, convém conferir qual será o seu curso antes de prosseguir na digressão dos efeitos do processamento do pedido, senão vejamos:

PROCESSAMENTO DO PEDIDO

DISTRIBUIÇÃO (AJUIZAMENTO DO PEDIDO-SEDE OU PRINCIPAL ESTABELECIMENTO DO DEVEDOR)

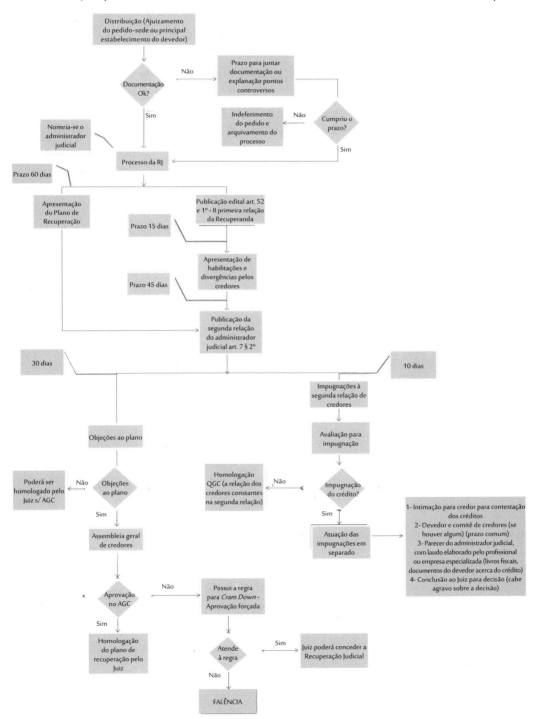

Como se verifica pelos quadros anteriores, o tema é complexo e seu tratamento requer muita especialização, para que todas as fases sejam superadas em benefício da recuperanda.

Voltemos, entretanto, ao tema do capítulo. Nos termos do artigo 52 da Lei de Recuperação Judicial[1], o despacho que autoriza o processamento do pedido é que vai inaugurar toda essa marcha processual e propiciar as condições necessárias à recuperação da empresa. Convém esclarecer que, assim que cumpridos os requisitos legais, ao Juiz não é dado deliberar de forma diversa. Ele não tem, portanto, a faculdade de autorizar o processamento; ele tem o dever de fazê-lo.

Desse ato que, repita-se, o Juiz não pode esquivar-se estando em termos a documentação e atendidos os requisitos, decorrem várias consequências, dentre as quais destacamos:

---

[1] O referido dispositivo legal reza que:
"Art. 52. Estando em termos a documentação exigida no art. 51 desta lei, o Juiz deferirá o processamento da recuperação judicial e, no mesmo ato:
I – nomeará o administrador judicial, observado o disposto no art. 21 desta lei;
II – determinará a dispensa da apresentação de certidões negativas para que o devedor exerça suas atividades, exceto para contratação com o Poder Público ou para recebimento de benefícios ou incentivos fiscais ou creditícios, observando o disposto no art. 69 desta lei;
III – ordenará a suspensão de todas as ações ou execuções contra o devedor, na forma do art. 6º desta lei, permanecendo os respectivos autos no juízo onde se processam, ressalvadas as ações previstas nos §§ 1o, 2o e 7o do art. 6o desta lei e as relativas a créditos exceptuados na forma dos §§ 3º e 4º do art. 49 desta lei;
IV – determinará ao devedor a apresentação de contas demonstrativas mensais enquanto perdurar a recuperação judicial, sob pena de destituição de seus administradores;
V – ordenará a intimação do Ministério Público e a comunicação por carta às Fazendas Públicas Federal e de todos os Estados e Municípios em que o devedor tiver estabelecimento.
§ 1º O Juiz ordenará a expedição de edital, para publicação no órgão oficial, que conterá:
I – o resumo do pedido do devedor e da decisão que defere o processamento da recuperação judicial;
II – a relação nominal de credores, em que se discrimine o valor atualizado e a classificação de cada crédito;
III – a advertência acerca dos prazos para habilitação dos créditos, na forma do art. 7º, § 1º, desta lei, e para que os credores apresentem objeção ao plano de recuperação judicial apresentado pelo devedor nos termos do art. 55 desta lei.
§ 2º Deferido o processamento da recuperação judicial, os credores poderão, a qualquer tempo, requerer a convocação de assembleia geral para a constituição do Comitê de Credores ou substituição de seus membros, observado o disposto no § 2º do art. 36 desta lei.
§ 3º No caso do inciso III do *caput* deste artigo, caberá ao devedor comunicar a suspensão aos juízos competentes.
§ 4º O devedor não poderá desistir do pedido de recuperação judicial após o deferimento de seu processamento, salvo se obtiver aprovação da desistência na assembleia geral de credores".

a. Nomeação do administrador judicial;
b. Dispensa da apresentação de certidões negativas, para que a recuperanda exerça suas atividades;
c. Suspensão de todas as ações ou execuções;
d. Obrigatoriedade de apresentação de demonstrativos contábeis mensalmente, até o final do processo de recuperação;
e. Intimação do Ministério Público e das Fazendas Federal, Estadual e Municipal;
f. Expedição de editais;
g. Possibilidade de se requerer a convocação de assembleia para a constituição de comitê de credores ou, se já estiver constituído, para a substituição de seus membros;
h. Impossibilidade de desistir do processo sem a aprovação da assembleia geral de credores.

Vamos, doravante, analisar cada uma dessas consequências e discorrer sobre as questões práticas a elas associadas.

A. Nomeação do administrador judicial

Diferentemente do que o nome pode denotar à primeira vista, na recuperação judicial, esse profissional não irá administrar a empresa no lugar do empresário nem intervir previamente nos atos de gestão. Suas atribuições estão descritas no artigo 22 da Lei de Recuperação Judicial[2].

---

[2] "Artigo 22 Ao administrador judicial compete, sob a fiscalização do Juiz e do Comitê, além de outros deveres que esta lei lhe impõe:
I – na recuperação judicial e na falência:
a) Enviar correspondência aos credores constantes na relação de que trata o inciso III do *caput* do art. 51, o inciso III do *caput* do art. 99 ou o inciso II do *caput* do art. 105 desta lei, comunicando a data do pedido de recuperação judicial ou da decretação da falência, a natureza, o valor e a classificação dada ao crédito;
b) Fornecer, com presteza, todas as informações pedidas pelos credores interessados;
c) Dar extratos dos livros do devedor, que merecerão fé de ofício, a fim de servirem de fundamento nas habilitações e impugnações de créditos;
d) Exigir dos credores, do devedor ou seus administradores quaisquer informações;
e) Elaborar a relação de credores de que trata o § 2º do art. 7º desta lei;
f) Consolidar o quadro geral de credores nos termos do art. 18 desta lei;
g) Requerer ao Juiz convocação da assembleia geral de credores nos casos previstos nesta lei ou quando entender necessária sua ouvida para a tomada de decisões;
h) Contratar, mediante autorização judicial, profissionais ou empresas especializadas para, quando necessário, auxiliá-lo no exercício de suas funções;

Temos, portanto, que o administrador judicial opera como um auxiliar do Juiz e sua função tem caráter duplo, que consiste em viabilizar o andamento do processo e fiscalizar as atividades do devedor, zelando para que a empresa possa se recuperar e para que o interesse dos credores e da comunidade em geral sejam preservados.

O administrador judicial, desse modo, é profissional de confiança do Juiz e é eleito segundo critérios estabelecidos em lei, como constatamos pela leitura do artigo 21 da LRJ que diz: "O administrador judicial será profissional idôneo, preferencialmente advogado, economista, administrador de empresas ou contador, ou pessoa jurídica especializada."

A lei, vale acrescentar, não veda a nomeação de profissionais de formação diversa daquelas mencionadas em seu texto, ela apenas *prefere* que tais profissionais sejam nomeados.

O administrador judicial, para o exercício de suas funções, poderá, inclusive, contratar peritos ou auditores cuja remuneração será fixada pelo Juiz, que, por sua vez, também fixará a sua remuneração, a qual não poderá exceder o percentual de 5% sobre os créditos sujeitos à recuperação judicial ou do valor de venda dos bens arrecadados na falência.

Na prática, contudo, esse percentual de máximo de 5%, na maioria das vezes, não é aplicável, pois, se concedida a remuneração absoluta ao administrador judicial, esse gasto poderia até mesmo inviabilizar economicamente a empresa. Com raras exceções, a fixação de honorários tem sido comedida e, ainda assim, digna e justa para tais profissionais.

Vale esclarecer, também, que não há qualquer óbice ao acordo direto entre o administrador judicial e a empresa recuperanda que, fixado nos limites legais, poupa a intervenção do Magistrado, que só irá homologar a avença e assegurar a base de conforto e profissionalismo que a todos interessa.

---

i) Manifestar-se nos casos previstos nesta lei;
II – na recuperação judicial:
a) fiscalizar as atividades do devedor e o cumprimento do plano de recuperação judicial;
b) requerer a falência no caso de descumprimento de obrigação assumida no plano de recuperação;
c) apresentar ao Juiz, para juntada aos autos, relatório mensal das atividades do devedor;
d) Apresentar o relatório sobre a execução do plano de recuperação, de que trata o inciso III do *caput* do art. 63 desta lei; (...)".

B. Dispensa da apresentação de certidões negativas, para que a recuperanda exerça suas atividades

Em que pese a imensa inovação trazida pela lei nº 11.101/05, é certo que ela não se isenta de imperfeições. A redação da lei, até por conta de tantas negociações para sua aprovação, não foi feliz em vários aspectos formais e materiais.

O inciso II do artigo 52 da lei analisada reza que o Juiz

> Deferindo o processamento do pedido determinará a dispensa da apresentação de certidões negativas para que o devedor exerça suas atividades, exceto para contratação com o Poder Público ou para recebimento de benefícios ou incentivos fiscais ou creditícios (...).

A lei fala textualmente que o devedor será dispensado de apresentar as certidões para que exerça suas atividades. Ocorre, entretanto, que simplesmente **o devedor não é obrigado a apresentar certidões negativas para exercer as suas atividades!**

O dispositivo é inócuo e desprovido de sentido prático e até mesmo por isso quase todos os doutrinadores não se ocupam dele. Supõe-se que a intenção original era, de algum modo, trazer algum tipo de alívio nos encargos incidentes sobre a empresa em recuperação; não funcionou.

C. Suspensão de todas as ações ou execuções

O despacho que autoriza o processamento da recuperação judicial é de fundamental importância, dentre outros motivos, para ordenar, pelo período de 180 dias, a suspensão de todas as ações e execuções contra o devedor. Não houvesse essa providência, em muitos casos, a manutenção ou o restabelecimento da operacionalidade se tornaria impossível.

Os créditos trabalhistas ou civis e comerciais, sem garantia ou que possuam garantia real, estão sujeitos aos efeitos da recuperação judicial e, nesse caso, seu destino está atrelado à apreciação do plano. Frequentemente, entretanto, a empresa em dificuldade é acossada por credores cuja dívida não está sujeita aos efeitos da recuperação judicial e a efetivação de seu direito pode comprometer todo o esforço para a superação da dificuldade.

Desse modo, a lei, sem desfigurar a situação privilegiada desses credores, concede a empresa em recuperação judicial um tempo para reorganizar seus negócios sem que seu parque fabril seja desfalcado, seus recursos arrestados ou bens essenciais removidos pelo prazo dos então 180 dias.

Se, por um lado, o credor mantém a sua posição de força e integridade de seus direitos, a suspensão das ações evita o uso abusivo dessas prerrogativas. Não são poucas as ocasiões em que credores mal-intencionados, especificamente os que detém garantia de bens alienados fiduciariamente, valem-se de liminares para inflar o débito e aumentar seus ganhos em acordos posteriores.

No afã de evitar a remoção ou apreensão de bens vitais para sua operação, muitas vezes a empresa é levada a aceitar condições absolutamente desproporcionais por falta de liquidez momentânea e, pior de tudo, esses ajustes draconianos são feitos nos autos de processos judiciais e, portanto, dificilmente podem ser revistos.

A suspensão das ações permite a empresa o tempo suficiente para planejar o caixa ou a estratégia visando evitar o pior e impedir os achaques de ocasião e até mesmo os procedimentos legítimos que, entretanto, potencialmente podem comprometer a sorte da empresa.

Muitas vezes, por morosidade do judiciário, a empresa não consegue realizar a assembleia geral de credores dentro do prazo estipulado. Dessa forma, requere-se ao Juiz a extensão da proteção até a realização da assembleia, este prazo, na realidade, não poderia ser alterado, porém, devido as dificuldades enfrentadas pelo próprio setor, os juízes acabam concedendo a extensão.

Como as fazendas públicas não se sujeitam ao pedido de recuperação judicial, as execuções fiscais não são suspensas. Porém já existe um entendimento do Judiciário no sentido de suspender as medidas do fisco que comprometem a operação da empresa. Temos que lembrar que esta suspensão só é concedida quando a empresa embasa e fundamenta o seu pedido, inclusive demonstrando que o seu plano de recuperação judicial contempla o pagamento do fisco de acordo com a capacidade financeira do negócio. Muitas vezes, quando instado, o Judiciário vem em socorro das empresas em recuperação suspendendo leilões dos bens penhorados, pois a lei não obriga as fazendas públicas a suspenderem qualquer medida de constrição dos bens. A jurisprudência tem caminhado no sentido de preservação do acervo social enquanto a empresa encontra seu caminho.

Não interessa ao Fisco a falência da empresa, já que ele só receberá se ela estiver viva, além disso, perde-se mais um contribuinte.

Sobre o tema, inclusive, colecionamos a seguir as seguintes decisões:

- RECUPERAÇÃO judicial – LRJF x LEF – Jurisprudência – STJ: atos de constrição – competência – Juízo processamento RJ Falência, liquidação extrajudicial e recuperação judicial – impacto nas ações exacionais "CONFLITO DE COMPETÊNCIA. RECUPERAÇÃO Judicial. EXECUÇÃO FISCAL. PRINCÍPIO DA PRESERVAÇÃO DA EMPRESA. 1) Apesar de a execução fiscal não se suspender em face do deferimento do pedido de recuperação judicial (art. 6°, §7°, da LF n. 11.101/05, art. 187 do CTN e art. 29 da LF n. 6.830/80), submetem-se ao crivo do juízo universal os atos de alienação voltados contra o patrimônio social das sociedades empresárias em recuperação, em homenagem ao princípio da preservação da empresa . 2) Precedentes específicos desta Segunda Secção. 3) Conflito conhecido para declarar a competência do juízo de direito da 8ª Vara Cível de São José do Rio Preto - SP para a análise dos atos constritivos sobre o ativo das empresas suscitantes." (CC 114987/SP, Rel. Ministro PAULO DE TARSO SANSEVERINO, SEGUNDA SEÇÃO, julgado em 14/03/2011, DJe 23/03/2011) determinada a competência do juízo em que tramita a RJ para analisar os atos constritivos de bens da empresa na EF – irrelevância da adesão ao parcelamento da LRJF.

- RECUPERAÇÃO judicial – LRJF x LEF – Jurisprudência – STJ: penhora online – competência – Juízo processamento RJ – CC 107060: Falência, liquidação extrajudicial e recuperação judicial – impacto nas ações exacionais. Caso concreto: penhora on-line de contas-correntes de empresas em RJ determinada em ação declaratória de desconsideração da personalidade jurídica e reconhecimento de que as empresas em RJ comporiam um grupo econômico de fato com empresas de fachada e laranjas para sonegar impostos – ação proposta pelo Estado de Goiás. SOLUÇÕES: a ação proposta pelo EGO não está dentre aquelas excepcionadas no art. 6° da LRF – não é nem EF e nem ação trabalhista – LOGO pode ter suspenso o andamento; a prática de atos que comprometam o patrimônio do devedor ou que excluam parte dele do processo de RJ, somente pode ser efetivada pelo Juízo que deferiu a RJ. decisão monocrática: (i) sustou qualquer ato que comprometa o patrimônio da empresa em RJ, ou que o exclua em parte; (ii) tornou disponíveis os valores penhorados on-line.

- RECUPERAÇÃO judicial – LRJF x LEF – Jurisprudência - STJ: leilão consumado – bem essencial – desenvolvimento atividade – adesão ao "REFIS-Crise"– CC 112030, 2ª Seção : Falência, liquidação extrajudicial e recuperação judicial – impacto nas ações exacionais Caso concreto: bens arrematados em leilão ocorrido em EF, bem como removidos pela autoridade competente. Bens são essenciais para a continuidade da atividade da empresa em RJ. A empresa aderiu ao parcelamento da LF 11941/2009. decisão monocrática e acórdão: (i) reconheceu a suspensão da exigibilidade do crédito tributário em função do parcelamento; (i) determinou a devolução das máquinas (monocrática); (ii) designou o Juízo da RJ para analisar medidas urgentes (monocrática).

- RECUPERAÇÃO judicial – LRJF x LEF – Jurisprudência – TJ/SP: Falência, liquidação extrajudicial e recuperação judicial – impacto nas ações exacionais 0439762-12.2010.8.26.0000 Agravo de Instrumento Relator(a): Xavier de Aquino Comarca: Vinhedo Órgão julgador: 5ª Câmara de Direito Público Data do julgamento: 07/02/2011 Data de registro: 12/02/2011 Outros números: 4397621220108260000 Ementa: AGRAVO DE INSTRUMENTO EXECUÇÃO FISCAL JUDICIAL LEILÕES DE BENS DE SEU PATRIMÔNIO SUSPENSÃO CABIMENTO. Embora a execução fiscal, em si, não se suspenda, ficam vedados atos judiciais que reduzam o patrimônio da empresa em recuperação judicial enquanto neste estado, haja vista que a finalidade do instituto, conforme a lei 11.101/2005, interpretada pelo Superior Tribunal de Justiça, é permitir o soerguimento da sociedade comercial combalida Decisão reformada Dá-se provimento ao recurso.

D. Obrigatoriedade de apresentação de demonstrativos contábeis mensalmente, até o final do processo de recuperação

As demonstrações contábeis refletem a performance da operação e são muito úteis para determinar a eficácia da gestão, o comportamento do mercado e a adoção, ou não, de boas práticas de administração.

O processo de recuperação judicial implica em sacrifícios, mas este esforço pode valer a pena e redundar num grande benefício a todos (devedor e credor) quando a empresa se recupera e criam-se meios de pagar o débito.

É normal, até mesmo esperado, que os resultados demorem a aparecer quando um processo de revitalização é posto em curso. Muitas são as engrenagens que devem ser azeitadas, e as diversas medidas não têm efeito instantâneo. Contudo, embora a supressão de linhas de produto e unidades fabris; dispensa de funcionários, representantes comerciais e distribuidores agravem a situação no curto prazo, a empresa pode ser viável no futuro.

Sucede, entretanto, que o juízo de valor sobre a pertinência ou impertinência, o acerto ou o equívoco de determinadas condutas é do credor que atuará segundo convém as suas motivações de ordem prática, comercial ou até mesmo filosófica. Em qualquer situação, ele tem o direito de acompanhar a performance da empresa e um dos meios para tanto é a leitura e interpretação das demonstrações financeiras obrigatórias.

Vale salientar, também, que não há uma padronização para a demonstração contábil, que, muitas vezes, por ser demasiadamente sintética, impede que dela se extraiam conclusões. Não se advoga, entretanto, que o devedor apresente um razão analítico que permita a análise do comportamento de cada conta, porém algum detalhamento é ou seria desejável.

E. Intimação do Ministério Público e das Fazendas Federal, Estadual e Municipal

Ao receber o processo de recuperação judicial, na sequência das providências, o Juiz determinará a expedição de ofício para as Fazendas Federal e Municipal que poderão, naquilo que lhes couber, acompanhar o processo.

Já o Ministério Público, na qualidade de fiscal da lei, terá uma atuação mais dedicada e permanente nos autos, fiscalizando-os a fim de que neles não se observem abusos, desvios de finalidade ou bens, assim como o propósito da Lei de Recuperação Judicial seja fielmente observado nos termos do seu artigo 47[3], com a preservação de postos de trabalho e a produção de riqueza.

F. Expedição de Editais

Outra providência que decorre do despacho que admite o processo de recuperação judicial é a expedição de editais. O edital é um ato solene, com determinação, aviso, citação, etc., que se afixa em lugares públicos ou se anuncia na imprensa.

O objetivo da expedição do edital, portanto, é dar conhecimento público de algo e, no caso da recuperação judicial, ele deverá conter:

I – o resumo do pedido e da decisão que defere o processamento da recuperação;

Como o objetivo da expedição do edital é dar publicidade ao fato, é importante, aliás, fundamental, que a comunicação explicite, ainda que de maneira resumida, os termos da ação e da decisão que aceitou o processamento.

II – a relação de credores, com o valor atualizado e a classificação de cada crédito;

O edital deverá conter, ainda, a relação nominal dos credores com o valor **atualizado**, ou seja, não basta o valor nominal é necessária a sua correção e, finalmente, é imprescindível que os créditos sejam discriminados segundo a sua classificação (trabalhistas, quirografários ou com garantia real).

III – a advertência acerca dos prazos para habilitação dos créditos, e para que os credores apresentem objeção.

É também imprescindível que o edital contenha o alerta para apresentação ao administrador judicial *suas habilitações ou suas divergências quanto aos créditos relacionados*, dentro do prazo de 15 dias. O edital deverá conter, finalmente, o prazo para apresentação de objeções ao plano, no prazo de 30 dias, caso ele já tenha sido

---

[3] "Art. 47. A recuperação judicial tem por objetivo viabilizar a superação da situação de crise econômico-financeira do devedor, a fim de permitir a manutenção da fonte produtora, do emprego dos trabalhadores e dos interesses dos credores, promovendo, assim, a preservação da empresa, sua função social e o estímulo à atividade econômica".

apresentado. Porém, se o plano for apresentado no prazo de 60 dias[4] contados do despacho que autoriza o processamento, a possibilidade dos credores apresentarem objeções passa a correr da data de intimação de que o plano foi trazido aos autos.

G. Possibilidade de se requerer a convocação de assembleia para a constituição de comitê de credores ou, se já estiver constituído, para a substituição de seus membros

O processo de recuperação judicial é dinâmico e, como tal, possibilita a intensa atuação de todos os seus atores, principalmente dos credores, que podem acompanhar e interferir legal e construtivamente.

Deferido o processamento da recuperação judicial, não é necessário esperar a assembleia – até porque, o plano pode ser aprovado pela ausência de objeções – para que os credores constituam um comitê destinado a acompanhar as operações da recuperanda e/ou se ele já estiver constituído, deliberar sobre a substituição de seus membros.

H. Impossibilidade de desistir do processo sem a aprovação da assembleia geral de credores

A recuperação judicial, apesar de todos os aspectos diferenciados, é um processo judicial e visa compor interesses aparente ou momentaneamente antagônicos e, sem querer entrar na seara jurídica, há uma natureza dúplice.

Quando se ingressa com uma ação judicial, o autor é livre para desistir do processo a qualquer tempo ANTES da citação do réu e, uma vez que ele tenha sido citado dos termos da demanda, só poderá haver desistência se ambas as partes concordarem com isso. O mesmo principio é, de certo modo, aplicado no caso de recuperação judicial. Uma vez que o processo seja admitido que num polo esteja a empresa recuperanda e noutro os seus credores, é razoável que, para a desistência, os credores sejam ouvidos e concordem pois, do contrário, para evitar a falência em virtude do descumprimento de qualquer encargo, bastaria a empresa inadimplente desistir do processo, o que não seria lógico.

---

[4] "Art. 53. O plano de recuperação será apresentado pelo devedor em juízo no prazo improrrogável de 60 (sessenta) dias da publicação da decisão que deferir o processamento da recuperação judicial, (...)"

Capítulo 9. Elaboração do plano

O plano de recuperação judicial é, na realidade, a principal peça a ser "elaborada" em todo o processo. Os credores, movidos pelo desejo de solução da situação de inadimplência, já começam, no dia seguinte ao processamento da recuperação judicial, a formular as suas indagações sobre o plano. Essa ansiedade acaba por levar a empresa e os colaboradores, muitas vezes despreparados, para a condução das negociações, antecipando condições do plano que não foram discutidas ou estudadas com o devido cuidado que a situação requer. Na realidade, o que os credores querem saber no primeiro momento é: minha dívida sofrerá algum deságio? Quando se iniciarão os pagamentos? Vocês estão pensando em pedir carência? Qual será o índice de correção? E o prazo de pagamento?

Nenhuma dessas perguntas deve ser respondida de maneira precipitada ou irrefletida.

Os credores arrolados no processo de recuperação judicial normalmente continuam, embora em novas bases, a fazer negócios com a empresa recuperanda e a dinâmica dessas relações propicia os constantes questionamentos, quando não mesmo até a pressão para que o plano lhes seja favorável.

A presença de empresa especializada em gerir a companhia durante a crise e de empresa especializada na confecção de plano acabam por trazer a tranquilidade operacional que permite a confecção de um plano que propiciará a superação da crise na medida em que as respectivas atuações são técnicas e não estão sujeitas ao jogo de pressões ou a cobrança moral que costuma envergar o empresário quando ele conduz o processo.

O credor deveria, ao contrário de exercer pressão, se preocupar com a saúde financeira da empresa, inteirar-se sobre quais atitudes serão tomadas imediatamente para manter a operacionalidade; as fontes de fornecimento dos insumos necessários à produção; etc., pois estas medidas, não a truculência, é que possibilitarão a liquidação dos débitos de forma sustentável.

O prazo estipulado pela lei para a elaboração do plano de recuperação judicial, 60 dias, acaba não sendo suficiente para que um trabalho minucioso e detalhado seja apresentado. O processo de elaboração de um plano de recuperação judicial se assemelha a uma *due diligence* (processo efetuado para levantamento de ativos e passivos nos processos de fusões e aquisições) e um *valuation* (processo de avaliação da capacidade de geração de um negócio para projetos de fusões e aquisições).

O levantamento das informações, muitas vezes, é dificultado pela desorganização das empresas que requerem a recuperação judicial. Todo o esforço dos colaboradores está voltado para fechar o caixa e pagar as contas essenciais, e a companhia acaba perdendo o controle da operação. Citamos a seguir alguns erros típicos cometidos pelos gestores:

- Os sistemas de gestão (ERP) são colocados em segundo plano;
- Os custos não são devidamente apurados e alocados;
- Perde-se a busca por eficiência nos processos produtivos;
- Os estoques não são inventariados;
- As despesas não são estratificadas e controladas por departamento (centro de custo);
- Os níveis de inadimplência, devoluções e bonificações não são mais controlados;
- O processo de concessão de crédito não é observado;
- O departamento financeiro da empresa passa a ser o maior "comercial" da companhia, pois a geração de faturamento passa a ser o foco.

Dessa forma se faz necessário, para a elaboração do plano, uma ampla apuração da situação da empresa, para qual se demanda:

- Levantamento da situação contábil, fiscal e patrimonial da empresa, incluindo análise de aspectos relativos a faturamento, custos e tributos;
- Análise detalhada do endividamento fiscal;
- Estratificação das despesas com a alocação nos devidos centro de custos;
- Análise de itens do Balancete Patrimonial;
- Análise de aspectos relativos a contingências;
- Análise detalhada dos custos, com a apuração detalhada, observando todos os custos envolvidos no processo produtivo;
- Análise de margens de lucratividade por canal, segmento e produto.

O processo de elaboração do plano exige uma análise profunda do negócio, pois, na maioria das vezes, a companhia recorre à recuperação judicial devido à falta de rentabilidade e geração de caixa. Costumamos dizer que a recuperação judicial permite que o empresário comece do "zero". É como "tirar da empresa velha uma nova empresa", porém essa nova empresa deve ser rentável e geradora de riqueza para saldar os débitos da empresa velha. Sem a mudança de cultura, a recuperação judicial acaba sendo ineficaz. É necessária uma transformação radical. É de fundamental importância que se repense toda a estrutura para buscar rentabilidade no negócio. O empresário tem de se preocupar com quanto fica no bolso e não com o faturamento. Às vezes, é necessário regredir para recomeçar.

A Lei da Recuperação Judicial é muito superficial quando trata do plano. Poucas são as informações que a Lei determina como necessárias para constar do plano, atendo-se, exclusivamente, a:

- Discriminação pormenorizada dos meios de recuperação a serem empregados, conforme o art. 50 desta lei, e seu resumo;
- Demonstração de sua viabilidade econômica;
- Apresentação de laudo econômico-financeiro e de avaliação dos bens e ativos do devedor, subscrito por profissional legalmente habilitado ou empresa especializada.

Ademais, a norma estabelece ainda que os débitos trabalhistas vencidos até a data do pedido devem ser pagos em no máximo um ano, não deixando claro o ponto de partida para a contagem desse prazo, o qual, na maioria das vezes, é contado da data da homologação do plano pelo Juiz.

O plano é um *"Business Plan"* do negócio e não deve servir apenas para cumprir uma formalidade, mas realmente ser utilizado como ferramenta de gestão. Não se trata de mera exigência, mas do caminho a ser percorrido para superar a dificuldade. Mesmo depois de aprovado ele deve ser acompanhado detidamente pelos gestores.

Nesse passo, o plano deve trazer de forma clara e objetiva a apresentação da empresa para todos os seus parceiros. Assim, ele demanda:

- Estrutura societária;
- Organograma;
- Histórico do negócio, valores, missão, visão;
- Diferenciais competitivos da empresa;

- Estrutura comercial e logística;
- Unidades produtivas;
- Portfólio de produtos/serviços;
- Dados históricos da companhia;
- Análise do cenário macroeconômico;
- Análise setorial;
- Motivos que levaram a empresa à situação de crise;
- Medidas que serão adotadas para a reestruturação do negócio;
- Por último, o estudo da viabilidade econômica e financeira que permitirá elaborar a proposta de pagamento aos credores.

De maneira contemporânea ao plano, há necessidade de apresentação do laudo de avaliação de ativos que deve ser elaborado por um profissional competente e que deverá trazer todos os ativos da empresa avaliados de forma pormenorizada. Esse laudo será entregue juntamente com o plano de recuperação.

O laudo de viabilidade econômica e financeira deve ser extremamente detalhado. Não basta um documento assinado por um profissional ou empresa especializada, pois o estudo de viabilidade precisa convencer não apenas o Judiciário, mas todos os credores que, muitas vezes, têm discernimento suficiente para validar os demonstrativos apresentados pela empresa. Dessa forma, o plano deve ser acompanhado de planilhas que demonstrem de forma detalhada:

- O faturamento do negócio (plano de vendas, orçamento de vendas);
- Custo de produção (CPV – CMV – custo de produto vendido ou custo de mercadoria vendida);
- Despesas estratificadas por setor (administrativo, comercial, logística, produção e outros);
- Detalhamento do passivo fiscal;
- Mapa de apuração tributária – impactos fiscais no negócio;
- Dívidas extraconcursais (não sujeitas ao concurso de credores).

Tais informações permitirão a elaboração do DRE (Demonstrativo de Resultado Econômico) projetado e do Fluxo de Caixa Livre no qual estará determinada a forma de liquidação de todos os passivos da empresa – passivos da recuperação judicial, passivos extraconcursais e passivos fiscais.

Diversos meios de recuperação podem ser adotados pela empresa. Todas essas medidas devem ser explanadas no plano de forma transparente e objetiva. Citaremos a seguir, não todas as medidas estabelecidas pela lei[1], somente as usuais. Vale ressaltar que além das hipóteses ali elencadas, o legislador deixou a porta aberta para novas situações na medida em que ao disciplinar as situações utiliza o vocábulo *dentre outras* ao arrolar os meios de recuperação. Em virtude da abordagem prática deste trabalho, não vamos nos deter em todas as situações agasalhadas pela norma, mas vamos nos ater, repita-se, às medidas práticas mais adotadas:

- Concessão de prazos e condições especiais para pagamento das dívidas;
- Venda de unidade industrial isolada;
- Arrendamento ou trespasse de estabelecimento;

---

[1] "A relação dos meios de recuperação judicial está contemplada no artigo Art. 50 que dispõe: Constituem meios de recuperação judicial, observada a legislação pertinente a cada caso, dentre outros:
I – Concessão de prazos e condições especiais para pagamento das obrigações vencidas ou vincendas;
II – Cisão, incorporação, fusão ou transformação de sociedade, constituição de subsidiária integral, ou cessão de cotas ou ações, respeitados os direitos dos sócios, nos termos da legislação vigente;
III – Alteração do controle societário;
IV – Substituição total ou parcial dos administradores do devedor ou modificação de seus órgãos administrativos;
V – Concessão aos credores de direito de eleição em separado de administradores e de poder de veto em relação às matérias que o plano especificar;
VI – Aumento de capital social;
VII – Trespasse ou arrendamento de estabelecimento, inclusive à sociedade constituída pelos próprios empregados;
VIII – Redução salarial, compensação de horários e redução da jornada, mediante acordo ou convenção coletiva;
IX – Dação em pagamento ou novação de dívidas do passivo, com ou sem constituição de garantia própria ou de terceiro;
X – Constituição de sociedade de credores;
XI – Venda parcial dos bens;
XII – Equalização de encargos financeiros relativos a débitos de qualquer natureza, tendo como termo inicial a data da distribuição do pedido de recuperação judicial, aplicando-se inclusive aos contratos de crédito rural, sem prejuízo do disposto em legislação específica;
XIII – Usufruto da empresa;
XIV – Administração compartilhada;
XV – Emissão de valores mobiliários;
XVI – Constituição de sociedade de propósito específico para adjudicar, em pagamento dos créditos, os ativos do devedor.
§ 1º Na alienação de bem objeto de garantia real, a supressão da garantia ou sua substituição somente serão admitidas mediante aprovação expressa do credor titular da respectiva garantia.
§ 2º Nos créditos em moeda estrangeira, a variação cambial será conservada como parâmetro de indexação da correspondente obrigação e só poderá ser afastada se o credor titular do respectivo crédito aprovar expressamente previsão diversa no plano de recuperação judicial".

- Gestão compartilhada com credores;
- Cisão com criação de uma nova companhia;
- Mudança da gestão;
- Dação de bens para o pagamento da dívida;
- Venda de ativos não operacionais;
- SPE (Sociedade de Propósito Específico) para adjudicação dos bens do devedor;
- Constituição de sociedade de credores;
- Emissão de valores mobiliários.

O modelo mais explorado é a elaboração do plano que prevê condições especiais de prazos, deságio e correção para a liquidação dos débitos, porém alguns pontos precisam ser observados para esse tratamento da dívida:

9.1. Prazo de carência

A carência não tem sido bem aceita pelos credores, pois muitos deles já estão com os débitos vencidos há um bom tempo e ainda terão que esperar a votação, aprovação e homologação do plano para começar a receber (processo que, em média, dura até um ano). A necessidade da carência deve ser demonstrada no fluxo de caixa. Além disso, os credores devem ser conscientizados da necessidade desse prazo adicional para o início dos pagamentos, pois alguns débitos devem ser saldados nesse período, entre eles os extraconcursais e trabalhistas.

9.2. Prazos para liquidação

O prazo para liquidação deve ser condizente com o fluxo de caixa livre apresentado no plano de recuperação judicial. Muitas vezes, a empresa pode ser levada a pleitear um alongamento difícil de ser suportado pelo credor. Assim, nos casos em que os prazos necessários para a solvência do débito são muito extensos, devem ser estudadas, alternativamente, outras formas de liquidação para acelerar o pagamento como, por exemplo, uma venda de um ativo não operacional com a reversão do valor para os credores.

9.3. Deságio

Esse é o ponto mais controverso da negociação com os credores, pois, com o nível de dívida contraído pela empresa, e a sua capacidade de pagamento, a realidade evidencia que, em alguns casos, somente será possível a liquidação com a aplicação de um deságio nos valores. Na prática, quando isso ocorre, a opção se dá pelo recebimento de um valor menor, pois, do contrário, inviabilizada a empresa nada será pago aos credores. É evidente que esse deságio deverá estar justificado pela geração de caixa da empresa. Os credores, em determinados casos, podem não concordar com esse deságio e conceder mais prazo para a liquidação da dívida, pois esse será sempre um binômio na elaboração do plano: deságio e prazo.

9.4. Juros e correção monetária

O plano deverá prever uma correção dos valores, lembrando que as taxas práticadas pelo mercado financeiro possuem em seu componente os *spreads* elevadíssimos, cujo uso não pode ser cogitado em uma recuperação judicial, já que o nível de alavancagem das empresas não permite a correção das taxas do mercado que, até pouco tempo atrás, constituíam a maior taxa de juros real do planeta. A correção tem por objetivo, somente, a preservação do capital para que o débito não seja corroído com o passar do tempo.

Todos os pontos abordados acima são extremamente polêmicos. Aliás, devemos lembrar que não basta apresentar o plano, é preciso convencer a maioria dos credores de que o plano é factível e que as condições pleiteadas são necessárias e podem ser cumpridas. Não adianta elaborar um plano mal estruturado, apenas para obter a chancela da assembleia de credores, pois a satisfação deles será apenas momentânea se esse arranjo "favorável" não permitir a sobrevivência e viabilidade da empresa.

Essa postura simplista é ineficaz. O plano será, dessa maneira, apenas uma medida procrastinatória, pois, se não criadas as condições necessárias, os pagamentos compromissados não serão efetuados e aquele credor inicialmente satisfeito terá que optar pelo aditamento no plano ou decidir pela quebra da empresa.

Desse modo, várias são as mecânicas de apuração da capacidade de pagamento do débito. Há planos que se baseiam na distribuição do fluxo de caixa livre ou no percentual sobre o faturamento. Além de tais medidas há outras modalidades supletivas de amortização tais como o credor parceiro, leilão reverso, etc.

No caso da distribuição do fluxo de caixa livre gerado, o caixa livre obtido pela companhia a cada período estabelecido no plano (trimestral, semestral ou anual) será repartido entre os credores.

Já os planos cujo pagamento dos credores se dá por uma fração do faturamento, na prática divide-se entre os credores um percentual relativo ao faturamento da empresa, independentemente do resultado ou da sobra de caixa.

Ambos os modelos têm sido muito criticados pelo Judiciário, pois alega-se a iliquidez do plano de recuperação. De acordo com reiteradas manifestações dos

Tribunais, o plano deve possuir data e valores fixos. Os modelos exclusivamente variáveis têm encontrado alguma resistência nos Tribunais.

Tal entendimento tem sido um grande erro na nossa avaliação, pois quando a empresa realmente demonstra a sua viabilidade e tem como foco a solução do problema com a reestruturação do negócio e a geração de riqueza, o modelo variável poderá acelerar bastante o pagamento aos credores. O que deve ser observado é o cuidado para que as demonstrações contábeis sejam transparentes e, sempre que possível, sofram auditoria especializada.

Outros pontos que trazem inovação e, ao mesmo tempo, polêmica são a introdução dos mecanismos de "Leilão Reverso de Créditos" e "Credor Parceiro", ambos de maneira supletiva, eis que nenhum plano tem por base exclusivamente tais modalidades de liquidação.

Normalmente o devedor, ao apresentar o plano, fará uma proposta que pode prever uma amortização linear, um percentual do faturamento ou do caixa livre e, não obstante, criar mecanismos que acelerem a amortização proposta aos credores e criem um benefício tangível para a empresa recuperanda.

O dispositivo do Leilão Reverso de Créditos tem como premissa a liquidação para com os credores por meio de uma oferta, no qual o credor que conceder o maior deságio será o vencedor. Os recursos para a realização do leilão podem ser originados da venda de um bem não operacional ou de percentual da rentabilidade acima da projetada. Ou seja, esses leilões devem acelerar o pagamento da dívida, sendo que os credores não são obrigados a participar do leilão. Não havendo interesse por essa modalidade de liquidação, o valor pode ser distribuído igualmente por todos. Para a realização do Leilão Reverso devem ser convocados todos os credores e uma assembleia geral a ser instalada para tal.

Não raramente, as empresas desejam limpar os balanços ou realizar ativos de longo prazo. Nesses casos, havendo a previsão do Leilão Reverso no plano de recuperação judicial o credor poderá ofertar – na assembleia especificamente instalada para tal – um percentual de deságio para a sua dívida e o(s) maior(es) deságio(s) será(ão) contemplado(s).

A crítica que se fazia ao Leilão Reverso não faz muito sentido. Acusava-se essa modalidade de amortização de beneficiar alguns em detrimento dos demais, o que não ocorre, pois, convocada a assembleia, todo e qualquer credor poderá participar e, se for do seu interesse realizar o ativo, oferecer o deságio que melhor lhe aprouver. Ninguém é excluído, todos podem, democraticamente, participar.

Já a previsão de amortização dos débitos do Credor Parceiro tem sido utilizada em vários planos. Consiste em conceder condições diferenciadas para os credores que colaborarem na recuperação do negócio. Essa diferenciação já é adotada no caso da falência, pois a lei estabelece que caso ela seja decretada, os créditos quirografários de fornecedores de bens ou serviços que continuaram a fornecer normalmente após o pedido de recuperação judicial terão privilégio geral de recebimento, até o limite do valor dos bens ou serviços fornecidos durante o período da recuperação. Dessa maneira, o modelo de Credor Parceiro procura trazer essa condição também para a Recuperação Judicial afim de estimular os fornecedores para que continuem a parceria com a empresa, ajudam-na e recebam de forma diferenciada dos demais.

A amortização do débito pela previsão do Credor Parceiro nos planos de recuperação judicial tem entendimentos diversos no Judiciário. Alguns entendem que isso confere tratamento diferenciado os credores e fere os princípios da lei, outros não. Esse modelo procura beneficiar os credores que irão colaborar com esta nova etapa da empresa e, convenhamos, se reveste de sentido lógico e até mesmo ético. Novamente todos podem, se for do seu desejo, conceder créditos novos à empresa recuperanda, e se o fizerem, além de se beneficiarem pelo risco adicional, estarão contribuindo com a sublimação da crise. Nada mais justo.

Outra inovação conveniente e útil nos planos de recuperação judicial é o pagamento linear para a quitação dos menores fornecedores. À primeira vista pode parecer privilégio a alguns, porém não se trata disso.

Um processo de recuperação judicial normalmente possui centenas, quando não milhares, de credores, sendo que a maioria deles é composta por créditos pouco representativos em valor, cuja administração de seu pagamento, entretanto, muitas vezes é mais cara em tarifas de transferência de recursos, depósitos judiciais e requerem um imenso trabalho e pessoal da empresa recuperanda.

Assim, como medida de bom senso, o plano de recuperação pode prever um pagamento linear a TODOS OS CREDORES até um determinado limite. Explica-se.

Se o plano traz o pagamento linear, por exemplo, de 2 mil reais como limite do crédito, TODOS OS CREDORES receberão o mesmo valor, inclusive os grandes credores, e por consequência ninguém é beneficiado em detrimento de outrem, tanto grandes quanto pequenos recebem o mesmo valor, sem privilégio a quem quer que seja.

Essa medida reduz bastante a massa crítica de credores, pois, na maioria das vezes, temos um número grande de credores com valores bem pequenos. A introdução dessa forma de pagamento algumas vezes foi entendida, equivocadamente, pelo Judiciário como uma manobra para a aprovação do plano e privilégio de credores. Na realidade, essa medida procura tratar os iguais como iguais, pois os credores de pequena monta, na maioria dos casos, são micro e pequenos empresários que não dispõem de todo aparato jurídico e financeiro dos grandes credores e das instituições financeiras.

A confecção de um plano de recuperação judicial pode contemplar diversas formas e modalidades de amortização e pagamento, isoladas ou combinadas entre si. Além de planos que contenham amortização, vários outros meios de recuperação de empresa podem ser adotados, conforme citado anteriormente. A venda de unidade industrial isolada tem sido bastante utilizada, pois, quando se vende de forma parcial, o comprador não tem o ônus da sucessão tributária, como rezam algumas disposições da LRJ, senão vejamos:

Art. 141. Na alienação conjunta ou separada de ativos, inclusive da empresa ou de suas filiais, promovida sob qualquer das modalidades de que trata este artigo:

I – todos os credores, observada a ordem de preferência definida no art. 83 desta Lei, sub-rogam-se no produto da realização do ativo;

II – o objeto da alienação estará livre de qualquer ônus e não haverá sucessão do arrematante nas obrigações do devedor, inclusive as de natureza tributária, as derivadas da legislação do trabalho e as decorrentes de acidentes de trabalho.

§ 1º O disposto no inciso II do caput deste artigo não se aplica quando o arrematante for:

I – sócio da sociedade falida, ou sociedade controlada pelo falido;

II – parente, em linha reta ou colateral até o 4o (quarto) grau, consangüíneo ou afim, do falido ou de sócio da sociedade falida; ou

III – identificado como agente do falido com o objetivo de fraudar a sucessão.

§ 2º Empregados do devedor contratados pelo arrematante serão admitidos mediante novos contratos de trabalho e o arrematante não responde por obrigações decorrentes do contrato anterior."

Art. 142. O juiz, ouvido o administrador judicial e atendendo à orientação do Comitê, se houver, ordenará que se proceda à alienação do ativo em uma das seguintes modalidades:

I – leilão, por lances orais;

II – propostas fechadas;

III – pregão.

§ 1º A realização da alienação em quaisquer das modalidades de que trata este artigo será antecedida por publicação de anúncio em jornal de ampla circulação, com 15 (quinze) dias de antecedência, em se tratando de bens móveis, e com 30 (trinta) dias na alienação da empresa ou de bens imóveis, facultada a divulgação por outros meios que contribuam para o amplo conhecimento da venda.

Outras saídas legais também podem ser utilizadas, tais como a cisão, emissão de debêntures, criação de Sociedade de Propósito Específico para receber bens do devedor em pagamento, Gestão Compartilhada, Constituição de Sociedade Anônima de capital fechado para emissão de ações para pagamento aos credores, entre outros.

Somente diante de uma situação específica é que se pode avaliar a forma que melhor convém ao caso concreto e atende ao interesse das partes.

Em síntese, o plano deve trazer de forma clara e objetiva todas as medidas que serão tomadas pela companhia para a recuperação do negócio. Os planos procrastinatórios não estão sendo mais aceitos, nem pelos credores e muito menos pelo judiciário. É necessário, cada vez mais, que o plano seja um liame sincero entre devedor e credor afim de que a fonte produtora e a geração de empregos e riqueza possa ser preservada. A função de um Plano de Recuperação Judicial engendrado de maneira técnica é permitir o resgate do débito, evitando o sacrifício supremo dos interesses do credor, compatibilizando-os com as possibilidades da empresa temporariamente combalida.

Capítulo 10. Apresentação do plano

A concepção do plano é inegavelmente uma etapa complexa, trabalhosa e até mesmo exaustiva na medida em que a inobservância do prazo legal para sua apresentação implica na quebra da empresa, pois se trata de um prazo fatal.

Sucede, outrossim, que a apresentação do plano não cessa com o seu protocolo perante o Poder Judiciário. Seria leviano, senão mesmo ingênuo, supor que depois do protocolamento do plano os representantes da empresa vão encontrar os seus credores por ocasião da assembleia sem que os termos da proposta sejam esclarecidos, amadurecidos e bem debatidos.

É fundamental um *road show*, uma agenda de visitas, pois há credores que simplesmente não possuem conhecimento ou repertório técnico sequer para avaliar a situação e, desse modo, faz-se necessário um esclarecimento detido e detalhado.

Como a recuperação judicial é um processo que tramita pelo Judiciário, a tendência dos credores é delegar o assunto aos seus advogados de confiança, deixando de acompanhar e intervir no andamento das negociações. Quem pretende ver o plano aprovado deve, necessariamente, interromper essa lógica, incluindo no debate e reuniões de esclarecimento, além do corpo jurídico, os responsáveis pela gestão financeira e comercial das empresas credoras no sentido de persuadir a todos do seu ponto de vista.

A ausência desse trabalho de elucidação e esclarecimento acaba por desestimular a participação de diversos credores importantes cujo comparecimento, muitas vezes, pode representar a diferença entre a aprovação e rejeição do plano.

Quando assim se procede, discutindo previamente o plano, pode-se antever as principais dificuldades para aprová-lo e, por consequência, já devem ser traçados cenários alternativos com propostas suplementares para o seu aditamento antes ou durante a assembleia.

Há empresas, inclusive, que além de estabelecerem agenda de visitas de esclarecimento e divulgação do plano de recuperação judicial, criam canais remotos de atendimento e, principalmente, de divulgação via internet mediante a sua disponibilização em websites[1].

Goste-se ou não do plano concebido, a clareza de seu raciocínio, a lisura de seus propósitos, deve restar evidente. Infelizmente, entretanto, não são poucos os planos sintéticos e obscuros levados a votação. Muitas vezes, o empresário melhor faria se defendesse, ele mesmo, a pretensão da empresa do que delegasse essa tarefa a profissionais despreparados e desprovidos de técnica e articulação.

---

[1] Veja-se, como exemplo, alguns planos de recuperação judicial: LBR. Disponível em: <http://www.lbr-lacteosbrasil.com.br/pdf/PRJ.pdf>. Acesso em: 27/09/2013. DROGARIA SANTA MARTA. Disponível em: <http://www.drogariasantamarta.com.br/images/Plano_RJ_-_Versao_Final.pdf>. Acesso em: 27/09/2013. TEKA. Disponível em: <http://www.teka.com.br/pt_br/img/Teka.pdf>. Acesso em: 27/09/2013.GRAUNA AEROSPACE. Disponível em:< http://www.graunaaerospace.com.br/plano_rj_final.pdf>. Acesso em: 27/09/2013.
Nota: Os planos acima listados não são de empresas assessoradas pelos autores desta obra.

Capítulo 11. Modalidades de aprovação

Após a apresentação do plano nos autos do processo de recuperação judicial, os credores serão intimados a se manifestarem sobre ele. Depois dessa publicação, os credores terão o prazo de 30 dias para objeções manifestando e fundamentando as razões da discordância.

As objeções devem trazer de forma clara os pontos que os credores não concordam. Tais objeções nem sequer deverão ser acatadas quando não apresentarem estudos concretos sobre a viabilidade do negócio, questões realmente relevantes de mérito ou observações formais específicas quanto a sua apresentação. Muitas vezes, o credor apenas argumenta que o prazo é longo, o deságio é elevado e os juros baixos, quando, na realidade, deveria ser efetuado um estudo mais detalhado do negócio para verificar realmente a capacidade de pagamento da empresa. A objeção não pode ser vazia, sem amparo. Na maioria dos casos, a objeção efetuada pelo credor tem como objetivo a marcação da assembleia geral e constitui um libelo genérico e desprovido de sustentação e, muitas vezes, sequer de nexo.

11.1. Aprovação sem objeções

O plano que não sofreu nenhum tipo de objeção por parte dos credores poderá ser aprovado pelo Juiz sem a necessidade de instalação da assembleia. Asssim, caso o plano seja apresentado e no prazo previsto de 30 dias (a contar do edital de publicação do plano) e não seja objetado, ele poderá ser homologado sem a necessidade da assembleia geral. Ressalte-se, por oportuno, que trata-se de uma faculdade do Magistrado que preside o processo que, não obstante, mesmo com a ausência de objeções ao plano, poderá levá-lo ao escrutínio dos credores, se assim julgar conveniente.

11.2. Aprovação pela assembleia geral de credores

Havendo qualquer objeção ao plano, a assembleia geral de credores deverá ser marcada. Para que um plano seja aprovado, é necessário o apoio estabelecido pela lei, em todas as classes de forma qualitativa e quantitativa, **lembrando que os valores e quantidades que compõem o quórum de votação são dos credores presentes na assembleia.** Iremos ilustrar por meio de um exemplo prático:

CLASSE	QUANTIDADE DE CREDORES	VALOR DOS CREDORES
TRABALHISTA	100	R$ 500.000,00
QUIROGRAFÁRIOS	1000	R$ 3.000.000,00
GARANTIA REAL	4	R$ 1.000.000,00

Com base no quadro de credores anteriormente simulado, supondo que 100% deles estejam presentes na assembleia para a aprovação, necessitaríamos de:

11.2.1. Classe trabalhista

Nessa classe a contagem dos votos se dá por cabeça, não pela expressão monetária dos seus créditos.

Assim, desse modo, é necessária a aprovação da maioria dos credores, independentemente do valor dos créditos que eles detêm, pois a votação é *per capita*, por cabeça.

No exemplo acima, considerando que todos os credores trabalhistas comparecessem à assembleia, seriam necessários os votos de 51 deles – a maioria absoluta – para aprovação do plano nessa categoria.

11.2.2. Classe Quirografária

Já quanto aos credores quirografários, o quórum a ser obtido é representado pela maioria simples, tanto do número de cabeças (501), quanto do valor dos créditos que elas detêm, o que, nesse exemplo prático, exigiria que os credores que votam pela aprovação detenham, no mínimo, créditos representativos de R$1.500.001,00.

A classe dos credores quirografários demanda a aprovação de forma quantitativa e qualitativa.

11.2.3. Classe Garantia Real

A classe dos credores que possuem garantia real também demanda, para a aprovação do plano, um aceno positivo da maioria do número dos credores e da maioria dos créditos habilitados nessa classe.

No exemplo adotado acima, a aprovação do plano exige que 3 dos 4 credores votem favoravelmente e que eles detenham, no mínimo, créditos que representem a importância de R$500.001,00.

A categoria dos credores com garantia real, a exemplo do que ocorre com os credores quirografários, também exige uma maioria quantitativa e qualitativa.

Na sequência da simulação dessa assembleia hipotética, teríamos, no mínimo, o seguinte mapa de apuração de votos por cabeça para a sua aprovação:

VOTAÇÃO POR CABEÇA		
CLASSE	VOTOS SIM	VOTOS NÃO
TRABALHISTA	51	49
QUIROGRAFÁRIOS	501	499
GARANTIA REAL	3	1

PERCENTUAL%		
CLASSE	VOTOS SIM	VOTOS NÃO
TRABALHISTA	51,00%	49,00%
QUIROGRAFÁRIOS	50,10%	49,90%
GARANTIA REAL	75,00%	25,00%

Já quanto a apuração da votação, por valores, a aprovação exigiria, no mínimo, o resultado evidenciado nos quadros abaixo:

VOTAÇÃO POR VALOR		
CLASSE	VOTOS SIM	VOTOS NÃO
TRABALHISTA	R$ 250.000,00	R$ 250.000,00
QUIROGRAFÁRIOS	R$ 1.500.001,00	R$ 1.499.000,00
GARANTIA REAL	R$ 500.001,00	R$ 499.999,00

PERCENTUAL%		
CLASSE	VOTOS SIM	VOTOS NÃO
TRABALHISTA	50,00%	50,00%
QUIROGRAFÁRIOS	50,000033%	49,96667%
GARANTIA REAL	50,000100%	49,999900%

Vale fixar que os valores para a classe trabalhista não são relevantes nesse modelo, pois a aprovação se dá por cabeça, e não pela extensão do débito.

Nesse exemplo, efetuamos uma simulação para uma aprovação no limite, pois a lei não estabelece que a aprovação seja com uma margem ampla – conforme podemos ver no exemplo, colocamos os valores percentuais com seis casas decimais para realmente demonstrar que os valores estão na sua extremidade.

Nessa modalidade, o administrador judicial irá efetuar a apuração conforme o exemplo e noticiará na assembleia que o plano está aprovado e dependerá apenas da homologação judicial.

A presente simulação foi realizada apenas para fins didáticos, pois, na prática, o comparecimento nunca é tão expressivo e a contagem dos votos, tanto de maneira quantitativa (cabeças), quanto qualitativa (valores), se dá com base nos credores presentes na assembleia.

11.3. Aprovação forçada – *CRAM DOWN*

Este modelo de aprovação, inspirado na legislação americana, está previsto no artigo 58 da Lei de Recuperação Judicial e permite a aprovação do plano pelo Juiz, mesmo que ele tenha sido rejeitado em assembleia por uma das classes de credores, porém, nesses casos, algumas regras devem ser respeitadas para que o Magistrado tenha a condição de aprovação:

- O voto favorável de credores que representem mais da metade do valor de todos os créditos presentes à assembleia, independentemente de suas classes;
- A aprovação de duas das classes de credores observando-se a maioria quantitativa (cabeça) e qualitativa (valor) ou, caso haja somente duas classes com credores votantes, a aprovação de pelo menos uma delas;
- Na classe que rejeitou o plano, este, necessariamente, deve ter recebido os votos superiores a um terço dos credores, considerados quantitativamente (cabeças) e qualitativamente (valores), ressalvando, como já se disse que na classe trabalhista a contagem se dá sempre por cabeça, não por valor;
- O Juiz somente poderá conceder a recuperação judicial se o plano não implicar em tratamento diferenciado entre os credores da classe que o houver rejeitado.

Vejamos, num exemplo prático, quais as condições hipotéticas de aprovação do plano nessa modalidade:

QUADRO DE CREDORES

CLASSE	QUANTIDADE DE CREDORES	VALOR DOS CREDORES
TRABALHISTA	100	R$ 500.000,00
QUIROGRAFÁRIOS	1000	R$ 3.000.000,00
GARANTIA REAL	4	R$ 1.000.000,00

Com base no quadro de credores acima apresentado, supondo também que 100% de todos os credores estejam presentes na assembleia para a aprovação e supondo que o mapa de apuração de votos seja:

MAPA DE APURAÇÃO POR CABEÇA

VOTAÇÃO POR CABEÇA		
CLASSE	VOTOS SIM	VOTOS NÃO
TRABALHISTA	99	1
QUIROGRAFÁRIOS	450	550
GARANTIA REAL	4	0

PERCENTUAL%		
CLASSE	VOTOS SIM	VOTOS NÃO
TRABALHISTA	99,00%	1,00%
QUIROGRAFÁRIOS	45,00%	55,00%
GARANTIA REAL	100,00%	0,00%

MAPA DE APURAÇÃO POR VALOR

VOTAÇÃO POR VALOR		
CLASSE	VOTOS SIM	VOTOS NÃO
TRABALHISTA	R$ 250.000,00	R$ 250.000,00
QUIROGRAFÁRIOS	R$ 1.200.000,00	R$ 1.800.000,00
GARANTIA REAL	R$ 1.000.000,00	–

PERCENTUAL%		
CLASSE	VOTOS SIM	VOTOS NÃO
TRABALHISTA	50,00%	50,00%
QUIROGRAFÁRIOS	40,00%	60,00%
GARANTIA REAL	100,00%	0,00%

Nesse exemplo, a votação do plano não obteve 50% na classe dos credores quirografários, porém obteve mais de um terço dos votos na classe que rejeitou o plano, ou seja, o plano pode ser aprovado, porém mediante o crivo do juízo.

Efetuaremos agora a apuração do modelo como um todo, ou seja, será apurado como votação única e não mais por classes:

CLASSE	VOTAÇÃO	
	VOTOS SIM	VOTOS NÃO
CABEÇA	553,00	551,00
VALOR	R$ 2.450.000,00	R$ 2.050.000,00

CLASSE	PERCENTUAL%	
	VOTOS SIM	VOTOS NÃO
CABEÇA	50,09%	49,91%
VALOR	54,44%	45,56%

Nesse exemplo, a votação única obteve a aprovação de forma qualitativa e quantitativa (cabeça e valor).

Conforme destacamos no capítulo sobre a elaboração do plano, um aspecto que deve ser observado é a inexistência de tratamento diferenciado para credores na classe que rejeitou o plano na assembleia. Houvesse nesse caso um pagamento de forma diferenciada para os credores quirografários, em tese, o Juiz não reuniria condições para a aprovação e homologação do plano.

11.4. ASSEMBLEIA GERAL DE CREDORES

A assembleia geral de credores será marcada pelo Juiz sempre que houver alguma objeção ao plano. Também poderá ser convocada, desde que os credores que representem 25% do total dos créditos de uma classe efetuem uma solicitação ao Judiciário.

Uma assembleia de credores, por sua importância, é um acontecimento solene, e a empresa, em respeito aos seus credores, deve preparar-se adequadamente.

Para o empresário, a realização de uma assembleia de credores é um daqueles raros momentos da vida em que o tempo passa arrastado e desagua em grande emoção seja pela catástrofe, seja pelo triunfo, dependendo de suas escolhas.

A assembleia geral de credores tem como finalidade na recuperação judicial:

a. Aprovar, rejeitar ou modificar o plano de recuperação judicial apresentado pelo devedor;

b. Constituir o Comitê de Credores, escolhendo seus membros e sua substituição;

c. Aprovar o pedido de desistência do devedor quando solicitado pelo mesmo, após o deferimento do processamento de recuperação judicial;

d. Determinar o nome do gestor judicial, quando do afastamento do devedor;

e. Avaliar qualquer outra matéria que possa afetar os interesses dos credores.

A empresa deve se ocupar, melhor, se preocupar, com a estrutura para a realização desse evento. Deve ser providenciado local adequado que comporte a quantidade de credores da recuperação e disponibilizada toda a estrutura necessária a um evento desse porte, tal como segurança, alimentação, recursos audiovisuais e outros. Convém sempre lembrar que todas as despesas da assembleia são por conta da companhia.

A instalação da assembleia geral de credores deve ser efetuada sempre em primeira convocação e segunda convocação, respeitando-se um período mínimo de 5 dias entre uma data e outra. Em primeira convocação é necessária a presença de 50% mais 1 real, sempre em valor, dos credores de cada classe. Já em segunda convocação, a assembleia será instalada com qualquer número de credores e os mesmos estarão aptos a votar pela aprovação ou rejeição do plano. Os ausentes terão de se submeter à decisão dos credores presentes.

A finalidade da assembleia é a apreciação do plano desaguando na sua aprovação ou rejeição e será integralmente coordenada pelo administrador judicial. Vejamos quais as etapas desse evento:

Habilitação para participação

Todos os credores devem se habilitar para a participação. É necessário que se envie para o administrador judicial a procuração, no caso de procurador, acompanhada da documentação pertinente. Caso a procuração já esteja nos autos do processo, o procurador poderá indicar a folha dos autos em que consta o mandato. Essa habilitação deverá ser efetuada em até 24 horas antes do horário estipulado para a realização da assembleia. A habilitação é de fundamental importância, pois o administrador judicial necessita desse prazo para elaborar toda a documentação para o dia da assembleia.

Credenciamento no local

Com a habilitação efetuada, o credor comparecerá ao local do evento e efetuará o credenciamento, ou seja, será assinada uma lista de presença. Todo o credenciamento é coordenado pelo administrador judicial e sua equipe. Hoje em dia, existem empresas especializadas na condução e organização da assembleia. Esses eventos, muitas vezes, contam com a participação de mais de mil pessoas, de acordo com o tamanho da recuperação.

Abertura da assembleia

O administrador judicial efetuará a apuração para a instalação da assembleia no horário estipulado, sendo que o encerramento do credenciamento para a apuração do quórum de instalação deve respeitar um horário rígido, caso contrário, não permitirá o cômputo correto dos votantes. Na hipótese de não ser atingido o quórum de votação, na primeira convocação, o administrador comunicará que não houveram as presenças necessárias para instalação e o evento será encerrado, sendo que a data para a segunda convocação já estará estipulada previamente. Será redigida a ata e encerrada a assembleia. Havendo o quórum necessário, a assembleia será instalada.

Apresentação do plano na assembleia geral de credores

Assim que a assembleia estiver instalada, o administrador judicial solicitará que a empresa ou o profissional contratado para tal efetue a apresentação do plano. Nesta apresentação deve ser evidênciada de maneira clara a situação atual da empresa e os principais pontos do plano, demonstrando de maneira muito transparente a viabilidade econômica da companhia e a forma de pagamento dos credores.

Discussão do plano

Após a apresentação do plano, passa-se à fase da sua discussão. Nesta etapa, os credores irão questionar os pontos apresentados e, caso seja necessário, implementar modificações ao plano ou até mesmo planos alternativos. Não se deve esquecer que todas essas alterações devem levar em conta a capacidade financeira da empresa. Caso alguma proposta alternativa seja acolhida, somente para a satisfação dos credores, haverá uma falsa aprovação, pois no momento do pagamento uma nova assembleia será convocada para deliberar sobre o não cumprimento do plano, ou a falência será decretada.

Suspensão da assembleia

Não havendo o consenso entre os credores e a recuperanda, a assembleia poderá ser suspensa. Para a suspensão será necessária uma votação e, nesse caso, será observada a maioria dos créditos presentes em valor, sem separação por classe.

Votação

Após apresentado o plano e sanadas todas as dúvidas e questionamentos dos credores, a proposta apresentada será votada. Essa proposta poderá ser totalmente modificada na assembleia, caso haja o consenso entre a recuperanda e seus credores. Após a votação, será efetuado o cômputo dos votos, conforme discutido em capítulo anterior. Após a votação, se aprovado, o plano será encaminhado ao Magistrado para a necessária homologação.

Instalação do Comitê de Credores

O Comitê de Credores poderá ser instalado na assembleia ou poderá ser solicitada a convocação de uma assembleia específica pelos credores para a sua instalação. Na maioria dos casos, a instalação do Comitê não ocorre, já que os credores ficam mais preocupados com o gasto que irão efetuar do que com a finalidade do comitê.

Em virtude de sua importância e simbologia, os empresários acabam criando diversos mitos acerca da assembleia e, quando a empresa se encaminha para o evento preparada, com um plano bem concebido e com uma administração adequada, não há o que temer. Não podemos subestimar a importância desse evento e, exatamente por isso, a empresa precisa se preparar com antecedência. Os credores necessitam estar bem informados do plano e do dia a dia da empresa antes da assembleia.

Capítulo 12. Desdobramentos

Finalizada a etapa da assembleia geral de credores, o plano de recuperação judicial, se aprovado ou rejeitado pelo quórum que permita o *cram-down*, será submetido ao Juiz, estando com todas as premissas da lei atendidas, ele será homologado. O acolhimento do plano não impede que os credores discutam esta homologação (por meio de agravo para o Tribunal). Na realidade, no mais das vezes, esses credores irresignados visam criar dificuldades para a concessão da recuperação judicial, esperando obter um tratamento diferenciado.

Vale a pena lembrar que, após a realização da assembleia, o processo não se dá por encerrado. Na verdade, apenas uma etapa foi vencida. Conforme já se sublinhou, o grande desafio da recuperação judicial é construir uma nova empresa com base no negócio que se encontra em situação de insolvência, lembrando sempre que o novo negócio deverá saldar as dívidas do passado.

O empresário, após a aprovação e homologação do plano, na maioria dos casos, entra em uma zona de conforto, o que acaba por prejudicar todo o processo de recuperação judicial. Devemos ter em mente que o plano de recuperação judicial estabelece metas e premissas, as quais devem ser acompanhadas de maneira sistemática e, caso não estejam sendo atingidas, medidas corretivas devem ser adotadas rapidamente e com vigor.

A execução do plano de recuperação judicial deve ser profunda e escrupulosamente acompanhada, preferencialmente pelos profissionais que o conceberam e aprovaram, pois não são da empresa e possuem isenção e autonomia para recomendar as correções necessárias e manter a estratégia até o seu final.

A empresa que ajuíza uma recuperação judicial movimenta uma pesada engrenagem. Ela coloca a seu serviço o Magistrado singular e, muitas vezes, os Tribunais, o promotor de justiça, peritos e um verdadeiro batalhão de credores e seus respectivos advogados. A existência de um plano coerente, que faça sentido, e sua execução é o mínimo a se esperar de quem interfere tão profundamente nos interesses alheios.

Capítulo 13. Da falência

> No direito brasileiro, abstraída a hipótese de desistência, não há terceira alternativa: quem requer o benefício da Recuperação Judicial ou o obtém ou terá sua falência decretada.[1]

A recuperação judicial, como já se disse, é um divisor de águas na história da empresa.

Exatamente por isso, nossa atuação é diferenciada e procuramos tratar os casos que estão sob nossos cuidados sempre de maneira diligente, às vezes até mesmo com excesso de zelo, pois não há alternativa: ou a recuperação judicial é remédio, ou ela é veneno.

Observamos, no mercado, que algumas empresas correm riscos desnecessários por optar por uma condução menos detida, sem o controle de diversas variáveis que farão a diferença entre a vida e a morte da organização.

Assim, ao ingressar com um pedido de recuperação judicial, a empresa pode triunfar sobre a dificuldade ou pode sucumbir a ela. A falência pode ocorrer por deliberação dos credores; pela ausência de apresentação do plano de recuperação no prazo; pela rejeição do plano em assembleia ou pelo descumprimento do plano aprovado.

As hipóteses acima listadas decorrem da lei e, como se pode observar, a nova legislação é rigorosa no que diz respeito ao cumprimento dos prazos e encargos ali consignados.

Desse modo, sendo afastada a hipótese de decretação da falência pela ausência de apresentação do plano de recuperação judicial, a decisão pela concessão do favor legal está nas mãos dos credores mediante a apresentação de oposição ao plano e a sua apreciação em assembleia.

---

[1] COELHO, Fábio Ulhoa. *Comentários à lei de falências e de recuperação de empresas*. 4. ed. São Paulo: Saraiva, 2007, p.73.

Porém, caso ocorra a decretação da falência da empresa, teremos uma ordem de liquidação dos créditos.

Art. 83. A classificação dos créditos na falência obedece à seguinte ordem:

I. Os créditos derivados da legislação do trabalho, limitados a 150 (cento e cinquenta) salários-mínimos por credor, e os decorrentes de acidentes de trabalho;
II. Créditos com garantia real até o limite do valor do bem gravado;
III. Créditos tributários, independentemente da sua natureza e tempo de constituição, excetuadas as multas tributárias;
IV. Créditos com privilégio especial;
V. Créditos com privilégio geral;
VI. Créditos quirografários;
VII. As multas contratuais e as penas pecuniárias por infração das leis penais ou administrativas, inclusive as multas tributárias;
VIII. Créditos subordinados.

Nessa hipótese, ao efetuar-se a venda dos ativos da empresa, na maioria das vezes os valores arrecadados não serão suficientes para liquidar o seu passivo. Temos que nos lembrar de que a maior parte das empresas que requer o favor legal possui um passivo tributário elevado e que os créditos tributários têm prioridade sobre os credores quirografários (classe na qual se encontra a maior parte dos fornecedores).

Ademais, boa parcela do valor arrecadado com a liquidação dos bens será consumida especialmente para quitar o passivo trabalhista e suas verbas rescisórias. Nesse passo, da parte dos credores quirografários, não há a menor intenção ou interesse em frustrar a aprovação do plano pois, na prática, a liquidação da empresa diminui consideravelmente a possibilidade de recebimento daquilo que é devido.

Outro aspecto que deve ser ressaltado é que os credores com garantia real se encontram numa situação diferenciada na falência. Esses credores, na maioria dos casos, são as instituições financeiras que não querem correr risco e criam dispositivos para financiar a atividade com garantias excessivas.

Ressalve-se que as despesas de administração da massa e para conservação e venda dos bens são extraconcursais e também têm prioridade sobre as dívidas da Recuperação Judicial.

Diante do quadro exposto, a falência não é a alternativa melhor aos credores. A continuidade das operações, mediante a aprovação do plano de Recuperação Judicial pela assembleia geral de credores, possibilita a liquidação e alteração da ordem de pagamento.

Capítulo 14. Passivo tributário na recuperação judicial

A confusão gerada pelo emaranhado das leis tributárias sobre os variados segmentos de atividade empresarial exige um constante e minucioso acompanhamento da situação fiscal da empresa, especialmente quando a crise se torna aguda, pois a cada momento são editadas medidas cujo principal objetivo é permitir o aumento da arrecadação.

O grande objetivo das empresas em recuperação é o pagamento de todos os seus tributos, mas sem comprometer a sua operação. Devido à morosidade e burocracia que enfrentamos no Brasil, até a presente data, nada foi estabelecido de concreto no que diz respeito ao parcelamento dos impostos das empresas em Recuperação Judicial.

Ainda na matéria tributária, temos que a obrigatoriedade das certidões para a homologação do plano é extremamente discutida no Judiciário. Deve-se registrar que esse encargo é um grande equívoco da lei, pois na maioria dos casos, quando o devedor encontra-se em crise o mesmo já deixou de recolher os seus tributos não possuindo certidão negativa de débitos. Vejamos, desse modo, o teor do artigo 57 sob comentário:

> Após a juntada aos autos do plano aprovado pela assembleia geral de credores ou decorrido o prazo previsto no art. 55 desta lei sem objeção de credores, o devedor apresentará certidões negativas de débitos tributários nos termos dos arts. 151, 205, 206 da lei no 5.172, de 25 de outubro de 1966 - Código Tributário Nacional.

Não obstante, o Judiciário, com acerto, abrandou o rigor da Lei com o recente pronunciamento do STJ sobre a matéria, assentando que as empresas em recuperação não precisam estar em dia com as fazendas públicas para homologação dos planos.

Não bastasse toda sorte de exigência à companhia que já se encontra combalida, pesa também contra a empresa em recuperação judicial a inercia do Poder

Público, eis que as condições para que o passivo fiscal das empresas em recuperação judicial sejam dissolvidos não foram estabelecidos. Assim, a lei nº 11.101/05 em seu artigo 68 reza que:

> As Fazendas Públicas e o Instituto Nacional do Seguro Social – INSS – poderão deferir, nos termos da legislação específica, parcelamento de seus créditos em sede de Recuperação Judicial, de acordo com os parâmetros estabelecidos na lei nº 5.172, de 25 de outubro de 1966 - Código Tributário Nacional.

Em matéria Tributária são raras as vezes em que o Legislativo se insurge contra as pretensões do Poder Executivo no sentido de ampliar o jugo dos Tributos sobre a sociedade. Assim, ano a ano, o nível de exigência é ampliado, ano a ano, paga-se mais. Nossos legisladores, ocupados com a aprovação das sucessivas emendas constitucionais e medidas provisórias destinadas a aumentar a carga tributária, ainda não se debruçaram sobre a necessidade de edição de legislação específica em socorro das companhias em crise.

As dívidas tributárias são uma das principais causas das dificuldades financeiras das empresas. Na maioria das vezes, as multas e juros aplicados são abusivos, e sequer o empresário tem a oportunidade de se defender. A política de fiscalização do Brasil é sempre punitiva e nunca educativa, o empresário é visto como o grande vilão do sistema. Esse é um dos grandes motivos que está levando o setor industrial do Brasil à derrocada.

Recentemente algumas decisões judiciais estão mudando o curso das dívidas tributárias na Recuperação Judicial. Empresas vem obtendo, com base na omissão legislativa, tempo para reestruturar a sua operação sem que os problemas tributários anteriores ao pedido de Recuperação Judicial prejudicassem a companhia. Aliás sabe-se que, há pouco tempo, uma decisão judicial permitiu o parcelamento da dívida tributária no mesmo prazo obtido com os credores da recuperação.

Diante da inércia do Legislativo, bem faria o Executivo se devotasse esforços para apresentar e aprovar a legislação que permita o parcelamento das dívidas tributárias na Recuperação Judicial. Temos que lembrar que, na maioria das vezes, os tributos, devido as multas e juros, alcançam valores impagáveis, desta forma se faz necessário alguma medida que realmente permita a quitação dessas obrigações.

Capítulo 15. Conclusão

Se você, caro leitor, chegou até aqui provavelmente está imaginando que o ajuizamento de uma recuperação judicial transformará o cotidiano de sua empresa num verdadeiro inferno.

Não podemos, de modo algum, sugerir o contrário e acenar com um caminho suave, sem percalços.

Porém o sacrifício nem sempre é de ser evitado. Wiston Churchill, quando lançou a Inglaterra na Segunda Guerra Mundial, ao contrário de proferir um discurso ufanista, disse ao povo que só poderia lhes prometer sangue, suor e lágrimas. E, ainda assim, a nação se manteve coesa e acabou triunfando sobre o inimigo.

Os caminhos difíceis, muitas vezes, merecem ser percorridos simplesmente porque trilhá-los é o certo a se fazer. A inatividade, a passividade e, porque não o dizer, o temor podem transformar uma situação delicada em insolúvel.

Apesar de gerirmos crises, apesar de ser esse o nosso ganha-pão, somos ambos muito claros no sentido de que a recuperação judicial, medida de extrema gravidade, com tantos impactos, que demanda tanto esforço, não pode ser adotada de maneira desnecessária, leviana ou precipitada.

Se assim se proceder, o ônus será sempre maior do que o bônus e quem perde não é somente o empresário, mas toda a coletividade.

Os ajustes permitidos por intermédio da recuperação judicial são inalcançáveis no nosso país pela via negociada e podem propiciar, de fato, a viabilidade de empresas, preservação de empregos, fontes produtivas e geração de riqueza, quando bem e conscientemente manejados.

Já se disse que o futuro é o presente prolongado, assim, independentemente dos equívocos, desacertos e problemas do passado, optando pela recuperação judicial, o empresário tem a possibilidade não só de evitar a quebra, mas de ter um recomeço.

A experiência nos mostra que o sucesso ou fracasso da empreitada depende muito menos de condições objetivas de mercado do que da disciplina, honestidade de propósitos e trabalho com afinco.

A recuperação judicial permite à empresa controlar os acontecimentos, em vez de ser atropelada por eles. O que, com os credores batendo à porta desorganizadamente, acaba sendo a diferença entre vida e morte da companhia.

Posfácio

Devo iniciar esta nota confessando que admiro não somente a qualidade da obra e a boa técnica de seus autores. Admiro em especial o desprendimento de ambos ao escrever quase que um manual de boa conduta para se impetrar, processar e cumprir um processo de Recuperação Judicial. Praticamente estão ensinando como copiar seu sucesso – o que, no mínimo, é um gesto de elevada autoconfiança, para não dizer de altruísmo.

Mas nem poderia ser diferente. Temos aqui dois autores, de perfis complementares, experts no tema. E não somente teóricos, vamos deixar claro. São expoentes e líderes em seu setor de atuação, com carreira consolidada, não no magistério, mas sim na chamada linha de frente, com dezenas de recuperações judiciais em seus currículos. E, agora, decidem dividir suas experiências com todos nós. Sorte a nossa.

E por isso me alegro em dobro. Tenho bons amigos e agora tenho uma ótima obra, com uma abordagem diferente, com dicas e orientações práticas que, mesmo com minha experiência no ramo, me trouxeram ensinamentos e reflexões. Certamente este livro será importante, pois num campo do direito que claramente é multidisciplinar (mesmo dentro do direito), a obra não se restringe somente a aspectos jurídicos, mas também abrange o ponto de vista financeiro, contábil econômico e empresarial.

Julio Kahan Mandel,
Advogado

Apêndice

As próximas páginas trazem três planos de recuperação judicial e seus respectivos aditivos. As empresas neles retratadas existem de fato e, embora tais planos sejam públicos, os autores não veem razão para a difusão das informações ali contidas em larga escala e, desse modo, optamos por omitir os dados que possam identificar nominalmente as referidas empresas, seus fornecedores, funcionários e clientes.

PLANO DE RECUPERAÇÃO JUDICIAL

EMPRESA 1
– NOVEMBRO 2011 –

A recuperação judicial tem por objetivo viabilizar a superação da situação de crise econômico-financeira do devedor, a fim de permitir a manutenção da fonte produtora, do emprego dos trabalhadores e dos interesses dos credores, promovendo, assim, a preservação da empresa, sua função social e o estímulo à atividade econômica.

Art. 47, lei 11.101/2005

Capítulo 1. Sumário executivo e visão geral

1.1. Comentários iniciais

A lei nº 11.101/2005 traz em seu bojo a recuperação judicial de Empresas, visando à manutenção do negócio e do emprego dos trabalhadores, bem como o pagamento dos créditos devidos.

> A recuperação judicial tem por objetivo viabilizar a superação da situação de crise econômico-financeira do devedor, a fim de permitir a manutenção da fonte produtora, do emprego dos trabalhadores e dos interesses dos credores, promovendo, assim, a preservação da empresa, sua função social e o estímulo à atividade econômica.
>
> Art. 47, lei 11.101/2005

Assim, nos termos do art. 53 da referida lei, a EMPRESA 1, sociedade limitada (...) inscrita no CNPJ/MF sob o nº (...)., estabelecida à (...), vem, através do presente instrumento, apresentar seu plano de recuperação judicial.

Para elaboração do plano de recuperação e dar início a uma nova fase virtuosa, e com a extrema vontade e força para atingir seus objetivos, a EMPRESA 1 contratou assessores jurídicos e consultores financeiros competentes. Além disso, contou com a prestação de serviços dos colaboradores da empresa, diversos deles trabalhando na mesma há vários anos.

Considerando o prazo para a apresentação do plano de recuperação judicial, que é de 60 dias da publicação do despacho que deferiu o processamento do pedido, não fez parte do escopo dos trabalhos a realização de uma *due diligence*, valendo ressaltar que os advogados e consultores contratados trabalharam com os dados prestados pela EMPRESA 1, fornecidos por sua diretoria. Sendo assim, apresenta-se este plano de recuperação judicial, o qual foi elaborado com estrita observância ao espírito norteador da Lei de Recuperação Judicial, visando, assim, buscar um direcionamento e ponto comum entre a relevante função social da EMPRESA 1 e os interesses dos seus credores, convergindo no espírito principal da lei.

O plano de recuperação é apresentado com todas as premissas aplicadas para a sua construção, incluindo a projeção de resultados e fluxo de caixa para os próximos exercícios, o que permite uma visualização clara e objetiva do desempenho econômico-financeiro durante a sua vigência, e consequentemente, sua viabilidade e capacidade de pagamento aos seus credores.

1.2. Sumário das medidas e objetivos básicos

O presente plano de recuperação tem por objetivo reestruturar a EMPRESA 1, para que a mesma supere sua momentânea dificuldade econômico-financeira, dando continuidade aos negócios, mantendo-se como importante empresa do estado de Minas Gerais e da cidade de Varginha.

Este plano procura projetar o impacto das medidas administrativas e operacionais que se pretende implementar, para que a EMPRESA 1 alcance um lucro operacional adequado e sustentável ao longo dos próximos anos, o que possibilitará sua sustentação econômica e financeira. O presente plano procura também, de forma clara e objetiva, demonstrar que a empresa possui viabilidade e como será o processo para quitação de suas dívidas.

Para a elaboração do plano foram analisados: estrutura dos ativos da companhia, estrutura organizacional, administrativa e financeira, análise mercadológica, planejamento estratégico em vendas, área industrial, planejamento e controle de produção, custos, compras, logística, marketing e recursos humanos. Assim sendo, a análise destes itens em conjunto com a avaliação do desempenho financeiro da empresa foi base para nortear as ações a serem tomadas visando à sua recuperação.

Portanto, os principais objetivos do plano de recuperação, são:

- Preservar a EMPRESA 1 como entidade geradora de empregos, tributos e riquezas, assegurando o exercício da sua função social;
- Permitir que a EMPRESA 1 supere sua momentânea dificuldade econômico-financeira, dando continuidade direta ou indiretamente à sua atividade social atendendo Varginha e região, bem como todo o Estado de Minas Gerais, e outras regiões do país onde possui operações;
- Atender aos interesses dos credores da EMPRESA 1, mediante composição baseada em uma estrutura de pagamentos compatível com o potencial de geração de caixa;

- Reestruturar e equalizar as operações, direitos e ativos, da EMPRESA 1;
- Permitir o retorno e aumento da capacidade de produção da EMPRESA 1;
- Estruturar e ampliar a atuação da EMPRESA 1 nos segmentos onde opera;
- Preservar a EMPRESA 1 como entidade gestora de operações, cujos ativos contribuem para o abastecimento do mercado de café no Brasil e no exterior.

Dessa forma, a viabilidade futura da empresa depende não só da solução da atual situação de endividamento, mas também, e fundamentalmente, de ações que visem à melhoria de seu desempenho operacional, sendo assim, as medidas identificadas no Plano de Reestruturação Operacional estão incorporadas a um planejamento estratégico para os próximos exercícios.

As projeções financeiras foram desenvolvidas assumindo-se o crescimento do mercado, baseado em premissas razoáveis e conservadoras que levam em consideração que o mercado continuará em crescimento conservador e contínuo, lembrando que a técnica utilizada foi a do justo meio termo, para que não fosse por demais conservadora, e, por conseguinte, inapta, ou que fosse otimista a ponto de ultrapassar a barreira da realidade ou que pudesse trazer expectativa errônea a todos.

A relação completa e detalhada das medidas já adotadas pelos acionistas e em fase de implantação está descrita nos itens seguintes, dentro as quais se destacam:

- Reorganização administrativa, e de recursos humanos;
- Revisão de aspectos operacionais com vistas à reorganização de sua operação, tornando-a mais eficiente, reduzindo, assim, o seu custo econômico-financeiro;
- Busca de novos parceiros para o financiamento e fomento das operações com as menores taxas possíveis;
- Revisão de margens operacionais em todos os canais de venda;
- Redução de custos administrativos.

Eventuais medidas adicionais poderão ser avaliadas posteriormente e serão informadas aos credores quando causarem impactos relevantes na projeção de resultados operacionais.

1.3. DADOS CADASTRAIS E DESCRITIVO DA ESTRUTURA SOCIETÁRIA

1.3.1. Dados cadastrais

RAZÃO SOCIAL	Empresa 1
CNPJ	
INSC. ESTADUAL	
ENDEREÇO	
TELEFONE/FAX	
HOME PAGE	
RAMO DE ATIVIDADE	Indústria de torrefação e moagem de café; comércio e exportação de café cru em grão, de café torrado e de café torrado e moído; comércio atacadista de gêneros alimentícios. Realiza prestação de serviços de promoções de eventos culturais, propaganda e publicidade, bem como o transporte rodoviário de carga própria.
DATA DE FUNDAÇÃO	

1.3.2. Descritivo da estrutura societária

ESTRUTURA SOCIETÁRIA

ACIONISTAS	%	Nº AÇÕES	VALORES EM R$
TOTAL			

CAPÍTULO 2. A HISTÓRIA DA EMPRESA 1 E SUA TRAJETÓRIA

A EMPRESA 1, tem seus atos constitutivos devidamente registrados na Junta Comercial de Minas Gerais, em (...).

Como primeiro passo para a expansão, em 1992, é inaugurada uma nova e moderna planta fabril, com ampla capacidade produtiva, que oferece suporte ao crescimento. No mesmo ano, é iniciado o processo de nacionalização da marca e o ingresso no mercado carioca, e dois anos depois (1994), a empresa ingressa no mercado paulista.

A EMPRESA 1, em 1995, obtém como parte de sua qualificação, para tornar-se um grande player no mercado de café, a certificação ISO 9001. Sucede, entretanto, que no mesmo ano de 1995, em função de variações cambiais expressivas que tiveram fortes reflexos em diversas operações bancárias contratadas, a empresa é forçada a impetrar uma concordata preventiva que será levantada já no ano seguinte (1996).

Consolidada a presença da marca na região sudeste (Minas, Rio de Janeiro e São Paulo), a empresa, passa a focar o mercado externo que propiciava, então, margens melhores que as do mercado interno.

Dando prosseguimento ao seu ritmo de expansão e qualificação de sua produção, a empresa no ano de 2000, obtém o certificado **ISO 14001** e, já em 2002, começa a promover os primeiros embarques de café para os EUA.

Visando agregar valor aos seus produtos, em 2004, inicia os seus primeiros embarques de café orgânico certificado.

Em 2006, a empresa obteve a certificação **UTZ** que assegura a origem do café e como ele foi produzido. Essa certificação define o uso responsável de herbicidas e a proteção aos direitos trabalhistas. Ainda em 2006, a empresa alcança o status de **Carbon Neutral** que assegura a neutralização das emissões de carbono, contribuindo, de maneira objetiva, com os esforços de uma melhor qualidade de vida e de uma produção que não seja nociva ao meio ambiente.

Já em 2007, a EMPRESA 1 conquistou a certificação **ISO 22000** que requer um sistema rígido de controle da segurança alimentar e a certificação da **BRC (Associação dos Varejistas da Inglaterra)** que alinha os produtos da empresa ao padrão global de segurança alimentar.

Enfim, com o passar do tempo, toda dedicação e esforço por parte de todos aqueles que trabalharam para o crescimento da EMPRESA 1, possibilitaram que ela se tornasse uma marca de grande expressão nacional.

Porém, a EMPRESA 1 ao encerrar a relação comercial com uma grande instituição americana do varejo, acabou se prejudicando. Tal empresa americana não honrou diversos compromissos assumidos, devolvendo mercadorias já embarcadas e deixando de honrar a aquisição de um estoque de segurança, o qual era mantido pela EMPRESA 1 por exigência contratual.

A resultante dessa confusão foi a necessidade de prover o retorno ao País de uma expressiva quantidade de produtos (embalados no padrão do cliente) com imensas perdas, além de um descasamento completo do fluxo de recebimentos e pagamentos da companhia, que mantinha muitos adiantamentos de contratos de câmbio (ACCs).

Ressalte-se, por oportuno, que tudo isso aconteceu em meio à crise financeira internacional de 2008, em que o sistema financeiro mundial esteve a um passo do colapso, os bancos lutaram intensamente para reduzir suas exposições e deixaram de fomentar o comércio internacional ou renovar as linhas já concedidas.

O ano de 2009 apresentou uma queda expressiva das exportações, e a empresa manteve-se imbuída de recuperar a sua saúde financeira e recompor o capital de giro e os resultados abalados no ano anterior.

Apesar de grandes esforços e muita luta de seu pessoal interno, a empresa não conseguiu se recuperar em 2009 nem tampouco em 2010, sendo que o caixa, ao final desse ano, encontrava-se práticamente estrangulado.

Assim, a receita bruta em 2010 foi reduzida em relação a 2009, por sua vez, tanto as despesas operacionais, como as comerciais e as administrativas cresceram em 2010, quando comparadas a 2009. Ou seja, houve redução de receita com aumento de despesas. Desse modo, a empresa estava caminhando a passos largos para uma paralisação de suas atividades.

Nos primeiros meses de 2011, pela primeira vez na sua história, a EMPRESA 1 passa a atrasar as entregas, gerando grande instabilidade tanto no mercado consumidor, quanto no seu público interno, que passa a temer pela sobrevivência da empresa.

Capítulo 3. Descrição da estrutura operacional da empresa 1

3.1. Comentários sobre o complexo industrial

O complexo industrial da EMPRESA 1 pode ser resumido da seguinte forma:

Indústria	Descrição
Área do Terreno	65.303 m²
Área Construída	6.000 m²
Capacidade Instalada	3,6 mil toneladas por mês
Expansão	Terreno preparado para duplicação
Água	Poço artesiano
Energia	Elétrica/Sistema de geradores
Combustíveis Operacionais de Torra	Lenha/Gás/Óleo

A EMPRESA 1 atua tanto no mercado interno, quanto na exportação de café torrado, café verde, bebidas matinais (cappuccino, café com leite, etc.) e filtros de papel. O complexo de torrefação de café da instituição é um dos mais modernos do Brasil, com seu **processamento totalmente automatizado**.

3.2. Certificações e qualificações internacionais industriais

3.2.1. Segurança alimentar, qualidade e certificações ambientais

Apresenta-se a seguir as principais certificações e qualificações que a EMPRESA 1 possui:

- ISO 9001 / ISO 14001 / ISO 22000 – Sistema de gestão de qualidade, gestão ambiental e gestão de segurança alimentar, licenciado pela ABS Quality Evaluations Inc;
- Associação Brasileira da Indústria de Café – Assegura que o café brasileiro alcance os mais altos padrões de sustentabilidade e controle de qualidade;
- Carbon Neutral – Garante controle da mudança climática, redução da emissão de CO_2, investimento em energias renováveis no processo de produção e padrões auditáveis internacionalmente;
- British Retail Consortium – Garantia de um alimento seguro e de qualidade;
- American Institute of Baking International – Garantia da Segurança Alimentar;
- Orthodox Union – Uma das mais renomadas provedoras de certificação de produtos. Aprovados para a comunidade judaica, assegurando os padrões e a pureza do café.

3.2.2. Certificação dos Produtos

- FAIR TRADE – Garante que rígidos critérios sociais e ambientais foram seguidos na produção e negociação de um produto agrícola;
- UNITED STATES DEPARTMENT OF AGRICULTURE – Garante que o café é produzido sem o uso de pesticidas ou agrotóxicos, utilizando práticas agrícolas que aumentam a fertilidade do solo, reduzem a erosão, protegem os lençóis d'água e conservam a biodiversidade;
- BCS OKO – Garante que o café produzido esteja adequado aos padrões determinados pelo Conselho da União Europeia de produtos orgânicos;
- JAPANESE AGRICULTURAL STANDARDS – Garante que o café produzido esteja adequado aos padrões determinados pelo ministério da agricultura, florestal e pesca do Japão;
- RAINFOREST CERTIFICATE – Garante que as fazendas estão adequadas aos padrões ambientais, sociais e econômicos, considerando o ecossistema, água, conservação do solo, proteção da vida selvagem, salários justos e assistência médica aos trabalhadores;
- UTZ CERTIFICATE – Garante padrões responsáveis no uso de produtos químicos na lavoura, direitos e condições trabalhistas e proteção da vegetação natural e vida selvagem;
- SWISS WATER – Processo de descafeinação natural de seus grãos gourmet, através da utilização de água fresca e pura ("Swiss Water") para eliminar a cafeína do grão de café.

3.3. Linhas de produtos

A Empresa possui um portfólio completo e diversificado com mais de 80 produtos, que variam desde o café cru certificado, passando pelos torrado-moídos tradicionais até cafés especiais com grãos e *blends* mais sofisticados.

Possui também uma linha de produtos complementares como solúveis, cappuccinos, filtros de papel, entre outros.

Seu portfólio atende todas as classes sociais, sendo que para alguns varejistas é a solução para a categoria café.

Linha empresa 1

- Café torrado e moído (tradicional e extraforte);
- Gourmet (expresso);
- Café Superior;
- Solúveis (tradicional e descafeinado);
- Cappuccino (tradicional, canela, chocolate e light);
- Café com leite;
- Filtros de papel.

Linhas de marcas próprias: atendem às principais redes de supermercados do país, tais como Carrefour, Makro, Araújo, Classe A, Mundial e Prezunic.

No mercado externo: possui uma linha de mais de 15 produtos destinada ao exterior. Esses produtos atendem, principalmente, aos mercados dos Estados Unidos (incluindo importantes varejistas, como HEB, COSTCO, ICB), Europa, Canadá, Chile, Coreia do Sul e Japão.

3.4. Capacidade instalada da indústria

Atualmente, a indústria está operando com 30% de sua capacidade instalada, dessa forma, entende-se que a empresa tem bastante folga para ampliação de sua produção sem a necessidade de investimentos adicionais.

Entretanto, a empresa está preparada para aproveitar as oportunidades de mercado, considerando que, com investimentos mínimos, de aproximadamente US$ 650 mil, a empresa é capaz de ampliar sua capacidade instalada de produção para 5 mil toneladas de café por mês. Além disso, há ainda a possibilidade de duplicar a atual planta, uma vez que toda a infraestrutura necessária já está pronta. Essa duplicação permitiria a EMPRESA I atingir a capacidade de 10 mil toneladas por mês, tornando a indústria com a segunda maior planta do país.

Porém esses investimentos ainda não são necessários devido à ampla folga de capacidade instalada já comentada.

3.5. Logística de distribuição do café

Hoje, quase toda a produção de café do Sul de Minas Gerais é levada pelas rodovias para os varejistas e também para os portos de Santos e do Rio de Janeiro.

A cidade de Varginha está estrategicamente localizada a aproximadamente 350 km dos principais mercados de atuação da EMPRESA 1 (cidades de São Paulo, Rio de Janeiro e Belo Horizonte). Essa localização privilegiada garante a EMPRESA 1 um diferencial competitivo em comparação aos seus principais concorrentes do mercado nacional.

A empresa possui armazéns próprios em Varginha e terceirizados na cidade do Rio de Janeiro.

A compra da matéria-prima, a fabricação do café torrado e moído e a expedição dos produtos são realizadas na fábrica em Varginha.

A produção é escoada por meio de frota própria e terceirizada, o que possibilita a EMPRESA 1 abranger com eficiência todos os pontos de vendas onde seus produtos são comercializados.

Atualmente, a empresa possui frota própria para atendimento da região do sul de Minas e utiliza os serviços de aproximadamente 14 empresas de transporte de cargas da região para transporte tanto do café verde, como também no auxílio à distribuição do produto acabado.

Capítulo 4. Histórico do faturamento da empresa

Apresentamos, a seguir, o demonstrativo do faturamento da empresa nos últimos exercícios:

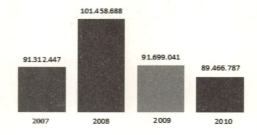

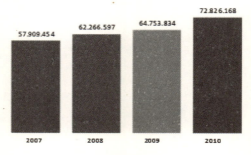

Fonte: EMPRESA 1

Faturamento (R$), mercado externo (exportação)

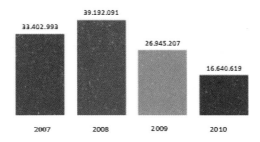

Fonte: EMPRESA 1

Faturamento Global 2011 (R$)

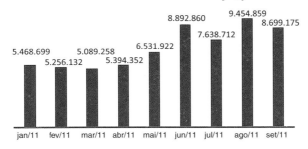

Fonte: EMPRESA 1

Capítulo 5. Aspectos ambientais e sociais da empresa 1

5.1. Aspectos ambientais

Todo o parque fabril da EMPRESA 1 é totalmente integrado com o meio ambiente e está absolutamente adequado às normas de preservação ambiental, segurança alimentar, qualidade e processamento orgânico, além de devidamente autorizado pela vigilância sanitária e outros órgãos fiscalizadores.

Apresenta-se, a seguir, alguns aspectos que demonstram a preocupação ambiental da EMPRESA 1:

- Os fornos são aquecidos com lenha com certificação de origem de reflorestamento;
- A empresa 1 foi a primeira empresa a substituir no processo produtivo o combustível derivado do petróleo por biomassa (fonte renovável de energia). Esse processo garante temperaturas constantes nas fornalhas dos torradores para torrar o café e queimar a fumaça antes que ela seja lançada na atmosfera e minimizar os resíduos das cinzas;
- Há 9 anos, a empresa 1 foi uma das primeiras indústrias a colocar nas gôndolas americanas cafés sustentáveis, o que anos mais tarde se tornaria uma tendência mundial;
- Foi também a primeira indústria de torrefação no mundo certificada pelo ISO 9001, ISO 14001 e Carbon Neutral, sendo que mais de 60% dos cafés certificados Fairtrade no Brasil foram comercializados pela empresa nos últimos anos;
- A Empresa possui mais de 20 certificados de qualidade e sustentabilidade;
- A água tem participação mínima nas operações da empresa 1. Com algumas medidas, foi reduzido o consumo de água em 63%;

- Foram instaladas claraboias na área de empacotamento, e os colaboradores foram treinados objetivando a redução do consumo de energia em geral;
- Foi implantado um programa de reciclagem que reduziu resíduos com destino ao aterro;
- No escritório, a maioria dos papeis utilizados são reciclados;
- Os rolos de filmes utilizados para embalar o café, o "stretch" que protege os palets embarcados e os filmes laminados que são utilizados no transporte e armazenagem são todos reciclados.

Produtos sustentáveis já são uma realidade em todo o mundo e o setor cafeeiro não difere dos demais. Consumidores buscam e valorizam cada vez mais produtos que se apoiem em práticas ambientais corretas, socialmente justas e economicamente viáveis.

5.2. Aspectos sociais – integração com a comunidade

A responsabilidade social faz parte dos valores da EMPRESA 1. A empresa exerce a cidadania apoiada na valorização dos funcionários, respeito ao meio ambiente e contribui constantemente para o desenvolvimento sócio-econômico-cultural, da região e do país, sendo, hoje, um fator tão importante para as empresas como a qualidade do produto, a competitividade nos preços, marca comercialmente forte, etc.

Estudos mostram que, atualmente, mais de 70% dos consumidores preferem marcas e produtos envolvidos em algum tipo de ação social.

Ao longo de sua história, a EMPRESA 1 orgulha-se de ter participado ativamente de diversas ações sociais que contribuem para a sociedade onde a empresa atua, conforme exemplos a seguir descritos:

- Parceria com outras Empresas para construção do CEC (Centro Educacional Cooperar);
- Apoio ao CEAI (Centro de Atendimento Interescolar) que fornece educação auxiliar e alimentação a crianças. A EMPRESA 1 começou a apoiar o CEAI em 2007, o qual contribui para a redução do trabalho infantil, educando as crianças para viver uma vida produtiva;
- Apoio ao FUNVAE (Fundo Especial de Assistência de Varginha) que apoia crianças e adultos com síndrome de Down;
- Apoio ao AMAR (Associação de Amparo às Mães de Alto Risco) que fornece ajuda às futuras mães de crianças com necessidades especiais;
- Apoio ao VIDA VIVA que fornece assistência a pacientes com câncer;
- Apoio a FUNDAÇÃO ABRINQ que luta pelos Direitos da Criança.

A empresa também apoia e mantém programas de capacitação profissional, menor aprendiz, necessidades especiais, esporte, educação e cultura.

5.3. Benefícios a empregados

A empresa, sempre pensando no bem-estar de seus colaboradores, além dos benefícios legais obrigatórios, rotineiramente ofertou diversas vantagens aos funcionários, como:

- Assistência médica;
- Seguro de vida (conforme o Setor);
- Transportes fretados (caso o ônibus fretado não passe perto da casa do funcionário, é concedido vale transporte em linhas comerciais);
- Farmácia (desconto em folha);
- Empréstimo consignado (descontado em folha);
- Auxílio Bolsa (50% de desconto em curso superior, pós-graduação, mestrado e curso de Inglês);
- Ticket alimentação/refeição;
- Despesas de viagem (conforme o cargo);
- Telefone celular (conforme o Cargo);
- Veículos da empresa (conforme o Cargo).

Capítulo 6. Análise de Mercado

Para a busca de uma solução para o equacionamento financeiro e operacional da empresa é preciso analisar as potencialidades que o mercado de sua atuação oferece.

Mais que isso, é preciso conhecer as características operacionais, e as alternativas possíveis de serem exploradas, sempre visando à manutenção da empresa como fonte geradora de emprego, renda, impostos e participação ativa nos mercados onde atua.

Assim, para uma correta análise mercadológica, é necessário não só uma avaliação microeconômica relativa à produção e ao consumo de café, mas também uma análise macroeconômica do comportamento da economia brasileira e mundial como um todo, e as correspondentes tendências que possam efetivamente trazer reflexos na operação da empresa de forma geral.

Antes de se analisar propriamente o mercado onde se insere a EMPRESA 1, é necessário observar o comportamento macroeconômico brasileiro, relacionando-o com a economia mineira, para depois entrar especificamente no mercado de café.

Dessa forma, passamos, a seguir, a nos aprofundar sobre essa questão mercadológica e análise de cenários econômicos.

6.1. A economia brasileira e seu produto interno bruto (PIB)

Os fundamentos econômicos da economia brasileira nos últimos anos vêm se mostrando mais sólidos, haja vista o baixo impacto que a crise mundial de 2008 acarretou ao Brasil. Esse comportamento é corroborado por políticas econômicas eficientes e pelo mercado interno, que demonstra ter força suficiente para complementar a demanda recessiva externa.

O segundo semestre de 2011 começou trazendo certo pessimismo, em função da instabilidade nas economias norte-americana e europeia, as quais apresentam sinais negativos. Dessa forma, espera-se que o Brasil, assim como na crise financeira mundial de 2008, não seja muito prejudicado. O cenário, ainda que não se apresente otimista para este ano de 2011, traz esperança, sendo possível se esperar o crescimento do PIB do Brasil.

Há ainda que se observar que, em 2010, o crescimento do PIB do Brasil foi um dos mais elevados do mundo, conforme demonstrado a seguir:

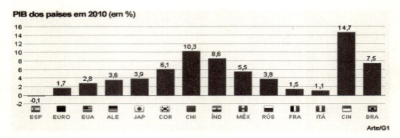

Fonte: Banco Mundial

Apresenta-se, abaixo, quadro demonstrativo do crescimento do PIB (Produto Interno Bruto) e do IPCA (Índice Nacional de Preços ao Consumidor Amplo) do Brasil e sua tendência.

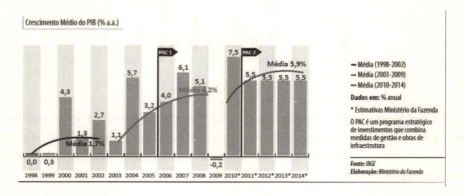

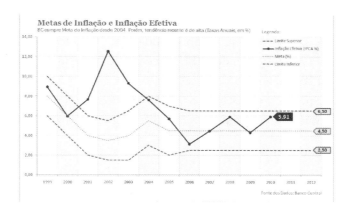

No decorrer da última década, os percentuais de crescimento do PIB são os apresentados a seguir:

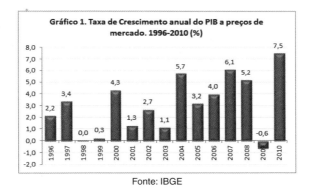

Fonte: IBGE

Diante do cenário apresentado, observa-se que, mesmo com crises, o constante crescimento brasileiro nos mais diversos segmentos e a inflação controlada são fatores determinantes para confirmar uma modesta, mas boa, expectativa do mercado para os próximos exercícios.

Especial atenção deve ser dada à crescente inclusão social que vem ocorrendo no Brasil, onde expressivo percentual da população antes nas classes "D" e "E" tem avançado para as classes "C" e "D", respectivamente, o que favorece o mercado consumidor de café.

Vale ainda ressaltar os programas governamentais como o Bolsa Família, o PAC e o programa Minha Casa Minha Vida, que contribuem para a geração de empregos no país e, consequentemente, na recuperação do poder aquisitivo da população.

6.2. Economia mineira no cenário nacional

Junto com o Brasil, o Estado de Minas vem apresentando, nos últimos anos resultados relevantes em termos de crescimento econômico, evidenciados no crescimento do PIB, na diversificação de sua base econômica e na geração de emprego e renda. Apresenta-se, a seguir, quadro comparativo do PIB Mineiro x PIB Brasil:

Crescimento PIB Minas *versus* Brasil

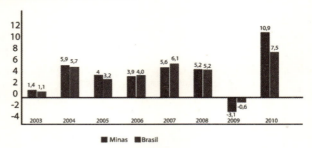

Fonte: IBGE-Contas Nacionais e FJP

Minas Gerais é a terceira economia do País. O produto interno bruto (PIB) do Estado representou 9,37% do conjunto de riquezas geradas pelo Brasil em 2008, de acordo com o Instituto Brasileiro de Geografia e Estatística (IBGE). Em 2010, foi registrado um crescimento real médio de 10,9% do PIB mineiro, em relação a 2009, superando em 3,4 pontos percentuais o resultado nacional de 7,5%.

Diante deste cenário, a EMPRESA I está inserida na esteira de crescimento brasileira.

6.3. Análise de mercado de café no mundo

6.3.1. Produção mundial de café

A produção é realizada em países de clima tropical, e o consumo está concentrado em países de clima frio e renda elevada: 63% da produção mundial é consumida pelos países importadores e apenas 27% pelos próprios produtores. Estados Unidos, União Europeia e Japão são, juntos, responsáveis por 55% do consumo mundial entre os países importadores.

Segundo dados divulgados pela Organização Internacional de Café (OIC), a produção mundial de café na safra 2011/12 deve chegar a 135 milhões de sacas de 60 quilos, queda de 2,4% em relação aos 133,3 milhões de sacas registradas na temporada anterior.

Em seu relatório, a OIC alertou para a "frágil" relação entre oferta e demanda. O consumo global de café, no período 2011/12, está estimado em 134,8 milhões de sacas, volume superior à produção prevista, acarretando a alta de preços do café.

Segundo artigo veiculado no jornal *Valor Econômico*, o café acumula alta de 11,66% no ano de 2011.

A seguir, apresenta-se quadro da produção mundial de sacas de café no decorrer dos últimos anos (quantidades demonstradas em milhões):

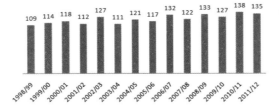

Fonte: Organização Internacional de Café (OIC)

6.3.2. Consumo mundial de café

O consumo de café tem crescido a uma taxa média anual de 4,2% nos países produtores e 3,5% nos mercados emergentes nos últimos 5 anos.

Mundialmente, o consumo de café foi de 136 milhões de sacas de 60 quilos na estação de 2011-12. O consumo totalizou 134,8 milhões de sacas em 2010, segundo a Organização Internacional de Café (OIC), em seu relatório de agosto/2011.

De acordo com a P&A Marketing International, os mercados emergentes e os países produtores serão responsáveis por mais de 50% de todo o consumo de café do mundo até 2020. Nesses países, atualmente, o consumo representa 42% a 43% do consumo mundial total. Cerca de 85% do aumento do consumo, entre agora e 2020, virá dos países produtores e dos mercados emergentes.

O Brasil poderá superar os Estados Unidos como o maior consumidor mundial de café nos próximos três anos.

Apresenta-se, a seguir, demonstrativo da evolução do consumo mundial de café em toneladas:

País	2010	2011
1. Estados Unidos	21.500.000	21.779.500
2. Brasil	18.900.000	19.429.000
3. Alemanha	8.900.000	9.015.700
4. Japão	7.000.000	7.091.000
5. Itália	5.300.000	5.368.900
6. França	4.900.000	4.963.700
7. Rússia	4.900.000	5.037.200
8. Indonésia	3.200.000	3.289.600
9. Espanha	3.000.000	3.039.000
10. Canadá	2.970.000	3.008.610

Fonte: Organização Internacional de Café (OIC)

Apresenta-se ainda, demonstrativo do consumo *per capita* por kg:

País	População	Consuimo Per capita
China	1.338.612.968	0
Índia	1.156.897.766	<0,1
EUA	307.212.123	4,8
Indonésia	240.271.522	0,8
Brasil	198.739.269	5,8
Paquistão	174.578.558	0
Bangladesh	156.050.883	0
Nigéria	149.229.090	0
Rússia	140.041.247	1,5
Japão	127.078.679	3.3

Fonte: Organização Internacional de Café (OIC)

6.3.3. Preços do café

As commodities têm seus preços regulados pelo mercado internacional, os preços finais dependem do tipo do produto e de cada mercado.

A evolução dos preços diários do café verificada em 2011 aponta que o processo de aumento de preços, iniciado no ano anterior, continuou e se torna ainda mais acentuado, alcançando valores recordes em mais de uma década, conforme se pode observar nos gráficos a seguir.

PREÇOS DO CAFÉ NO PERÍODO DE 2009 A SETEMBRO DE 2011:

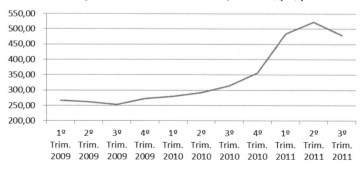

Fonte: CEPEA

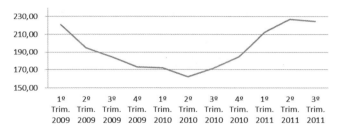

Fonte: CEPEA

PREÇO FUTURO DO CAFÉ ARÁBICA NA BM&F BOVESPA E EM NOVA YORK:

DATA DE VENCIMENTO	COTAÇÕES (US$/sc)		COTAÇÕES (R$/sc)	
	BMF	NOVA YORK	BMF	NOVA YORK
mai/11	344.00	349.41	554.87	563.60
jul/11	340.00	352.85	548.42	569.15
set/11	332.00	355.96	535.52	574.16
dez/11	330.50	358.93	533.10	578.96

Fonte: Cooxupe (2011)

A SINCAL – Associação Nacional dos Sindicatos Rurais das Regiões Produtoras de Café e Leite, em artigo publicado em 01 de junho de 2011, alerta os cafeicultores que se pode ter, num futuro próximo, uma real oportunidade de melhoria dos preços do café por diversos fatores. Primeiramente, existe a possibilidade do aumento natural dos preços pelos estoques práticamente zerados no mercado internacional, ou seja, os "cafés" existentes são insuficientes para emendar com a safra 2012/2013.

Os baixos índices pluviométricos apresentados entre maio a setembro de 2010 e início de 2011, foram fatores que ocasionaram quedas drásticas na produção. As lavouras perderam suas características produtivas e estudos informam que segundo dados históricos de 22 anos de regime pluviométrico, nunca ocorreram dois anos seguidos nessa intensidade de precipitações.

A perspectiva do mercado é de que em 2012 a produção máxima deverá atingir o patamar igual ou inferior ao de 2011. Preço esse realmente necessário para cobrir o grande prejuízo que o mercado cafeicultor teve nos últimos 14 anos, ocasião em que o café subiu 35% até 2010, e os custos de produção subiram 550% no mesmo período.

O preço do café encontra-se na parte alta do ciclo de longo prazo e esse, inexoravelmente, tenderá a baixar em determinado momento. A duração dessa fase dependerá, principalmente, da velocidade e intensidade da resposta da produção de café a esse padrão de preços e ao volume e qualidade da produção.

6.4. Mercado de café no Brasil

6.4.1. Área plantada e condições da safra de café no Brasil

A área plantada com café no Brasil totaliza 2,289 milhões de hectares, representando redução de 26,33 mil hectares em comparação à safra anterior (2,316 milhões de hectares). "Essa área que deixou de ser cultivada foi ocupada pelas lavouras de cana-de-açúcar, sobretudo nos Estados de São Paulo e Minas Gerais", informa a Conab (Companhia Nacional de Abastecimento).

O setor que estava desmotivado, foi pego de surpresa pelo aumento de preços e, em consequência, demorou a reagir não apresentando crescimento substancial de novas áreas plantadas em 2010/11. Contudo, segundo informações da ABIC – Associação Brasileira da Indústria do Café, é grande o número de sementes vendidas/encomendadas para a produção de mudas durante o ano de 2011, donde se deriva ser significativamente elevado o número de novas áreas plantadas em 2011/12.

6.4.2. Plantio de café na região do sul de Minas

O Brasil é o maior produtor de café no mundo, e o estado de Minas Gerais responde sozinho por mais de 50% de todo o café produzido no país. A região do sul de Minas Gerais, onde estão localizadas as instalações da EMPRESA I, produz as melhores safras de café do Brasil.

O café é o principal produto de exportação do agronegócio mineiro e é vendido para mais de 60 países do mundo. Valorizar a produção e os produtores do estado é colocar o café mineiro em um lugar de destaque no mercado mundial, criando novas oportunidades de negócio, agregando valor e fortalecendo as marcas certificadas.

Segundo diversos especialistas, não há dúvidas de que a região do sul de Minas apresenta condições excelentes para o aumento da produção de café, pois, nessa região, a qualidade do produto é excelente.

6.4.3. Composição do Mercado

O setor de café vem passando por um processo de formalização acentuado, o que trouxe problemas a alguns *players* deste setor. A tendência é que empresas formais como a EMPRESA 1 consigam abocanhar grande parte do *market share* de alguns de seus concorrentes nos próximos anos.

Conforme levantamento realizado no mercado, as 100 maiores empresas concentram 75,28% da produção total das empresas associadas da ABIC, contra 72,90% referente ao ano de 2009.

Apresenta-se, a seguir, ranking divulgado em 2010 das 20 maiores Indústrias de Café Associadas da ABIC:

Dados suprimidos para preservar informações da empresa.

6.4.4. Exportações do café

As exportações de café do Brasil, o maior produtor mundial do grão, atingiram em julho de 2011 R$ 532 milhões, que representam 34,9% mais que no mesmo mês de 2010.

Apesar do aumento do faturamento, o volume foi reduzido em 17,5%. O Conselho de Exportadores de Café (CeCafé) apontou que a diminuição do volume foi ocasionada principalmente pela redução do 19,1% das exportações de café verde, que representa 87% do grão vendido ao exterior. A queda no volume exportado está relacionado com as baixas da reserva de passagem (o que sobra da colheita anterior) e com o início de uma colheita do ciclo de baixa produção.

O maior comprador de café brasileiro até o momento foram os Estados Unidos, com 3,7 milhões de sacas, número superior em 18,28% ao do mesmo mês de 2010.

Atrás do Brasil apareceu Alemanha, com 3,5 milhões de sacas, o que representa um aumento de 11,07%, e Itália, com 1,5 milhão e um crescimento de 9,59%.

6.4.5. Consumo brasileiro de café

O brasileiro consumiu, em média, 4,81 kg de café no ano passado, o maior nível em 45 anos, segundo informou o Ministério da Agricultura. Essa quantidade equivale a quase 81 litros da bebida por pessoa.

Ao todo, em 2010, o consumo chegou a 19,1 milhões de sacas. Nesse mesmo ano, o consumo por pessoa foi 3,5% maior que o registrado em 2009.

A seguir, gráfico do consumo interno de café torrado, moído e solúvel – consumo *per capita* de café torrado.

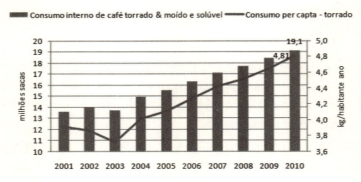

Fonte: Abic/Elaboração CaféPoint

6.4.6. Hábitos de consumo de café

O público consumidor de café está mais jovem, segundo pesquisa da Abic (Associação Brasileira da Indústria do Café). Segundo o estudo, de 2003 a 2011, o percentual de pessoas que declararam, espontaneamente, ter o café entre as bebidas habituais e que o haviam consumido no dia anterior e no dia da pesquisa aumentou de 85% para 91% na faixa dos 15 aos 19 anos; de 83% para 90%, na faixa dos 20 aos 26 anos; de 86% para 94%, na faixa dos 27 aos 35 anos e acima dos 36 anos, de 96% para 98%.

O aumento do consumo entre a população jovem é resultado da divulgação de estudos científicos que comprovam os benefícios do café para a saúde humana, se consumido em doses moderadas.

6.4.7. O segmento de cafés especiais

A busca por qualidade na indústria de café está mostrando um crescimento constante na última década, fruto de mudanças nas preferências dos consumidores. Muitos deles estão dispostos a pagar mais por produtos que possuam alguns atributos desejados.

O segmento de cafés especiais, representa, atualmente, cerca de 12% do mercado internacional da bebida.

6.4.8. Processo produtivo

O processo de fabricação do pó de café é relativamente simples, consistindo basicamente das seguintes etapas: composição do *blend* do café, torrefação, moagem, embalagem e armazenagem. Ainda que esse processo de fabricação de pó de café pareça ser, à primeira vista, um processo simples, este requer, como qualquer outro procedimento, uma prática intensa e largos conhecimentos técnicos.

Na EMPRESA 1, o processo produtivo é completamente automatizado e gerenciado por um software, que dispensa qualquer contato manual em toda a produção e garante total segurança nos padrões de qualidade da empresa e no desenvolvimento de diversos tipos de *blends*.

6.5. A VISÃO DA EMPRESA 1 SOBRE O SEU MERCADO

Até a presente data, a visão dos gestores da EMPRESA 1 é basicamente o resumo do que foi comentado até aqui, ou seja:

- Brasil com economia cada vez mais forte e com ótimas possibilidades de ter um desenvolvimento crescente e sustentável nos próximos anos, mesmo considerando as crises mundiais;
- Economia de Minas Gerais com um dos maiores PIBs do Brasil;
- Sul de Minas Gerais, principalmente a cidade de Varginha, como um dos melhores locais do mundo para a produção e escoamento da produção de café;
- A cafeicultura vem passando por um momento formidável, com cotações em altos patamares, estoques baixos, consumo indo muito bem e qualidade do café melhorando;
- Brasil sendo um dos maiores consumidores da bebida no mundo;
- O complexo industrial de torrefação da EMPRESA 1 é um dos mais modernos do país;
- A capacidade instalada da empresa permite a expansão do volume de vendas e consequentemente do faturamento sem a necessidade de investimentos;
- A marca EMPRESA 1, além das outras marcas secundárias da empresa é renomada e com grande aceitação nos mercados.

A empresa possui os maiores e melhores certificados de qualidade e segurança alimentar do mundo.

Diante dos fatores retroapresentados, além de tantos outros, os quotistas e gestores da empresa entendem que com a reestruturação financeira que será proporcionada pela recuperação judicial, aliada ao favorável cenário econômico, comercial e operacional da empresa, haverá a possibilidade da instituição retomar as operações saudáveis e continuar crescendo, gerando renda, empregos, benefícios sociais a sua sociedade e pagar os seus compromissos com seus credores, assim como sempre fez durante toda a sua trajetória.

Capítulo 7. As causas do desequilíbrio financeiro da empresa 1

Conforme já descrito neste Plano, no item 2, sobre a história da EMPRESA 1, vários foram os fatores que contribuíram para o desequilíbrio econômico e financeiro da empresa.

Apresentaremos, a seguir, um resumo sobre os principais fatores:

7.1. Redução drástica do mercado de crédito

A crise econômica que sobreveio no final de 2008 reduziu drasticamente a disponibilidade de financiamento em todo mercado, bem como também ocasionou o aumento dos encargos financeiros. Tal redução abalou significativamente o setor, o qual depende primordialmente de financiamentos.

7.2. Perda de parceria comercial

A crise financeira internacional, além de todos os prejuízos já comentados, também acarretou a perda de um cliente, o qual absorvia a maior parte das exportações. A perda desse grande cliente tão repentinamente causou reflexos gravíssimos. Ao encerrar a relação comercial, a gigante americana do varejo não honrou diversos compromissos assumidos, devolvendo mercadorias já embarcadas e deixando de quitar a aquisição de um estoque de segurança que a EMPRESA 1 mantinha para atendê-la.

Como um dos resultados para estes problemas, surgiu a necessidade de prover o retorno ao país de uma expressiva quantidade de produtos (embalados no padrão do cliente). Houve imensas perdas, além de um descasamento completo do fluxo de recebimentos e pagamentos da companhia, que mantinha muitos adiantamentos de contratos de câmbio (ACC's).

7.3. Recorrência a bancos e elevado custo financeiro

Com o início da escassez de recursos, sem geração positiva de fluxo de caixa e baixos níveis de capital de giro, a EMPRESA 1 se viu obrigada a recorrer a instituições financeiras para garantir e honrar seus compromissos.

Só para se ter uma ideia sobre taxas de juros, é notório que o Brasil apresentou, nos últimos anos, uma das maiores taxas de juros do mundo.

Apresenta-se, a seguir, demonstrativo do comportamento da taxa SELIC (que é a taxa básica de juros) nos últimos anos:

Taxa Selic Brasil – 2000/2011

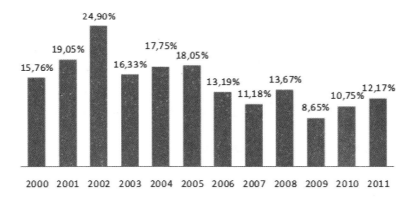

Fonte: Banco Central do Brasil – Indicadores Econômicos

Assim sendo, os elevados custos financeiros contribuíram para que a empresa passasse a registrar expressivos prejuízos financeiros em suas operações.

Para garantir os compromissos firmados com os fornecedores de café, a EMPRESA 1 começou a cada vez mais se endividar e ficar refém de linhas de crédito de curto prazo para o fomento e custeamento financeiro de suas operações. Os custos financeiros a cada ano ficaram maiores, e os limites de crédito, cada vez mais estrangulados, foram paulatinamente sufocando a empresa.

7.4. Inadimplência tributária e com fornecedores

Mesmo diante das gigantescas dificuldades, a EMPRESA 1, que é tradicional no ramo, se manteve no mercado, buscando uma redução drástica nos seus custos diretos e indiretos. Com vários problemas de ordem financeira, era presumível a inadimplência com impostos e fornecedores.

7.5. Queda no faturamento e redução do volume de produção

A EMPRESA 1, desde o ano de 2009, vem apresentando uma queda vertiginosa em suas vendas. A empresa chegou a faturar milhões em 2008. Os prejuízos operacionais são evidentes em seus balanços patrimoniais. A empresa, que a cada ano foi reduzindo a sua capacidade vendas/produção, teve que também reduzir o seu quadro de mão de obra. A empresa possuía mais de 400 funcionários em 2008.

7.6. Reajuste de mão de obra

No Brasil, observa-se que nos últimos exercícios estão sendo concedidos reajustes salariais superiores aos níveis inflacionários, o que, consequentemente, trouxe reflexos aos dissídios de cada categoria de trabalhadores. Apresentamos, a seguir, quadro demonstrativo dos reajustes salariais concedidos aos trabalhadores do setor:

Ano	Reajuste Médio	Inflação
2008	6,00%	5,90%
2009	6,00%	4,31%
2010	6,00%	5,85%

7.7. Aumento de custos com energia elétrica

No Brasil, os reajustes de tarifa de energia elétrica determinados às concessionárias também tem sido superiores aos níveis inflacionários. Esses reajustes são determinados pela Agência Nacional de Energia Elétrica – ANEEL.

7.8. Valorização do câmbio

Podemos dizer também que, no cenário brasileiro, a política monetária econômica com valorização da taxa de câmbio inviabilizou as margens de lucro nas exportações nos últimos anos. No segundo semestre de 2008, a alta do câmbio foi atrelada à crise econômica mundial, o que também prejudicou as exportações por falta de crédito.

A falta de competitividade das exportações acabou por acarretar o aumento da disponibilidade de produtos para o mercado interno com a redução dos preços.

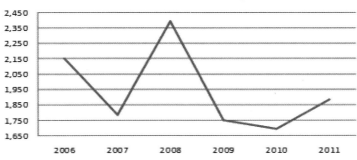

Fonte BCB – Sistemas de índices

7.9. Concentração no mercado de café

A indústria de café no Brasil nunca esteve tão concentrada. As dez maiores empresas do segmento, que eram responsáveis por 43,1% do mercado em 2003, já dominam e abastecem 75% do consumo doméstico. E a expectativa é que os elevados preços da matéria-prima acelerem esse processo de concentração, que acontecerá tanto pelo crescimento orgânico das líderes quanto por novas aquisições de companhias menores.

A concentração da indústria já vinha acontecendo, mas a recente valorização dos preços do café verde acelerou esse processo. A margem da indústria no varejo ficou apertada e muitas empresas se viram obrigadas a deixar o negócio.

Capítulo 8. Da reestruturação da empresa 1 (art. 53 da lrj)

A administração da EMPRESA 1 já iniciou suas ações para modificação do cenário da empresa.

Uma verdadeira força tarefa foi implementada visando a busca de soluções para os problemas da instituição. Os esforços estão na busca de geração de caixa para a equalização de seus passivos e recuperação das margens operacionais.

Apresenta-se, a seguir, um resumo das ações e fatos econômicos e mercadológicos que estão sendo considerados pelos administradores na recuperação da empresa:

8.1. Fatores mercadológico-comerciais

8.1.1. Aumento de preços do café

Conforme já comentado nesse Plano, o mercado de café brasileiro, depois de muitos anos apresentando baixos preços, entrou, a partir de 2010, em uma ótima fase de altos preços, ocasionado pela escassez dos estoques mundiais. Esses ajustes nos preços eram esperados há muito tempo pelo mercado que não via a hora de reverter os prejuízos. Certamente, essas mudanças contribuirão sobremaneira para a recuperação da empresa.

8.1.2. Desvalorização cambial

Em decorrência da crise na Europa e no Estados Unidos, a cotação do dólar, a partir do mês de setembro/2011, aumentou sensivelmente em relação ao real (conforme pode ser observado no gráfico a seguir apresentado), o que permite aos exportadores agrícolas, como no caso da EMPRESA 1, melhor competitividade no mercado externo.

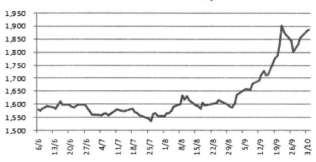

Fonte BCB – Sistemas de índices

As informações divulgadas atualmente são de que o Banco Central deverá atuar no mercado de câmbio, por intermédio da venda de reservas internacionais em larga escala, para impedir um *over-shooting* da taxa de câmbio, a qual seria nociva para a economia brasileira, mas que também pretende manter o câmbio em um patamar razoável, que dê condições de competitividade para a indústria brasileira. Dessa forma, a EMPRESA 1 vê esse aspecto com entusiasmo, até mesmo porque possui um volume pequeno de passivo indexado a moeda americana.

8.2. Medidas operacionais já adotadas pela administração

Diante da difícil situação financeira em que a empresa se encontrava, foi necessária a solicitação da recuperação judicial para reestruturação da operação. A seguir, algumas medidas já tomadas e outras que serão implementadas no decorrer do plano.

8.2.1. Revisão na estrutura de recursos humanos

Está em fase de reavaliação a estrutura de recursos humanos da empresa (quantidade de colaboradores, salários, comissões, eficiência, etc.), a qual está sendo adequada aos níveis necessários.

Apresenta-se, a seguir, gráficos que já demonstram os resultados obtidos até o momento:

Dados foram suprimidos para preservar informações da empresa.

8.2.2. Retomada da credibilidade com credores

Intenso processo de discussão com os principais credores da empresa foi iniciado, no sentido de manutenção dos serviços essenciais à atividade e também no fornecimento de matérias-primas fundamentais para o processo produtivo. A empresa vem num processo contínuo de retomada da credibilidade. Por isso a empresa adotou o dispositivo chamado "credor parceiro". Consiste em uma subclasse de credores, na qual estarão inseridos todos os credores que, após o pedido de recuperação, continuam o fornecimento de serviços e/ou matérias-primas para a empresa.

8.2.3. Busca de melhores fontes de financiamento

A EMPRESA I vem intensificando esforços no sentido de negociar o financiamento das operações mercantis, negociando com instituições financeiras parcerias mais atraentes e menos onerosas.

8.2.4. Otimização e implantação de controles para gestão de produção

Os novos gestores otimizaram o fluxo produtivo existente de maneira a reduzir custo desnecessários e retrabalhos.

8.2.5. Redução de despesas administrativas e comerciais

Foi efetuada revisão de todas as despesas administrativas e comerciais visando a redução das mesmas. Apresentamos a seguir gráficos que demonstram o comportamento de redução de determinados itens de custos e despesas.

Dados foram suprimidos para preservar informações da empresa.

8.2.6. Eliminação de vendas com baixas margens

Foi realizada revisão em todo o sistema de custos e precificação objetivando a eliminação de vendas com baixa rentabilidade.

8.2.7. Redução dos custos com matéria-prima

Diante da situação da empresa, os preços dos insumos necessários à produção sofriam um *over pricing* devido ao risco de crédito. Todas as compras passaram a ser efetuadas à vista, melhorando assim o custo de produção.

8.2.8. Parcerias comerciais

A EMPRESA I vem buscando a realização de parcerias comerciais objetivando o aumento das vendas.

8.3. MEDIDAS A SEREM ADOTADAS APÓS O PEDIDO DE RECUPERAÇÃO

8.3.1. Planejamento de vendas e marketing – estratégias comerciais

Reavaliar e redefinir o mix de produtos de vendas e os lotes econômicos de produção, a fim de otimizar a performance das linhas e procurar mantê-las dentro de suas capacidades limites, conseguindo, dessa forma, obter as rentabilidades, rendimento e custos adequados.

A empresa também estará empenhada na reestruturação de sua equipe de vendas, bem como na criação de medidas que tragam aumento da mesma. Nesse sentido, várias ações estão sendo avaliadas para serem implementadas, tais como: colocar foco nos canais de venda de maior margem de contribuição, ter produtos com maior valor agregado, aumento no investimento em políticas de marketing, melhoria na sinergia entre os promotores de venda, estabelecer plano de metas e recompensas sobre vendas, melhoria na logística de distribuição.

8.3.2. Manutenção de estoques em níveis estrategicamente adequados

a. Melhoria da produtividade

No processo de moagem de café torrado, tal tipo de produto exige que haja um "descanso", antes de ser moído, para que se obtenham as características ideais de granulometria, umidade e rendimento do processo de torra do café. Atualmente, devido à falta de liquidez financeira, a EMPRESA 1 não está conseguindo ter esse estoque mínimo, para proporcionar o adequado período de "descanso" do café torrado e está perdendo, em média, 1% no aproveitamento, devido à falta de estoque do café cru. O café chega, é torrado e moído imediatamente para empacotamento.

Assim que a liquidez for melhorada com o andamento do plano de recuperação, a empresa pretende manter esse estoque adequado, visando evitar a perda no rendimento que atualmente vem se verificando.

b. Melhoria na formulação dos *blends*

A falta de estoques estratégicos impede, em muitos casos, a formulação de *blends* de acordo com as variações das características dos cafés entregues. Ex.: se recebermos um café superior à descrição da compra, tendo estoque deste produto, podemos utilizá-lo para compormos *blends* superiores ao que era destinado esta compra.

Nesse sentido também a empresa pretende conseguir manter esses estoques estratégicos visando obter maior rentabilidade do processo produtivo.

c. Propiciar condições e atendimento de pedidos urgentes

Com o estoque adequado, a EMPRESA 1 terá condições de atender aos pedidos "urgentes", como encartes de produtos e ações de final de semana, cujos clientes fecham as negociações na última hora e a entrega rápida torna-se essencial para que se possa ter sucesso nestas operações.

8.3.3. Incremento e ampliação do mercado de exportação

A EMPRESA I vem prospectando novos destinos para a exportação de café industrializado, entre eles o mercado chinês (com um grande potencial para consumo). Vale a pena ressaltar que, apesar de grande produtor e exportador de café *in natura*, o Brasil não tem tradição em exportação de café processado.

8.3.4. Contratação de auditoria

A EMPRESA I está contratando uma empresa de auditoria independente, para análise das demonstrações contábeis, financeiras e recursos humanos, visando ao acompanhamento da rentabilidade mensal das operações.

8.3.5. Recuperação dos impostos

A empresa possui dívidas tributárias que estão devidamente parceladas junto aos órgãos arrecadadores. Entretanto, a recuperanda buscará acordo com esses órgãos visando a ampliação dos prazos desses parcelamentos, através do regime especial de financiamento de dívidas tributárias, conforme previsão expressa sobre o assunto, contida no artigo 68 da lei 11.101/05.

Por conservadorismo, o fluxo de caixa apresentado nesse plano de recuperação está computando o parcelamento da forma com que está atualmente formalizado.

O principal objetivo da EMPRESA I – EM RECUPERAÇÃO JUDICIAL é o pagamento de todos os seus tributos, mas sem comprometer a operação da empresa. Devido à morosidade e burocracia que enfrentamos no Brasil até a presente data, nada foi estabelecido de concreto no que diz respeito ao parcelamento dos impostos das empresas em recuperação judicial.

Todos os fatores acima, trabalhados em conjunto, especialmente, as novas estratégias empresariais e financeiras, levarão novamente a EMPRESA I a uma posição de destaque no ramo da produção de café, implicando em sua RECUPERAÇÃO, prevalecendo, assim, os princípios da função social da empresa, da manutenção da fonte geradora de empregos e de tributos, dando valia ao espírito norteador da lei 11.101/05.

Capítulo 9. Das premissas econômicas financeiras adotadas neste plano (art. 53, II, da LRJ)

9.1. Premissa da confirmação da viabilidade econômica

A Lei de Recuperação Judicial, interpretada à luz do princípio da preservação, envolve, além das importantes reestruturações operacionais e mercadológicas, o raciocínio lógico-científico do consultor na análise e avaliação criteriosas dos resultados financeiros a serem alcançados através das medidas propostas.

No presente Plano, a análise financeira dos resultados projetados foi feita, como pede o rigor, sob a perspectiva tridimensional da ciência e política contábeis, da moderna gestão no mercado globalizado, levando-se em consideração, obviamente, a nova Lei de Recuperação Judicial, as reestruturações operacionais e mercadológicas, o raciocínio lógico-científico dos consultores da empresa na análise e avaliação criteriosa dos resultados financeiros a serem alcançados através das medidas propostas.

Os administradores e consultores da empresa dedicaram-se, desde o primeiro momento desta fase, a reiterar políticas e implantar relatórios de acompanhamento que permitirão a constante verificação do andamento das operações para a necessária análise de alternativas e correção de rumos.

Entretanto, a melhor contribuição do modelo proposto foi a elaboração de um modelo de relatório que primou pela qualidade da projeção dos resultados a serem alcançados via a implementação deste plano. Tal modelo foi feito a partir da captação das medidas de recuperação estudadas pela direção da EMPRESA I.

Assim sendo, foram feitas projeções de custos, despesas e receitas da empresa para o período de vários anos.

Apresenta-se, ainda, a demonstração de resultados projetados, que deverá ser sempre confrontado com os dados reais para as devidas avaliações, o que, em última análise, permite a identificação de eventuais desvios e a imediata implementação de ações corretivas, tornando o plano facilmente acompanhável e muito flexível.

O modelo foi acoplado a uma demonstração de fluxo de caixa projetado, que reflete, em bases anuais, a capacidade da empresa para o cumprimento dos compromissos assumidos: a liquidação dos valores devidos.

Finalmente, também é apresentado o demonstrativo de pagamento a credores, tanto aqueles com garantia real quanto quirografários. Esses demonstrativos contemplam as diversas modalidades de amortização da dívida propostas pela empresa, as quais se encontram detalhadamente comentadas no item 12 deste plano.

9.2. Premissas utilizadas para as projeções financeiras

Inicialmente, é importante ressaltar que os pilares básicos que foram utilizados na elaboração das projeções de resultado e fluxo de caixa são as seguintes:

- Fundamentar projeções na mais realista probabilidade de consecução das metas referentes às áreas comercial (quantidades e preços de venda), administrativa e econômico-financeira, conforme explicado no texto desta proposta;
- Determinar, como principal objetivo, que os saldos acumulados nos finais de caixa sejam positivos, confirmando a capacidade de recuperação da empresa;
- Destacar que é absolutamente imprescindível a concessão dos prazos de carência estabelecidos no item 12 deste plano;
- O valor que está sendo utilizado como base é o divulgado na primeira lista de credores ajustados pelos fatos já identificados e notificados pelo administrador judicial até a presente data;
- Caso até a data da realização da assembleia geral de credores (art. 56 da LRJ) tenha sido apresentada a 2ª Relação de Credores pelo administrador judicial (cf. art. 7º, § 2º da lei nº 11.101/05), os credores constantes dessa nova relação terão o mesmo tratamento que será dado aos credores da primeira lista de credores no presente plano.

Por fim, ressalta-se que a adequada recuperação da empresa, que se dará pela implementação das medidas previstas neste plano, dependerá de diversos fatores pois, além da boa vontade, do conhecimento, da experiência e da capacidade de todos os envolvidos, sejam eles administradores, consultores, cada qual com suas habilidades, o sucesso desta recuperação também dependerá de fatores externos, tais como a política cambial e monetária, política de juros, modificações na carga tributária, etc., fatores esses, que hoje são imprevisíveis.

Recomenda-se, portanto, que para superar esses obstáculos imponderáveis no momento, é importante manter-se sempre atualizado, sem perder de foco o objetivo principal da empresa, ou seja, a obtenção de resultados positivos.

As planilhas trazidas como anexos ao presente plano demonstram de forma inequívoca que a EMPRESA 1 é uma empresa viável, posto que poderá manter-se no mercado, gerar recursos em longo prazo para pagar seus credores e manter, assim, o negócio em bom funcionamento.

Destaque-se, quanto à viabilidade econômica, que o negócio da EMPRESA 1 possui mercado para uma ampla expansão, assim, tanto pelas planilhas anexas, como pelo cenário macroeconômico e pelos mercados em que atua, é evidente que a EMPRESA 1 é economicamente capacitada, especialmente no que se refere à busca de parcerias e melhor utilização de sua capacidade produtiva.

Capítulo 10. Capital intangível – a marca empresa 1

O plano de recuperação judicial, ora submetido, não estaria completo sem uma apreciação sobre um item de expressivo valor patrimonial, a marca de propriedade da EMPRESA 1.

A marca está, segundo os compêndios e consultorias especializadas, no contexto de Marcas Mistas, que são aquelas constituídas pela combinação de elementos nominativos e figurativos que compõem uma imagem ou símbolo que distinguem o produto visualmente.

Segundo a legislação brasileira, marca é todo o sinal distintivo, visualmente perceptível, que identifica e distingue produtos e serviços, garantindo o direito de uso exclusivo em todo o território nacional, evitando confusão ao consumidor.

A importância da marca de um modo geral, e em particular para a EMPRESA 1, reside no fato de tal ativo intangível ser um referencial que aumenta o valor do ativo patrimonial da empresa, com correspondência em seu patrimônio líquido, podendo, em última instância, servir como garantia ou mesmo ativo para venda, resultando na obtenção de recursos para a liquidação de passivos.

Claro que é muito difícil determinar o valor da marca EMPRESA 1, pois, na realidade, o que a define é o valor da margem de lucro específica, atribuível ao relacionamento de anos da empresa com sua clientela. Nesse particular, por se tratar de um ativo intangível de difícil quantificação, não nos aventuramos a pretender avaliá-la, mas registramos sua existência.

A EMPRESA 1 tem capital intangível (*goodwill*) plenamente identificável que será fator decisivo no processo de recuperação judicial da empresa.

Capítulo 11. Classificação dos credores

Como se vê, a seguir, o rol de credores da EMPRESA 1 é predominantemente composto por fornecedores e agentes financeiros. Com relação a fornecedores, observa-se que os créditos, em sua grande maioria, são originários de estreito e antigo relacionamento comercial, adquiridos no desempenho de seu objetivo social.

Dessa forma, o resumo dos credores da EMPRESA 1 detalhado por grupo segue abaixo:

Classes	Valor
Credores Trabalhistas	
Garantia Real	
Quirográficos	
Credores optativos	
Tributário	
Total geral	

Dados foram suprimidos para preservar informações da empresa.

Capítulo 12. Do pagamento aos credores

Estão sendo considerados como listagem de credores os valores informados na primeira lista. A referida lista de credores será objeto de análise e ajustes pelo ilustre administrador judicial, que divulgará nova listagem oportunamente, conforme previsão do art. 7º, § 2º da LRJ.

12.1. Pagamento aos credores — Trabalhistas

12.1.1. Credores da lista atual

O tratamento que será dado aos credores constantes na atual lista de credores será o seguinte:

- Carência de 6 meses a partir da data de intimação da decisão que homologar o Plano de Recuperação Judicial;
- Pagamentos após a carência, os créditos nesta subclasse serão pagos integralmente em até 6 parcelas mensais;
- Os acordos firmados na esfera trabalhista serão cumpridos.

12.1.2. Credores que tiverem seus créditos reconhecidos e habilitados após a elaboração da 2ª Relação de Credores

Tendo em vista que podem existir processos trabalhistas em trâmite, ou a serem ajuizados no período de dois anos da rescisão do contrato de trabalho, em que se discutem verbas controversas e alheias ao parágrafo único do artigo 54 da lei, tomando por base o princípio legal, e evitando privilegiar credores da mesma classe, a EMPRESA I pagará aludidas verbas, caso deferidas pela Justiça do Trabalho, da seguinte forma:

- Carência de 6 meses a partir da habilitação, na recuperação judicial, do crédito apurado na Justiça do Trabalho por força do acordo;
- Pagamentos, após a carência, os créditos nesta classe serão pagos integralmente, em até 6 parcelas mensais.

12.1.3. Atualização de valores

Os valores não serão atualizados ou corrigidos monetariamente.

12.1.4. Encargos sociais

Os encargos sociais relacionados à classe trabalhista serão pagos e/ou parcelados na forma prevista em lei.

12.2. PAGAMENTO AOS CREDORES COM GARANTIA REAL

Apresentamos, a seguir, esclarecimentos quanto à proposta técnica e quanto à forma de pagamento aos credores com garantia real.

O plano de pagamento foi concebido levando-se em consideração as projeções de fluxo de caixa e de resultado da empresa para os próximos 10 (dez) anos.

Apresenta-se, a seguir, a proposta de pagamento para a classe:

- Carência de 1 ano para início dos pagamentos, contados a partir da data da intimação da decisão judicial que homologar o Plano de Recuperação;
- Sem deságio;
- Os valores não serão atualizados monetariamente;
- Pagamento de 100% do valor individual homologado pelo juízo da recuperação judicial nas seguintes condições:

    a. Pagamentos realizados semestralmente, mediante utilização de 10% do fluxo de caixa livre gerado a cada semestre subsequente à carência pela EMPRESA 1. Os pagamentos relativos a cada SEMESTRE serão realizados em 02 parcelas mensais, sendo que a primeira parcela deverá ser paga em até 30 dias após a data de fechamento do correspondente semestre e as demais parcelas no mesmo dia dos meses subsequentes. Os 10% do Fluxo e Caixa livre gerado serão destinados aos credores desta classe da seguinte forma:

    - a.1 – 10% serão pagos aos credores proporcionalmente aos valores de seus créditos;

b. Além do pagamento descrito na alínea anterior, a recuperanda também propõe amortizações complementares, sob a modalidade de Leilões Reversos, conforme descrito no item 13.1 deste plano.

c. A previsão de liquidação dessa classe, considerando as premissas utilizadas, é de 3 anos conforme quadro apresentado no item 12.6.

12.3. Pagamento aos credores quirografários

Apresentamos, a seguir, esclarecimentos quanto à proposta técnica e quanto à forma de pagamento aos credores.

O plano de pagamento para esta classe também foi concebido com base nas projeções de fluxo de caixa e de resultados da empresa para os próximos 10 anos.

Apresenta-se, a seguir, a proposta de pagamento para a classe:

- Carência de 1 ano para início dos pagamentos, contados a partir da data de intimação da decisão judicial que homologar o plano de recuperação;
- Sem deságio;
- Os valores não serão atualizados monetariamente, mas serão remunerados com juros de 2% ao ano;
- Pagamento de 100% do valor individual homologado pelo juízo da recuperação judicial nas seguintes condições:

    a. Pagamentos realizados semestralmente, mediante utilização de 65% do fluxo de caixa livre gerado a cada semestre subsequente à carência pela EMPRESA 1. Os pagamentos relativos a cada SEMESTRE serão realizados em 02 parcelas mensais, sendo que a primeira parcela deverá ser paga em até 30 dias após a data de fechamento do correspondente semestre e as demais parcelas no mesmo dia dos meses subsequentes. Os pagamentos descritos neste item serão realizados observando-se os seguintes critérios:

    a.1 – 10% de geração de caixa serão divididos igualmente entre os credores e os valores serão pagos até o limite do saldo de cada credor na referida data.

    a.2 – 35% de geração de caixa, acrescido do saldo não utilizado do item "a.1" retro, serão distribuídos entre os credores proporcionalmente ao saldo de cada credor após os pagamentos descritos no item "a.1" anterior.

    a.3 – 20% serão pagos aos credores classificados como credores parceiros, ou seja, aqueles que continuarem fornecendo produtos e/ou serviços à empresa.

b. Além do pagamento descrito na alínea anterior, a recuperanda também propõe amortizações 20% complementares, sob a modalidade de Leilões Reversos, conforme descrito no item 13.1.

c. A previsão de liquidação dessa classe considerando essas premissas é de 10 anos, conforme quadro apresentado no item 12.7.

12.4. Outras considerações sobre as propostas de pagamento à credores

Destaque-se que a metodologia de pagamento, conforme previsto no item 12 deste Plano, cumpre os seguintes requisitos:

- Cumprimento das determinações da LFRE, especialmente, do artigo 50, I e XI;
- Tratamento igualitário entre credores da mesma classe;
- Viabilidade financeira do plano;
- Fazer prevalecer o espírito da lei, tratando seus credores, parceiros históricos da empresa, com justiça e bom senso.

Para o pagamento, foi escolhido o critério financeiro de geração de caixa.

Para fins de pagamento, utilizar-se-á o conceito de geração de caixa, conforme anexo Fluxo de Caixa do presente plano, que, em suma, se traduz na capacidade da EMPRESA I, no decorrer de suas atividades operacionais, conseguir fazer com que as entradas de caixa superem as saídas.

12.5. Créditos posteriores a segunda relação de credores

Os créditos de qualquer natureza, reconhecidos após a publicação da segunda relação de credores da EMPRESA I, serão pagos da mesma forma que a prevista para os créditos de sua respectiva classe.

12.6. Demonstrativo de pagamento a credores

a. Percentuais destinados – Credores com Garantia Real

| % DESTINAÇÃO FLUXO DE CAIXA ||||||
Ano	PGTO. LINEAR	PGTO. PROPORC.	LEILÃO REVERSO	CREDOR PARCEIRO	TOTAL
01	0%	0%	0%	0%	0%
02	0%	10%	20%	0%	30%
03	0%	10%	20%	0%	30%
04	0%	10%	20%	0%	30%
05	0%	10%	20%	0%	30%
06	0%	10%	20%	0%	30%
07	0%	10%	20%	0%	30%

| % DESTINAÇÃO FLUXO DE CAIXA ||||||
Ano	PGTO. LINEAR	PGTO. PROPORC.	LEILÃO REVERSO	CREDOR PARCEIRO	TOTAL
08	0%	10%	20%	0%	30%
09	0%	10%	20%	0%	30%
10	0%	10%	20%	0%	30%

b. Percentuais destinados – Credores Quirografários

| % DESTINAÇÃO FLUXO DE CAIXA ||||||
Ano	PGTO. LINEAR	PGTO. PROPORC.	LEILÃO REVERSO	CREDOR PARCEIRO	TOTAL
01	0%	0%	0%	0%	0%
02	10%	35%	20%	20%	85%
03	10%	35%	20%	20%	85%
04	10%	35%	20%	20%	85%
05	10%	35%	20%	20%	85%
06	10%	35%	20%	20%	85%
07	10%	35%	20%	20%	85%
08	10%	35%	20%	20%	85%
09	10%	35%	20%	20%	85%
10	10%	35%	20%	20%	85%

c. Valores destinados para pagamento – Credores com Garantia Real

Dados foram suprimidos para preservar informações da empresa.

d. Valores destinados para pagamento – Quirografários

Dados foram suprimidos para preservar informações da empresa.

12.7. Prazos para pagamento

Todos os prazos constantes neste plano ocorrem a partir da publicação, no Diário Oficial, da sentença que homologar a aprovação do plano de recuperação judicial da EMPRESA 1, salvo expressa disposição em contrário constante no mesmo.

12.8. Impostos

Os acionistas da EMPRESA 1 têm convicção de que é preciso envidar todos os esforços para regularização dos tributos municipais, estaduais e federais vencidos. Para isso, se utilizará das prerrogativas constantes do Artigo 68 – lei 11.101/2005, e solicitará os parcelamentos específicos editados pelas Fazendas públicas municipais, estaduais e federais.

Há ainda que se ressaltar que a confusão gerada pelo emaranhado das leis tributárias sobre os variados segmentos de atividade empresarial exige um estudo minucioso da situação tributária da empresa. A cada momento são editadas medidas cujo principal objetivo é permitir o aumento da arrecadação.

Assim sendo, o principal objetivo da EMPRESA 1 é o pagamento de todos os seus tributos, mas sem comprometer a operação da empresa. Devido à morosidade e burocracia que enfrentamos no Brasil até a presente data, nada foi estabelecido de concreto no que diz respeito ao parcelamento dos impostos das empresas em recuperação judicial.

Dessa forma, as premissas do planejamento tributário que está sendo efetuado na EMPRESA 1 podem ser resumidas em:

- Parcelamento de acordo com a possibilidade de pagamento da empresa;
- Exercício de cidadania: recurso ao Judiciário para proteger seus direitos ofendidos;
- Expurgo das fórmulas irregulares de cobrança de juros, multas e encargos legais;
- Apuração do valor "justo" de cada dívida, aplicando-se a fórmula constitucional de cálculo.

Capítulo 13. Do leilão reverso de créditos e da geração de caixa em cada semestre

13.1. Utilização de leilão reverso

Conforme já descrito nos itens 12.2 e 12.3 deste plano, a administração da empresa pretende efetuar o "Leilão Reverso de Créditos" (possibilidade dos credores resgatarem parte de seus créditos antecipadamente em cada ano). Dessa forma, a EMPRESA I apresenta o presente Plano contemplando a possibilidade de realização deste recurso.

"Leilão Reverso de Créditos", na prática, significa destinar recursos da própria empresa para aquisição de créditos com deságio. Vencerão o leilão os credores que ofertarem seus créditos com a maior taxa de deságio possível.

Referidos leilões serão efetuados mediante utilização de percentual de 20% (vinte por cento) do fluxo de caixa livre gerado em cada semestre para os credores com Garantia Real e 20% para credores quirografários.

Os leilões reversos serão realizados em até 90 dias após a data de fechamento do correspondente semestre, e neles poderão participar tanto credores com garantia real quanto quirografários.

Os leilões serão feitos sem segregação dos credores de cada classe. Apenas para fins de simulação, as planilhas de projeção de amortização dos valores dos credores contemplam que 20% do fluxo de caixa livre serão utilizados como na classe de garantia real e 20% na classe de quirografários.

Capítulo 14. Da geração de caixa em cada semestre

Conforme já mencionado, a distribuição do fluxo de caixa livre gerado semestralmente pela EMPRESA I será efetuada semestralmente após a carência na seguinte forma:

a. 10% (dez por cento) para pagamento a credores com garantia real, na modalidade pagamento proporcional, conforme descrito no item 12.2.a1;

b. 10% (dez por cento) para pagamento a credores quirografários na modalidade pagamento linear, conforme descrito no item 12.2.a.2;

c. 35% (trinta por cento) para pagamento a credores quirografários na modalidade pagamento proporcional, conforme descrito no item 12.3.a.2;

d. 20% (vinte por cento) para pagamento de credores quirografários na modalidade credor parceiro, conforme descrito no item 12.3.a.3;

e. 20% (vinte por cento) para LEILÃO REVERSO (para ambas as classes de garantia real e quirografário, conforme descrito no item 13.1);

f. 5% (cinco por cento) para recomposição do caixa da empresa.

Para fins deste plano de recuperação judicial, fica desde já estabelecido que a mensuração do fluxo de caixa livre em cada semestre (para fins de pagamento aos credores) será efetuada utilizando-se os mesmos critérios de cálculo dos utilizados nas planilhas de projeção de fluxo de caixa em anexo.

Também fica estabelecido que, do saldo residual de caixa não utilizado em um semestre, será adicionado ao Fluxo de Caixa livre gerado no semestre subsequente para fins de distribuição.

Capítulo 15. Outros meios de recuperação

Conforme estabelece o art. 50 da lei 11.101/05, outros meios poderão ser utilizados para prover a recuperação da empresa, sendo que todas as medidas abaixo podem ser tomadas desde que os valores dos credores sejam prioritariamente liquidados com os recursos oriundos das medidas a serem implantadas.

I.   Concessão de prazos e condições especiais para pagamento das obrigações vencidas ou vincendas;

II. Cisão, incorporação, fusão ou transformação de sociedade, constituição de subsidiária integral, ou cessão de cotas ou ações, respeitados os direitos dos sócios, nos termos da legislação vigente;

III. Alteração do controle societário;

IV. Aumento de capital social;

V.   Trespasse ou arrendamento de estabelecimento, inclusive à sociedade constituída pelos próprios empregados;

VI. Redução salarial, compensação de horários e redução da jornada, mediante acordo ou convenção coletiva;

VII. Dação em pagamento ou novação de dívidas do passivo, com ou sem constituição de garantia própria ou de terceiro;

VIII. Constituição de sociedade de credores;

IX. Venda parcial dos bens;

X.   Equalização de encargos financeiros relativos a débitos de qualquer natureza, tendo como termo inicial a data da distribuição do pedido de recuperação judicial, aplicando-se inclusive aos contratos de crédito rural, sem prejuízo do disposto em legislação específica;

XI. Usufruto da empresa;

XII.   Administração compartilhada;

XIII. Emissão de valores mobiliários;

XIV.   Constituição de sociedade de propósito específico para adjudicar, em pagamento dos créditos, os ativos do devedor.

Fica garantida à empresa a plena gerência de seus ativos, restando autorizado, com a aprovação do plano, a alienação de ativos inservíveis, ou cuja alienação não implique em redução de atividades da recuperanda.

Desse modo, ficaria garantida à empresa a plena e ágil gerência de seus ativos móveis, restando autorizado, com a aprovação do plano, a alienação de ativos inservíveis, ou cuja alienação não implique em redução de atividades da recuperanda, ou quando a venda se seguir de reposição por outra máquina equivalente ou mais moderna.

Da mesma forma, fica permitida a disponibilização dos bens para penhor, arrendamento ou alienação em garantia, respeitadas, quanto à valoração dos bens, as premissas válidas para o mercado.

Se os ativos forem imóveis e/ou conjuntos de bens pertencentes ao estabelecimento empresarial, serão vendidos em praça única, convocada pelo MM. Juízo da Recuperação, através de leiloeiro experiente de indicação da vendedora, como unidade isolada que são, nos termos da lei de recuperações, sem sucessão de qualquer forma aos arrematantes, conforme determina o art.60 parágrafo único da LRF, devendo a devedora apresentar previamente em juízo laudo de avaliação confeccionado por empresa com experiência comprovada.

Os recursos obtidos com tais vendas, em quaisquer hipóteses, devem compor o caixa da empresa, fomentando assim a sua atividade, e possibilitando o pagamento a seus credores e o cumprimento do plano de recuperação.

Capítulo 16. Disposições gerais

Além dos casos previstos em lei, em caso de descumprimento do plano, por qualquer motivo, como brusca alteração das condições de mercado, o devedor, o administrador judicial, e os próprios credores poderão requerer a convocação urgente de uma nova assembleia geral de credores, mesmo após o encerramento do processo de recuperação, para fins de deliberar pela falência da empresa (que poderá ocorrer de maneira racional e que proteja ao máximo os seus ativos), bem como debater e aprovar alteração do Plano, se esta for a vontade das partes, que possa vir a evitar uma quebra indesejada. Esta eventual alteração do Plano será feita nos termos da lei e obrigará todos os credores concursais, inclusive os dissidentes, como já prevê a LRF, mesmo após o decurso dos dois anos para encerramento da recuperação judicial.

Após o pagamento integral dos créditos nos termos e formas estabelecidos neste plano, os respectivos valores serão considerados integralmente quitados e o respectivo credor dará a mais ampla, geral, irrevogável e irretratável quitação, para nada mais reclamar a qualquer título, contra quem quer que seja, sendo inclusive obrigado a fornecer, se for o caso, carta de anuência, nos casos de títulos protestados. Os credores também concordam com a imediata suspensão da publicidade dos protestos, enquanto a recuperação estiver sendo cumprida.

Os valores devidos aos credores nos termos deste plano serão pagos por meio da transferência de recursos à uma conta bancária do credor, por qualquer meio de pagamento, devendo os credores informar à recuperanda através do e-mail credores@email.com.br seus dados bancários, não sendo possível o pagamento em conta de terceiros, exceto quando houver prévia autorização judicial. Os pagamentos que não forem realizados em razão de os credores não terem informado suas contas bancárias não serão considerados como descumprimento do Plano, e não haverá a incidência de juros ou encargos moratórios. Caso o credor não forneça os seus dados dentro do prazo dos pagamentos, os valores devidos a este credor determinado permanecerão no caixa da empresa.

As condições de pagamento previstas foram baseadas nos créditos constantes da lista de credores, portanto, existindo alterações na lista, acarretará a alteração dos percentuais do pagamento no valor total que será pago aos credores dessas classes, não havendo possibilidade de majoração do valor total a ser distribuído entre os credores.

No caso de qualquer disposição do plano ser considerada inválida por decisão judicial, todos os demais termos do plano permanecerão válidos e eficazes.

Capítulo 17. Outros efeitos inerentes à aprovação do plano

17.1. Suspensão das ações de recuperação de crédito

Após a aprovação do plano de recuperação judicial, deverão ser suspensas todas as ações de cobrança, monitórias, execuções judiciais ou qualquer outra medida judicial ajuizada contra a EMPRESA 1, até mesmo aquelas impostas por seus acionistas, administradores e/ou garantidores, a qualquer título, inclusive por avais e fianças de seus sócios e respectivos cônjuges, referente aos créditos sujeitos ou não à recuperação judicial e que tenham sido novados pelo plano aprovado, salvo se de maneira diversa e expressa tiver sido pactuado pelas referidas pessoas físicas em ação própria.

É vedada, ainda, a constrição de bens e prosseguimento processual enquanto o plano aprovado estiver sendo regularmente cumprido. Os processos permanecerão suspensos enquanto as obrigações assumidas neste plano estiverem sendo cumpridas a tempo e modo, até eventual solução, resilição ou alteração do plano aprovado.

Os credores não poderão ajuizar novas ações de cobrança, execução ou de qualquer outro título no intuito de reaver os créditos incluídos na recuperação judicial, mesmo que cedidos a terceiros, por endosso ou cessão de crédito, ou de período abrangido pela recuperação, salvo no caso de descumprimento do plano, nos termos dos artigos 58 e 59 da lei nº 11.101/2005.

No caso de interposição de ação em razão dos créditos referidos no parágrafo acima, não poderá o patrimônio da empresa e dos seus devedores solidários sofrer qualquer espécie de ônus na tentativa de cumprimento de ato executório.

17.2. Novação da dívida

A aprovação do plano acarretará, por força do disposto no art. 59 da lei nº11.101/2005, a novação das dívidas sujeitas à recuperação, e também daquelas não sujeitas à recuperação que foram relacionadas e não contestadas pelos respectivos credores.

Com a aprovação do plano, a novação se estenderá também aos sócios, os quais figuram como avalistas, fiadores, coobrigados ou devedores solidários da maioria das obrigações/créditos sujeitos à recuperação.

Capítulo 18. Da falência

> No direito brasileiro, abstraída a hipótese de desistência, não há terceira alternativa: quem requer o benefício da recuperação judicial ou o obtém ou terá sua falência decretada.
>
> Comentários à nova lei de falências e de recuperação de empresas
> – Fábio Ulhoa Coelho – 4ª. Edição, pag. 73 –

Hipóteses de decretação da falência:

- Deliberação dos credores;
- Não apresentação do plano de recuperação pelo devedor no prazo;
- Rejeição do plano de recuperação pela assembleia geral de credores;
- Descumprimento do plano de recuperação.

Como se pode observar, a nova lei é rigorosa no que diz respeito ao cumprimento do plano de recuperação judicial. Assim sendo, afastada a hipótese de decretação da falência pela não apresentação do plano de recuperação judicial, a decisão pela concessão da recuperação judicial da empresa está nas mãos da assembleia de credores.

Caso ocorra a decretação da falência da empresa, teremos a seguinte ordem de liquidação dos créditos.

Art. 83. A classificação dos créditos na falência obedece à seguinte ordem:

I – Os créditos derivados da legislação do trabalho, limitados a 150 (cento e cinquenta) salários-mínimos por credor, e os decorrentes de acidentes de trabalho;
II – Créditos com garantia real até o limite do valor do bem gravado;
III – Créditos tributários, independentemente da sua natureza e tempo de constituição, excetuadas as multas tributárias;
IV – Créditos com privilégio especial;
V – Créditos com privilégio geral;

Conforme se observa, a hipótese de falência traria enorme prejuízo à classe de quirografários, pois primeiro são liquidados os saldos extraconcursais, bem como saldos com garantia real, trabalhadores e tributos para o restante ser rateado aos demais credores.

Diante do quadro exposto, a EMPRESA 1 entende que a falência não é uma alternativa melhor aos credores. Mais vale a proposta constante do presente plano, que trata todos os credores de maneira igualitária e que demonstra com clareza e consistência que a continuidade das operações mediante a aprovação do plano de recuperação judicial pela assembleia geral de credores possibilitará a liquidação de todas as dívidas conforme fluxo de pagamento anexo ao presente plano.

Capítulo 19. Conclusão/Resumo

O plano de recuperação judicial proposto atende cabalmente aos princípios da lei 11.101/2005, no sentido da tomada de medidas aptas à recuperação financeira, econômica e comercial da EMPRESA 1.

O presente plano cumpre a finalidade da lei, de forma detalhada e minuciosa, sendo instruído com planilhas financeiras de projeções contábeis e de fluxo de caixa, comprovando a probabilidade de pagamento aos credores.

Saliente-se ainda que o plano de recuperação apresentado demonstra a viabilidade financeira e econômica da entidade, desde que conferidos novos prazos e condições de pagamentos aos credores.

Os conceitos que foram aplicados têm por objetivo fazer com que a EMPRESA 1 quite o mais rápido possível os créditos trabalhistas e agilize o pagamento às demais classes, utilizando-se dos leilões reversos de crédito nas classes especificadas.

Dessa forma, considerando que a recuperação financeira da EMPRESA 1 é medida que trará benefícios a sociedade como um todo, através da geração de empregos e riqueza ao País, especialmente ao estado de Minas Gerais, somado ao fato de que as medidas financeiras, de comercialização e de reestruturação interna, em conjunto com o parcelamento de débitos são condições que possibilitarão a efetiva retomada dos negócios, temos que, ao teor da lei 11.101/2005 e de seus princípios norteadores, que prevê a possibilidade de concessões judiciais e de prazos com credores para a efetiva recuperação judicial de empresas, vemos o presente plano como a cabal solução para a continuidade da entidade.

Cabe esclarecer que todas as informações que fundamentaram a elaboração do presente plano de recuperação, assim como os dados contábeis, projeções e análises, foram fornecidas pela EMPRESA 1. Da mesma forma, as afirmações e opiniões aqui expressadas refletem exclusivamente sua visão e entendimento dos fatos que o levaram a requerer sua recuperação judicial.

Ressalte-se que, como sucede com qualquer planejamento, seu efetivo resultado depende de inúmeros fatores, muitas vezes alheios ao controle e determinação de quem o está implantando. O risco é inerente a qualquer empreendimento, e a incerteza inerente a qualquer projeção. Absolutamente impossível eliminá-los por completo. Por esse motivo procurou-se, de forma transparente, adotar premissas cautelosas, a fim de não comprometer a realização do esforço a ser empregado.

Caso seja necessário, o plano de recuperação poderá sofrer futuras alterações, com modificação das propostas aqui declaradas. Para tanto, observar-se-ão as mesmas condições impostas pela lei para sua tramitação, ou seja, aquiescência do devedor e aprovação em assembleia de credores, pelo mesmo critério de quórum que o tenha aprovado inicialmente.

Após o cumprimento dos artigos 61 e 63 da lei 11.101/05, a EMPRESA I compromete-se a honrar os subsequentes pagamentos na forma estabelecida no presente plano de recuperação, devidamente homologado pelo Juízo competente.

Uma vez concedida a recuperação judicial, o plano de recuperação obriga a EMPRESA I, seus credores e sucessores a qualquer título, sendo que sua inobservância, por parte do devedor, acarretará a decretação de sua falência, na forma do artigo 94 III "g", da lei 11.101/05.

Local, data.

EMPRESA 1
– NOVEMBRO 2011 –

PROPOSTA DE MODIFICAÇÃO E CONSOLIDAÇÃO DO PLANO DE RECUPERAÇÃO JUDICIAL DA EMPRESA 1 LTDA

Introdução

O presente Aditamento ao plano de recuperação judicial, apresentado em 17 de novembro de 2011, tem como objetivo maior, entre outros, propor alterações quanto ao cronograma e condições de pagamentos aos credores, além de estabelecimento de outros aspectos inerentes ao processo de recuperação da EMPRESA I LTDA., denominada EMPRESA I.

Essas alterações ao plano original representam alternativas para o pagamento das obrigações da EMPRESA I visando sempre a manutenção da fonte produtora, dos empregos, do interesse dos credores e a preservação da empresa como estímulo da atividade econômica.

Considerando a necessidade de apresentar aos credores detalhes sobre as condições de pagamento, a EMPRESA I apresenta a seguinte proposta de modificação e consolidação do plano, a qual deverá ser colocada em discussão e votação na assembleia geral de credores, a ser realizada no dia 06 de novembro de 2012 – continuação da segunda convocação realizada em 18 de setembro de 2012, a qual foi suspensa.

Fica desde já estabelecido que, salvo se de outra forma indicado, de modo expresso, aplicam-se à presente proposta de modificação e consolidação as mesmas definições estabelecidas no plano de recuperação judicial originalmente apresentado.

Capítulo 1. Resumo da proposta de pagamento aos credores

1.1. Trabalhistas

O tratamento que será dado aos credores constantes na atual lista de credores será o seguinte:

a. Carência de 6 meses a partir da data de intimação da decisão que homologar o plano de recuperação judicial;
b. Pagamentos: após a carência, os créditos nesta subclasse serão pagos integralmente em até 6 parcelas mensais;
c. Os acordos firmados na esfera trabalhista serão cumpridos.

1.1.1. Credores que tiverem seus créditos reconhecidos e habilitados após a elaboração da 2ª relação de credores

Tendo em vista que podem existir processos trabalhistas em trâmite, ou a serem ajuizados no período de dois anos da rescisão do contrato de trabalho, em que se discutem verbas controversas e alheias ao parágrafo único do artigo 54 da lei, toma por base o princípio legal, e evitando privilegiar credores da mesma classe, a EMPRESA I pagará aludidas verbas, caso deferidas pela Justiça do Trabalho, da seguinte forma:

- Carência de 6 meses a partir da habilitação, na recuperação judicial, do crédito apurado na Justiça do Trabalho por força do acordo;
- Pagamentos: após a carência, os créditos nesta classe serão pagos integralmente em até 6 parcelas mensais.

1.2. Pagamento aos Credores com Garantia Real

Apresentamos, a seguir, esclarecimentos quanto à proposta técnica e quanto à forma de pagamento aos credores com garantia real.

O prazo para o pagamento dos credores inseridos nesta classe é de 10 anos, todos os pagamentos são fixos independentes de fluxo de caixa.

Desse modo, a proposta de pagamento para a classe é:

a. Pagamento de 100% do valor sem deságio;
b. Pagamento de 2,5% do valor total do crédito, 90 dias após a intimação da decisão que homologar o plano de recuperação judicial – Parcela 01;
c. Pagamento de 2,5% do valor total do crédito, 180 dias após a intimação da decisão que homologar o plano de recuperação judicial – Parcela 02;
d. Pagamento de 5% do valor total do crédito, 24 meses após a intimação da decisão que homologar o plano de recuperação judicial – Parcela 03;
e. Pagamento de 70% do valor total do crédito, em 7 parcelas anuais de 10% cada, sendo que a primeira parcela será liquidada 12 meses após data do pagamento retromencionado no item d, e as outras parcelas na mesma data dos anos subsequentes – Parcela 04 a Parcela 10;
f. Pagamento de 20% do valor total do crédito, 12 meses após o pagamento da última parcela do item "e", ou seja, 7ª parcela do pagamento – Parcela 11;
g. Os valores serão corrigidos à taxa de TR + 1% ao ano.

Fluxo de Pagamento dos Credores com Garantia Real

Parecela	Data	Percentual a ser pago
Parcela 01	3 meses da intimação homologação do plano	2,5%
Parcela 02	6 meses da intimação homologação do plano	2,5%
Parcela 03	24 meses da intimação homologação do plano	5%
Parcela 04	36 meses da intimação homologação do plano	10%
Parcela 05	48 meses da intimação homologação do plano	10%
Parcela 06	60 meses da intimação homologação do plano	10%
Parcela 07	72 meses da intimação homologação do plano	10%
Parcela 08	84 meses da intimação homologação do plano	10%
Parcela 09	96 meses da intimação homologação do plano	10%
Parcela 10	108 meses da intimação homologação do plano	10%
Parcela 11	120 meses da intimação homologação do plano	20%
	Total geral	100%

1.3. Pagamento aos credores — quirografários

Apresentamos, a seguir, esclarecimentos quanto à proposta técnica e quanto à forma de pagamento aos credores com quirografários.

O prazo para o pagamento dos credores inseridos nesta classe é de 10 anos. Todos os pagamentos são fixos independente de fluxo de caixa.

Assim, a proposta de pagamento para a classe é:

a. Pagamento de 100% do valor sem deságio;
b. Pagamento de 2,5% do valor total do crédito, 90 dias após a intimação da decisão que homologar o plano de recuperação judicial – Parcela 01;
c. Pagamento de 2,5% do valor total do crédito 180, dias após a intimação da decisão que homologar o plano de recuperação judicial – Parcela 02;
d. Pagamento de 5% do valor total do crédito, 24 meses após a intimação da decisão que homologar o plano de recuperação judicial – Parcela 03;
e. Pagamento de 70% do valor total do crédito, em 7 parcelas anuais de 10% (dez por cento) cada, sendo que a primeira parcela será liquidada 12 meses após data do pagamento retromencionado no item d, e as outras parcelas na mesma data dos anos subsequentes – Parcela 04 a Parcela 10;
f. Pagamento de 20% do valor total do crédito 12 meses após o pagamento da última parcela do item "e", ou seja, 7ª parcela do pagamento – Parcela 11;
g. Os valores serão corrigidos à taxa de TR + 1% ao ano.

Fluxo de Pagamento dos Credores Quirografários

Parecela	Data	Percentual a ser pago
Parcela 01	3 meses da intimação homologação do plano	2,5%
Parcela 02	6 meses da intimação homologação do plano	2,5%
Parcela 03	24 meses da intimação homologação do plano	5%
Parcela 04	36 meses da intimação homologação do plano	10%
Parcela 05	48 meses da intimação homologação do plano	10%
Parcela 06	60 meses da intimação homologação do plano	10%
Parcela 07	72 meses da intimação homologação do plano	10%
Parcela 08	84 meses da intimação homologação do plano	10%
Parcela 09	96 meses da intimação homologação do plano	10%
Parcela 10	108 meses da intimação homologação do plano	10%
Parcela 11	120 meses da intimação homologação do plano	20%
	Total geral	100%

1.4. Outras considerações sobre as propostas de pagamento a credores e plano de recuperação judicial

Destaque-se que a metodologia de pagamento, conforme previsto no item 11 deste Plano, cumpre os seguintes requisitos:

- Cumprimento das determinações da LFRE, especialmente, do artigo 50, I e XI;
- Tratamento igualitário entre credores da mesma classe;
- Viabilidade financeira do plano;
- Fazer prevalecer o espírito da lei, tratando seus credores, parceiros históricos da empresa, com justiça e bom senso;
- As cláusulas que não foram alteradas pelo presente aditamento permanecem tal como dispostas no plano originalmente apresentado pela EMPRESA 1;
- Todos os prazos constantes neste plano ocorrem a partir da intimação da sentença que homologar a aprovação do plano de recuperação judicial da EMPRESA 1, salvo expressa disposição em contrário constante na mesma.

1.5. Pagamento aos credores ausentes ou omissos

Os valores devidos aos credores nos termos deste plano serão pagos por meio da transferência direta de recursos à conta bancária do respectivo credor, por meio de documento de ordem de crédito (DOC) ou de transferência eletrônica disponível (TED).

Os credores devem informar à recuperanda, via carta registrada enviada ao endereço de sua sede e dirigida à diretoria, seus dados bancários para fins de pagamento. A conta deverá obrigatoriamente ser de titularidade do credor, caso contrário deverá obter autorização judicial para pagamento em conta de terceiros.

Não haverá a incidência de juros ou encargos moratórios se os pagamentos não tiverem sido realizados em razão de os credores não terem informado, com no mínimo 30 dias de antecedência do vencimento, suas contas bancárias.

Os pagamentos que não forem realizados em razão de os credores não terem informado seus dados bancários não serão considerados como descumprimento do plano.

Caso o credor não forneça os seus dados dentro do prazo dos pagamentos, os valores devidos a este credor determinado ficarão no caixa da empresa.

1.6. Créditos quirografários e com garantia real reconhecidos após a segunda relação de credores divulgada pelo administrador judicial

Os créditos com garantia real e quirografários retardatários, reconhecidos após a publicação da segunda relação de credores da EMPRESA 1, serão pagos de acordo com a proposta de pagamento para a respectiva classe, sendo que os prazos para pagamento começarão a contar a partir da data de reconhecimento do respectivo crédito pelo Juízo da recuperação judicial.

1.7. Descumprimento do plano

O plano somente será considerado descumprido na hipótese de mora no pagamento de 3 parcelas previstas neste Plano.

Eventual mora no descumprimento de qualquer parcela poderá ser purgada no prazo de 30 dias a contar da data de vencimento.

1.7.1 Outros meios de recuperação

Poderão ser utilizados outros meios de prover a recuperação da empresa, conforme estabelece o art. 50 da lei 11.101/05:

- Cisão, incorporação, fusão ou transformação de sociedade, constituição de subsidiária integral, ou cessão de cotas ou ações, respeitados os direitos dos sócios, nos termos da legislação vigente;
- Alteração do controle societário (alienação da empresa);
- Trespasse ou arrendamento do estabelecimento;
- Venda parcial dos bens;
- Administração compartilhada;
- Emissão de valores mobiliários;
- Constituição de sociedade de propósito específico para adjudicar, em pagamento dos créditos, os ativos do devedor.

Com a aprovação do presente plano fica desde já convencionada a transformação da "Sociedade Limitada" em "Sociedade Anônima".

A transferência do controle assim como a captação de recursos utilizando as ações da "Sociedade Anônima" poderá ser efetuada desde que os recursos oriundos destas operações sejam destinados prioritariamente para a capitalização operacional da EMPRESA I.

Todas as operações assim mencionadas não interferem nas condições de pagamento preestabelecidas.

Capítulo 2. Falência

> No direito brasileiro, abstraída a hipótese de desistência, não há terceira alternativa: quem requer o benefício da recuperação judicial ou o obtém ou terá sua falência decretada.
>
> Comentários à nova lei de falências e de recuperação de empresas – Fábio Ulhoa Coelho – 4ª. Edição pag. 73

Hipóteses de decretação da falência:

- Deliberação dos credores;
- Não apresentação do plano pelo devedor no prazo;
- Rejeição de plano pela assembleia dos credores;
- Descumprimento do plano de recuperação.

Como podemos observar, a nova lei é rigorosa no que diz respeito ao cumprimento do plano de recuperação judicial. Assim sendo, afastada a decretação da falência pela não apresentação do plano de recuperação judicial, a decisão pela concessão da recuperação judicial da empresa está na mão da assembleia dos credores.

Caso ocorra a decretação da falência da empresa, teremos a seguinte ordem de liquidação dos créditos.

Art. 83. A classificação dos créditos na falência obedece à seguinte ordem:

I – Os créditos derivados da legislação do trabalho, limitados a 150 (cento e cinquenta) salários-mínimos por credor, e os decorrentes de acidentes de trabalho;

II – Créditos com garantia real até o limite do valor do bem gravado;

III – Créditos tributários, independentemente da sua natureza e tempo de constituição, excetuadas as multas tributárias;

IV – Créditos com privilégio especial;

V – Créditos com privilégio geral;

VI – Créditos quirografários;

VII – As multas contratuais e as penas pecuniárias por infração das leis penais ou administrativas, inclusive as multas tributárias;

VIII – Créditos subordinados.

Diante do quadro exposto, a EMPRESA I entende que o presente plano trata todos os credores de maneira igualitária e que com a continuidade das operações e a concessão da recuperação judicial pela assembleia geral de credores, todas as dívidas serão liquidadas conforme descrito no presente aditamento.

Capítulo 3. Conclusão

    Nestes termos, pedimos a juntada do presente Aditamento ao plano de recuperação judicial aos autos, para ciência e aprovação pelos credores da EMPRESA 1.

Local e data

PLANO DE RECUPERAÇÃO JUDICIAL

EMPRESA 2
— JUNHO 2012 —

Capítulo 1. Sumário executivo e visão geral

1.1. Comentários iniciais

A lei nº 11.101/2005 traz, em seu bojo, a recuperação judicial de empresas, visando à manutenção do negócio e do emprego dos trabalhadores, bem como o pagamento dos créditos devidos.

> A recuperação judicial tem por objetivo viabilizar a superação da situação de crise econômico financeira do devedor, a fim de permitir a manutenção da fonte produtora, do emprego dos trabalhadores e dos interesses dos credores, promovendo, assim, a preservação da empresa, sua função social e o estímulo à atividade econômica.
>
> Art. 47, lei 11.101/2005

Assim, nos termos do art. 53 da referida lei, a EMPRESA 2, sociedade empresária inscrita nos CNPJ/MF sob o nº **dados foram suprimidos para preservar informações da empresa**, estabelecida na **dados foram suprimidos para preservar informações da empresa**, vem, através do presente instrumento, apresentar seu plano de recuperação judicial.

Para elaboração do plano de recuperação, a diretoria da empresa EMPRESA 2, com extrema vontade e empenho para atingir seus objetivos, contratou assessoria jurídica e consultoria financeira competentes. Além disso, contaram, também, com a prestação de serviços dos colaboradores da empresa, diversos deles trabalhando há vários anos, para elaborar o presente plano.

Considerando-se o prazo para a apresentação do plano de recuperação judicial, que é de 60 dias da publicação do despacho que deferiu o processamento do pedido, não fez parte do escopo dos trabalhos a realização de uma *due diligence*, valendo ressaltar que os advogados e consultores contratados trabalharam com os dados prestados pela EMPRESA 2, devidamente apreciados e analisados.

Sendo assim, apresenta-se este plano de recuperação judicial, elaborado com estrita observância do espírito norteador da Lei de Recuperação Judicial, visando buscar um direcionamento e ponto comum entre a relevante função social da EMPRESA 2 e os interesses dos seus credores, convergindo dessa forma, no espírito principal da lei.

O plano de recuperação é apresentado com todas as premissas aplicadas para a sua construção, incluindo a projeção de resultados e fluxo de caixa para os próximos exercícios, o que permite uma visualização clara e objetiva do desempenho econômico-financeiro durante a sua vigência e, consequentemente, sua viabilidade e capacidade de pagamento a seus credores.

1.2. Das medidas e objetivos básicos do plano

O presente plano tem por objetivo reestruturar a EMPRESA 2, para que a mesma supere sua momentânea dificuldade econômico-financeira, dando continuidade aos negócios, mantendo-se como importante empresa do estado de São Paulo.

Este plano procura projetar o impacto das medidas administrativas e operacionais que serão implementadas para que a EMPRESA 2 alcance um lucro operacional adequado e sustentável ao longo dos próximos anos, o que possibilitará sua sustentação econômica e financeira. O presente plano de recuperação procura também, de forma clara e objetiva, demonstrar que a empresa possui viabilidade e como será o processo para quitação de suas dívidas.

Para a elaboração do presente plano foram analisadas, dentre outras, as seguintes áreas: estrutura dos ativos da empresa, estrutura organizacional, administrativa e financeira, compras, análise mercadológica, planejamento estratégico em vendas, área industrial, planejamento e controle de produção, custos, logística e recursos humanos. Assim, a análise destas áreas, em conjunto com a avaliação do desempenho financeiro da empresa, foi a base para nortear as ações a serem tomadas visando à sua recuperação.

Portanto, os principais objetivos do plano de recuperação, são:

- Preservar a EMPRESA 2 como entidade geradora de empregos, tributos e riquezas, assegurando o exercício da sua função social;
- Permitir que a "EMPRESA 2" supere sua momentânea dificuldade econômico-financeira, dando continuidade direta ou indiretamente à sua atividade social e econômica, gerando riqueza nas regiões em que opera;
- Atender aos interesses dos credores da EMPRESA 2, mediante composição baseada em uma estrutura de pagamentos compatível com o potencial de geração de caixa dentro do contexto da recuperação judicial;

- Reestruturar e equalizar as operações, direitos e ativos, da EMPRESA 2;
- Otimizar as operações industriais existentes, buscando eficiência operacional de forma a ter economia e controle efetivo de custos e despesas, maximizando as margens de contribuição;
- Estruturar e ampliar a atuação comercial da EMPRESA 2, inserindo no "mix de vendas" produtos de valor agregado, buscando sempre aumentar sua margem operacional;
- Preservar a EMPRESA 2 como uma empresa genuinamente brasileira, cujos ativos contribuem para o abastecimento do mercado de proteína animal no Brasil.

Dessa forma, a viabilidade futura da EMPRESA 2 não depende só da solução de seu endividamento atual, mas também, e fundamentalmente, de ações que visem à melhoria de seu desempenho econômico-financeiro. Sendo assim, as medidas identificadas no Plano de Reestruturação estão incorporadas a um planejamento estratégico para os próximos exercícios.

As projeções foram desenvolvidas por consultoria especializada, apoiada pela área financeira da EMPRESA 2, considerando que o mercado continuará em crescimento conservador e contínuo, lembrando que a técnica utilizada foi a do justo meio-termo, para que não fosse por demais conservadora e, por conseguinte, inapta, ou que fosse otimista a ponto de ultrapassar a barreira da realidade ou que pudesse trazer expectativa errônea a todos.

A relação completa e detalhada das medidas a serem adotadas pelos gestores e em fase de implantação está descrita nos itens seguintes, dentro as quais se destacam:

- Na medida da progressão do plano, e de reconquista da confiança econômica, baratear o custo financeiro da empresa, negociando com instituições financeiras parceiras taxas de juros mais atraentes;
- Reorganização de sua operação, tornando-a mais eficiente, reduzindo, assim, o seu custo econômico-financeiro;
- Revisão de aspectos operacionais com vistas à reorganização de sua operação, tornando-a mais eficaz;
- Busca de novos parceiros para o financiamento das operações com as menores taxas possíveis;
- Planejamento de vendas visando aumentar a venda de produtos com valor agregado e foco nos canais mais rentáveis;
- Busca de mix de vendas com alto valor agregado, focando o cliente e a prestação de serviços;
- Busca de parcerias comerciais e operacionais, buscando consolidar sinergias.

Objetivo final é alavancar as atividades da empresa, objetivando resultados saudáveis, rentáveis e sustentáveis.

Eventuais medidas adicionais serão avaliadas após a apresentação do plano de recuperação. Entretanto, como essas medidas requerem uma investigação mais profunda, os impactos destas não foram incluídos nos resultados operacionais aqui abordados.

1.3. Estrutura societária

A EMPRESA 2 é composta pelos seguintes estabelecimentos:

Dados suprimidos para preservar informações da empresa.

Capítulo 2. Organograma da empresa 2

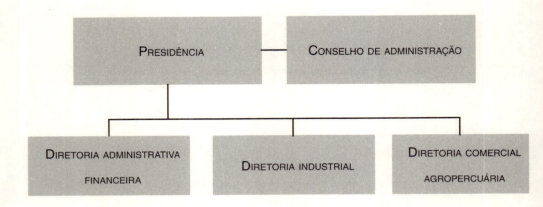

Capítulo 3. A história e apresentação da empresa 2

3.1. A nossa história

Fundada em (data), é uma empresa de origem brasileira, com sede administrativa localizada na cidade de (localidade), localizada próxima da capital.

A EMPRESA 2, desde a sua fundação, sempre foi empresa familiar que se empenhou na produção e industrialização avícola. Seu crescimento ocorreu em função do trabalho incansável de seus sócios, que durante anos não economizaram esforços para aperfeiçoar o setor avícola, sempre visando criar vantagens competitivas que permitissem atender às novas necessidades que surgiram no mercado de consumo de seus produtos. Para isso, sempre procurou investir em melhorias tanto na refrigeração quanto na automatização fabril.

Especializada em abate de frangos (inteiros, cortes congelados, resfriados, especiais, desossados e marinados), emprega diversos colaboradores diretos.

A EMPRESA 2 leva seus produtos para os mercados:

- Interno (Grande São Paulo, Região Sul, Sudeste, Norte e Nordeste) e;
- Externo (Ásia, Europa, América do Sul e países árabes).

Destaca-se por ser uma empresa inovadora no mercado em que atua, sempre preocupada em atender às necessidades de seus clientes.

A EMPRESA 2 é uma empresa verticalizada, na qual suas atividades compreendem:

Dados foram suprimidos para preservar informações da empresa.

3.2. Missão

Nossa missão é ser a opção natural para fornecimento de produtos de origem avícola, para comerciantes e indústrias de porte médio no estado de São Paulo, com foco na área metropolitana da capital paulista.

3.3. Visão

Nossa visão é ser o fornecedor preferencial da região metropolitana de São Paulo, atacar os demais mercados de forma pontual, tendo como diferencial a oferta de produtos com maior valor agregado e uma atividade logística de alta eficiência. Além disso, buscamos notoriedade como empresa inovadora no mercado em que atua, sempre preocupada em atender às necessidades dos clientes.

3.4. Incubatórios

Preparados para atender a uma capacidade de incubação de milhares de ovos por semana nas suas unidades, as quais estão distribuídas no interior de São Paulo.

3.5. Granja de frangos

Diversas granjas, que, pela relação de integração, são responsáveis por um plantel de milhões de aves, com uma produção mensal de cerca de milhares de toneladas/mês de frango vivo para abate.

O sistema de engorda da EMPRESA 2 está assim distribuído:

Dados foram suprimidos para preservar informações da empresa.

3.6. Fábricas de ração

A EMPRESA 2 opera uma moderna fábrica instalada com equipamentos para suportar uma capacidade de produção de milhares de toneladas de ração por mês.

Seus principais indicadores são:

Dados foram suprimidos para preservar informações da empresa.

3.7. Abatedouro

A EMPRESA 2 opera um abatedouro com uma capacidade de produção para milhares de aves por dia, com uma capacidade de produção de milhares de toneladas de produtos acabados, mensalmente.

3.8. Comercial e logística

A área comercial e de logística da EMPRESA 2 está assim composta:

- Possui cerca 5.130 clientes ativos em sua carteira;
- Equipe de vendas com diversos vendedores próprios, vários representantes comerciais (cobertura nacional) e postos de televendas;
- Frota terceirizada de caminhões frigorificados e exclusivos para entregas em São Paulo, Rio de Janeiro e Minas Gerais;
- Sistema informatizado de inteligência logística, roteirização e telemetria;
- Central de atendimento logístico com o objetivo de dar apoio/suporte aos clientes, vendedores e motoristas na realização das entregas.

3.9. Centro de distribuição

Dados foram suprimidos para preservar informações da empresa.

3.10. Meio ambiente

A empresa efetuou investimentos que totalizaram R$ 4,5 milhões, de 2007 a 2009 para cuidados com meio ambiente, ou seja:

- Ampliação e modernização do sistema de tratamento de sólidos e líquidos do abatedouro;
- Ampliação e modernização do sistema de tratamento de gases da fábrica de farinha e óleos;
- Gestão de meio ambiente e treinamento.

Vale ressaltar que continuamente a EMPRESA 2 recebe a visita de órgãos certificadores e de missões de inspeção e verificação de conformidade e menções honrosas.

Capítulo 4. Produtos comercializados pela empresa 2

A matéria-prima adquirida pela EMPRESA 2 é proveniente de aves rigorosamente selecionadas. Na intenção de garantir aos clientes produtos de primeira linha, a empresa investe em melhorias, controle fitossanitário, manejo humanitário das aves, certificando a superioridade e excelência de seus produtos. O resultado de todo esse trabalho são carnes de frango saborosas, com alto ganho de qualidade e valor agregado.

A EMPRESA 2 atende ao mercado nacional e internacional comercializando carne de frango *in natura*, interfolhados, temperados tabeliados, marinados, resfriados, milênio, miúdos, embutidos e outros. O mix de produtos da empresa conforme podemos observar abaixo:

Dados foram suprimidos para preservar informações da empresa.

Capítulo 5. Dados da área comercial

5.1. Área de atuação comercial

Apresenta-se a seguir, gráfico demonstrativo da participação percentual, por área geográfica, da atuação comercial

Dados foram suprimidos para preservar informações da empresa.

As vendas da empresa são escoadas via rodovias para as diversas partes do Brasil e pelo porto de Santos no caso de exportação.

O abatedouro está estrategicamente localizado próximo da capital paulista, do porto de Santos e, principalmente, próximo das grandes cidades do interior de São Paulo. Essa localização privilegiada garante à EMPRESA 2 um diferencial competitivo em relação aos seus principais concorrentes.

A EMPRESA 2 tem o foco voltado para os atendimentos do mercado interno, especialmente o de São Paulo e o das cidades do interior paulista, buscando sempre uma prestação de serviços agregado à venda com emprego pontual de qualidade.

5.2. Volume de abates

Apresenta-se, a seguir, gráficos demonstrativos do volume médio de abate e a quantidade média de abate de 2006 a 2011 e o projetado para 2012:

Dados foram suprimidos para preservar informações da empresa.

5.3. Vendas por segmento

Apresenta-se a, seguir, gráfico demonstrativo da participação percentual de vendas, por segmento:

Dados foram suprimidos para preservar informações da empresa.

Como já ressaltado anteriormente, a empresa tem como estratégia o foco no pequeno varejo, pois não vende somente proteína animal, mas, sim, a prestação de serviços.

A EMPRESA 2 possui uma carteira de aproximadamente 5.130 mil clientes ativos, distribuídos entre varejos até supermercados de médio porte e distribuidoras.

Apresenta-se, a seguir, relação dos maiores clientes da EMPRESA 2 em faturamento (acumulado dos últimos 13 meses):

Dados foram suprimidos para preservar informações da empresa.

Capítulo 6. Aspectos sociais e ambientais da empresa 2

A EMPRESA 2 tem função social importante à medida que emprega número expressivo de funcionários de forma direta e outro tanto indiretamente.

Isso aumenta a sua responsabilidade social, intimando-a a melhor proteger o patrimônio humano formado por funcionários altamente treinados e totalmente dependentes do destino da organização.

Atualmente a EMPRESA 2 possui funcionários distribuídos em diversas áreas que compõe suas operações (fábrica de ração, abatedouro, centro de distribuição e outros).

Ressalta-se, ainda, que as atuais operações da EMPRESA 2 compreendem, além da manutenção dos atuais empregados, a manutenção de diversos empregos indiretos, além do significativo montante de impostos gerados pela empresa.

Uma questão que vale ser ressaltada, sob o aspecto de inclusão social, é o fato da grande participação de mulheres na empresa. Atualmente, do total de colaboradores que a empresa possui, 57,51% são mulheres.

6.1. Aspectos sociais

A EMPRESA 2, em parceria com a prefeitura municipal, implantou, em 2012, um projeto visando beneficiar suas funcionárias gestantes. O projeto tem por objetivo conscientizar as funcionárias da importância da realização do pré-natal e orientá-las sobre nutrição, saúde e qualidade de vida na gestação. As gestantes recebem treinamentos de massagem terapêutica para o recém-nascido, de aleitamento e de alimentação do bebê, planejamento familiar e informações sobre programas do governo federal.

Verifica-se ainda, algumas ações de cunho social, algumas doações a órgãos públicos, organizações religiosas e entidades sociais.

Houve integração de novos colaboradores, apresentando os valores da cultura organizacional da empresa, bem como as informações relativas aos procedimentos de trabalho que envolvem as boas práticas de fabricação (BPF), higiene e saúde no trabalho, prevenção de acidentes e demais informações pertinentes à indústria.

Eventos realizados pela CIPA (Comissão Interna de Prevenção de Acidentes): Semana Interna de Prevenção de Acidentes de Trabalho (SIPAT), palestras informativas ao longo do ano, treinamento aos funcionários eleitos.

A EMPRESA 2 também possui programa de participação nos lucros, que tem o objetivo de estimular, reconhecer recompensar e motivar esforços individuais e das equipes, além de fortalecer a parceria entre empregado e empresa.

Dentro do conceito de auxílio à comunidade, a EMPRESA 2 possui parceria com a APAE (Associação dos Pais e Amigos dos Excepcionais) de Várzea Paulista, objetivando inserir seus alunos no mercado de trabalho.

Buscando a qualificação de seus colaboradores, a EMPRESA 2 possui programa de auxílio à educação para funcionários com mais de 1 ano de empresa, em que participa pagando parte do valor em curso de nível universitário, pós-graduação e mestrado. Esse programa tem como objetivo estimular o crescimento pessoal e profissional, garantindo um melhor preparo para o desempenho de suas atividades.

A empresa também oferece treinamentos destinados ao aperfeiçoamento das atividades da área de produção, sistema de garantia da qualidade, programas de autocontrole exigidos pelo Ministério da Agricultura, Pecuária e Abastecimento, que tornam a empresa apta à exportação, inclusive o APPCC (Análise de Perigos e Pontos Críticos de Controle).

6.2. Aspectos ambientais

Tão necessário quanto preservar e recuperar o meio ambiente é não poluí-lo. Sendo assim, a EMPRESA 2 investiu mais de R$ 4,5 milhões de reais em processos e equipamentos para tratamento de efluentes.

A estação de tratamento é composta por equipamentos que quebram as moléculas de resíduos e dão o tratamento final na água, colocando-a em condições de ser lançadas na rede pública de esgoto.

Após o abate, tudo o que não é alimento comestível é transformado em farinhas e óleo. Dessa forma, nenhum subproduto é jogado fora, tudo é aproveitado. Desse modo, a EMPRESA 2 consegue um ótimo proveito da produção e também evita a poluição da natureza.

Além do aproveitamento dos subprodutos, a empresa trata e despolui toda água e gases resultantes dos processos de abate e fabricação de farinha.

Capítulo 7. Histórico do faturamento da empresa

Nos últimos exercícios, a EMPRESA 2 obteve faturamento médio anual (de 2007 a 2011) de milhões de reais, conforme demonstrado no quadro abaixo:

Dados foram suprimidos para preservar informações da empresa.

Como podemos observar no quadro acima, a empresa apresentou uma trajetória de crescimento conservador, porém sustentável.

No acumulado do ano de 2012, o faturamento médio mensal (de janeiro a abril) foi de milhões de reais, conforme demonstrado no quadro abaixo:

Dados foram suprimidos para preservar informações da empresa.

Observa-se uma pequena redução no mês de fevereiro devido à quantidade de dias úteis registrado no período.

Capítulo 8. Análise de mercado

Para a busca de uma solução para o equacionamento financeiro e operacional da EMPRESA 2 é preciso analisar as potencialidades que o mercado de sua atuação oferece. Mais que isso, é preciso conhecer as características operacionais, e as alternativas possíveis de serem exploradas, sempre visando à manutenção da empresa como fonte geradora de emprego, renda e participação ativa nos mercados onde atua.

Assim, para uma correta análise mercadológica, é necessária uma análise macroeconômica relativa ao mercado onde está inserida a EMPRESA 2, observando o comportamento da economia brasileira como um todo, e as correspondentes tendências que possam efetivamente trazer reflexos na operação da empresa de forma geral.

Desse modo, é necessário relacionar esse mercado nacional onde a instituição atua, observando o comportamento da mesma. Adiante, passaremos a analisar essa questão mercadológica.

8.1. Cenário macroeconômico

Segundo estudo realizado pela FAPRI-ISU 2012 World Agricultural Outlook, o cenário macroeconômico brasileiro e mundial segue a mesma trajetória. Após a recuperação econômica observada em 2010, quando o PIB brasileiro cresceu 7,53%, a economia reduziu o ritmo de crescimento a partir de 2011. Para 2012, estima-se um aumento real de 3,90%, e para os anos seguintes foi considerado um crescimento médio de 4,78% até 2022. Já o PIB *per capita* deve crescer 3,74% ao ano entre 2012 e 2022, passando de R$ 20.254 para R$ 29.364 (em preços reais de 2010). A população brasileira cresce 0,98% ao ano no período projetado, inferior ao 1,1% de 2002 a 2011.

Após a queda assistida, em 2009, do PIB mundial (negativo em 1,64%), houve recuperação em 2010 acima da média observada entre 2002 e 2008, quando cresceu 3,85%. Para os próximos anos, o mundo deve crescer, em média, 3,42% ao ano até 2022. Assim, o Brasil apresenta taxas de crescimento consistentemente acima da média global como pode ser observado no gráfico a seguir.

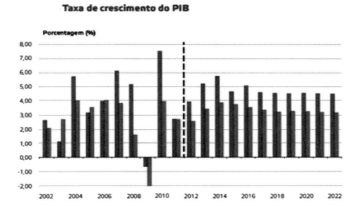

A moeda brasileira vem se valorizando em relação ao dólar dos Estados Unidos desde o início da década de 2000 (mais especificamente, desde 2003). A taxa de câmbio nominal em R$/US$ esperada de 2012 a 2022 segue essa tendência. Isso é resultado, em parte, do forte influxo esperado de capitais estrangeiros no Brasil, já que o País tem apresentado baixo risco de investimento sob a percepção dos investidores internacionais. Como exemplo de curto prazo, a expectativa do mercado é um fluxo de US$ 55 bilhões em 2012 e US$ 58,4 bilhões em 2013 na conta de investimento estrangeiro direto (segundo o Boletim Focus do Banco Central do Brasil de 9/3/2012).

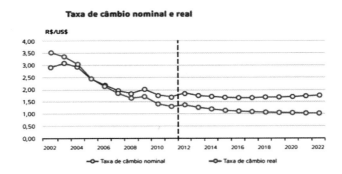

8.2. A ECONOMIA BRASILEIRA E SEU CRESCIMENTO ECONÔMICO

As medidas de estímulo adotadas a partir do segundo semestre de 2011, para acelerar o ritmo do crescimento, já surtem efeito no início de 2012. Após expansão de 1,3% em novembro e 0,5% em dezembro de 2011, na série ajustada sazonalmente, o comércio varejista cresceu 2,6% em janeiro de 2012. A produção industrial também registrou expansão de 1,3% em fevereiro 2012, comparado a janeiro. Esse crescimento deveu-se, em boa parte, à solidez do mercado de trabalho formal, ao ciclo de baixa da taxa básica de juros, iniciado em julho de 2011, e à disponibilidade da oferta de crédito, cujo saldo total atingiu 48,8% do PIB em janeiro de 2011.

O crescimento robusto da demanda doméstica, aliado a medidas de incentivo para o aumento da produtividade, induzirá a recuperação da indústria de transformação ao longo de 2012 e aquecerá ainda mais a atividade do setor de serviços. Assim, estima-se que a atividade econômica deva apresentar aceleração no segundo trimestre, de forma que, ao final de 2012, a expansão da economia esteja em seu ápice. Essa trajetória levará o PIB de 2012 a um crescimento mais forte do que o registrado em 2011.

O crescimento médio da economia brasileira aumentou desde o final da década de 1990, passando de 1,7% (entre 1998 e 2002), para crescimento médio estimado de 4,7% no período entre 2011 e 2014. A força do mercado interno, em conjunto com a forte ênfase em investimentos como o principal motor do crescimento, são cruciais para tal expansão equilibrada.

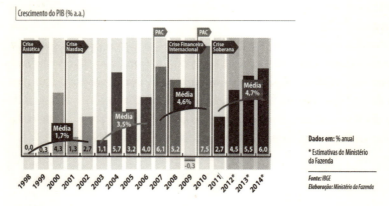

Analisando a retrospectiva, o Brasil tem muito a comemorar. Segundo pesquisa realizada pelo Ministério da Fazenda, o Brasil cresceu a uma média de 3,91% ao ano nos últimos nove anos. O presidente do Banco Central do Brasil, Alexandre Antonio Tombini, disse que o crescimento econômico do País ficou perto de 2,7%, em 2011.

A consequência imediata foi uma queda virtuosa na taxa de desemprego de 12,2% em 2003 para 5,7% em fevereiro de 2012, conforme pode ser verificado no gráfico abaixo. Isso, dentre outras coisas, permitiu que cerca de 30 milhões de pessoas ascendessem à classe média, o que acabou por contribuir para solidificar o processo de crescimento econômico.

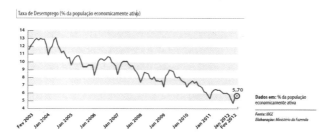

Nesse aspecto, o consumo das famílias apresentou um vigoroso crescimento desde 2003, com médias trimestrais de 5% se comparada ao mesmo trimestre do ano anterior.

Os juros básicos seguiram sua curva de decadência. Eram 17,25% a.a. no início de 2006 e hoje são 8,50 a.a. com perspectivas de queda, conforme vem sendo acenado pelo governo.

A inflação, sempre uma preocupação nacional, se redimiu dos tempos em que eram acachapantes e estiveram em uma média de 5,9% ao ano em 2010. A trajetória de declínio continuou ao longo do primeiro trimestre de 2012. A inflação medida pela variação do IPCA acumulada nos últimos 12 meses caiu de 7,31% para 5,24%, entre outubro de 2011 e março de 2012. A inflação de março de 2012 foi de 0,21%, bem abaixo das expectativas de mercado. Além disso, cabe notar a ausência de pressões advindas dos preços administrados, especialmente das tarifas de ônibus urbanos e de fornecimento de energia elétrica residencial, o que deve contribuir para manter as taxas de inflação em níveis reduzidos em 2012. De acordo com o Relatório de Inflação do Banco Central do Brasil (março de 2012), a projeção de inflação para 2012 é de 4,4% conforme pode ser observado no gráfico a seguir.

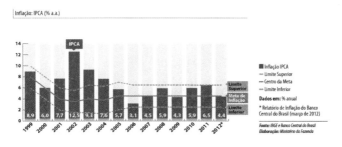

Essa melhoria conjuntural, em conjunto com a política de manutenção dos superávits primários, permitiu ao governo brasileiro reduzir a exposição cambial da Dívida Pública Interna, elevar o nível das reservas internacionais e se tornar credor externo líquido, reduzindo sua exposição aos reveses internacionais. As reservas internacionais são remuneradas via *FED Funds* (taxa de juros norte-americana), enquanto os passivos (a Dívida Interna) são remunerados basicamente à taxa Selic. A consequência prática dessa estratégia foi a conquista do grau de investimento pelas agências de *rating*.

O Brasil tem, de fato, um *background* mais elevado em termo de resposta macroeconômica à crise. Mas isso não é suficiente para tornar o país imune aos problemas externos. Nossa vulnerabilidade aos problemas externos ainda é muito elevada, dado que qualquer redução de capitais gerará um problema crônico de balanço de pagamentos, fazendo com que o Banco Central aumente os juros básicos. Nossas reservas internacionais podem estar elevadas, mas não podem impedir uma deterioração maior das contas externas.

Apresenta-se, a seguir, gráfico demonstrativo do crescimento do PIB (Produto Interno Bruto) do Brasil.

Diante do cenário apresentado, considerando o constante crescimento brasileiro, nos mais diversos segmentos e também a inflação controlada, tem-se que mencionados fatores aliados se transformam em fator determinante para confirmar a boa expectativa do mercado para os próximos anos.

8.3. Produção de carne de frango no Brasil

O Brasil produziu 12.863 milhões de toneladas de carne de frango no ano de 2011, alta de 4,47% sobre as 12.312 milhões de toneladas de 2010, de acordo com dados divulgados hoje pela Associação Brasileira dos Produtores de Pinto de Corte (APINCO).

PRODUÇÃO DE CARNE DE FRANGO - EM MIL TONELADA **			
PERÍODO	2012	2011	Δ% – 2012/2011
JAN	1.156,40	1.088,31	6,26
FEV	1.051,62	950,59	10,63
MAR*	1.088,20	1.048,70	3,77
ABR*	1.145,10	1.078,98	6,13
MAI*	1.154,00	1.121,02	2,94
JUN*	1.185,40	1.089,22	8,83
JUL*	1.120,50	1.094,72	2,35
AGO*	1.148,80	1.032,74	11,24
SET*	1.098,90	1.048,77	4,78
OUT*	1.145,80	1.104,32	3,76
NOV*	1.178,80	1.067,41	10,44
DEZ*	1.205,10	1.138,39	5,86
JAN/DEZ	13.678,62	12.863,17	6,34

Fonte: SECEX, APINCO ELBORAÇÃO: Safras & Mercado
* Projeções: Safras & Mercado
** Incluindo as exportações de carne salgada

Segundo pesquisa da Safras & Mercado, o Brasil deverá produzir 13,636 milhões de toneladas de carne de frango em 2012, volume que, se confirmado, irá superar em 6,34% aos 12.863 milhões de toneladas registradas em 2011, como podemos ver no quadro abaixo.

De acordo com as projeções da Organização das Nações Unidas para Alimentação e Agricultura (FAO), o Brasil, em 2012, deve consumir cerca de dois terços ou 66% do que produzir. Mas em valores absolutos, o volume exportável pelo Brasil supera os 4 milhões de toneladas, ou seja, 34%.

8.4. O CONSUMO DE CARNE DE FRANGO

Segundo a União Brasileira de Avicultura (UBABEF), em 2012, o mercado avícola, tanto para o mercado interno como para o mercado externo, apresenta crescente produção e consumo.

O Brasil já é o sétimo maior mercado consumidor do mundo. Individualmente, o brasileiro consome 47 kg de carne de frango por ano, ultrapassando os Estados Unidos, que é de 44 kg/ano, logo abaixo dos países islâmicos onde não se consome carne suína. Pesquisa recente aponta que 87% dos brasileiros apreciam carne de frango, e que ela é consumida por todas as classes.

Ranking de consumo *per capita* de frango			
Posição	País	Kg / Hab / Ano	Δ% – 2011/2010
1º	Emirados Árabes	67,2	14,09
2º	Kuwait	64,1	6,48
3º	Barein	61,6	10,79
4º	Arábia Saudita	54	11,57
5º	Jamaica	52,3	10,34
6º	Catar	48,7	14,59
7º	Brasil	47,4	7,48
8º	Gabão	46,9	50,8
9º	EUA	44,4	2,3
10º	Cingapura	38,2	5,52

Fonte: Ubabef e departamento de agricultura dos Estados Unidos (USDA)

8.5. As exportações brasileiras de carne de frango

Segundo pesquisa realizada pela *Rural Business*, com a forte demanda mundial pela carne de frango *in natura* e industrializada, as vendas externas dos frigoríficos que atuam no Brasil seguem apresentando recordes históricos. De janeiro a abril deste ano de 2012, as exportações revelaram um ótimo desempenho dos exportadores brasileiros.

O setor frigorífico exportador de carne de frango soube desenhar uma estratégia competente e no primeiro quadrimestre deste ano obteve um recorde de 1,2 milhão de toneladas embarcadas, confirmando que o consumo segue crescente, principalmente nos países em desenvolvimento.

Mesmo com o preço da tonelada mais baixo, as exportações de frango no período renderam aos frigoríficos atuantes no Brasil o melhor desempenho de todos os tempos, somando US$ 2,3 bilhões, significativo crescimento de 10% frente ao ano anterior, quando movimentou US$ 2,1 bilhões.

Neste quadrimestre, os exportadores receberam por cada tonelada embarcada a outros países uma média de US$ 1.897/t, patamar ficando somente atrás do ano anterior, quando o valor foi de US$ 2.014/t.

Em real, mesmo com as diversas mudanças cambiais vistas nos últimos tempos, o preço médio alcançou a maior marca no histórico, de R$ 3.394/t, revelando uma receita líquida de R$ 2,2 milhões.

Principal destino das exportações de carne de frango do Brasil, o Oriente Médio importou 315,9 mil toneladas entre janeiro e março. Os destaques ficaram com Ásia e África. O volume embarcado para o continente asiático cresceu 16,8%, isto é, 294,1 mil toneladas. Já as exportações para a África totalizaram 158,7 mil toneladas, salto de 40,8%, puxado principalmente pela retomada dos patamares de embarques para o Egito.

PRODUÇÃO DE CARNE DE FRANGO – EM MIL TONELADA **			
PERÍODO	2012	2011	Δ% – 2012/2011
JAN	328,06	295,35	11,08
FEV	280,46	296,40	-5,38
MAR*	355,60	341,06	4,26
ABR*	338,40	325,20	4,06
MAI*	345,60	338,52	2,09
JUN*	345,00	331,40	4,10
JUL*	325,00	310,87	4,54
AGO*	361,00	354,30	1,89
SET*	320,00	304,59	5,06
OUT*	336,00	325,86	3,11
NOV*	364,00	356,46	2,12
DEZ*	356,80	349,31	2,15
JAN/DEZ	4.055,92	3.929,31	3,22

Fonte: SECEX, APINCO ELBORAÇÃO: Safras & Mercado
* Projeções: Safras & Mercado
** Incluindo as exportações de carne salgada

A SECEX (Secretaria de Comércio Exterior) e o MDIC (Ministério do Desenvolvimento, Indústria e Comércio Exterior) apontam que treze unidades federativas (UFs) brasileiras efetuaram embarques de carne de frango para o exterior nos quatro primeiros meses de 2012. Mas só seis deles encerraram o período com resultado positivo na receita cambial: Paraná, São Paulo, Mato Grosso, Distrito Federal, Rondônia e Pará (este último apenas porque não realizou exportações no mesmo quadrimestre de 2011).

Carne de Frango
Unidades federativas exportadoras
1º Quadrimestre de 2012

UF	Receita Cambial US$ MI	Δ%	Volume MIL/T	Δ%
SC	733,631	-5,0%	341,218	0,1%
PR	677,821	7,4%	373,254	12,6%
RS	444,368	-6,2%	238,595	-1,0%
SP	185,192	3,7%	100,581	9,1%
MT	140,211	15,0%	65,876	3,5%
GO	123,504	-3,1%	63,947	-4,7%
MG	104,887	-3,9%	60,738	-0,4%
MS	86,395	-19,4%	37,932	-13,8%
DF	45,505	66,3%	21,582	63,4%
RO	1,273	5,9%	0,695	5,8%
PE	0,671	-11,0%	0,576	4,7%
ES	0,182	-96,7%	0,135	-95,2%
PA	0,115		0,035%	
S	1.855,820	-1,1%	953,066	4,4%
CO	395,614	3,0%	189,336	0,7%
SE	290,261	-1,1%	161,454	3,5%
N	1,388	15,4%	0,730	11,1%
NE	0,671	-20,7%	0,576	-8,6%
BR	2.543,756	-0,5%	1.305,165	3,7%

Fonte: SECEX/MDIC
Elaboração e análises: Avisite

8.6. As tendências do frango brasileiro para próxima década

O Brasil é líder mundial em exportações e o segundo maior produtor de carne de frango, tendo participação de 50% no comércio internacional, de acordo com os dados de 2011 do FAPRI-ISU. A carne de frango gerou US$ 7,5 bilhões em exportações, o que significa 8,41% das receitas dos embarques do agronegócio brasileiro em 2011, de acordo com o MAPA (Ministério da Agricultura, Pecuária e Abastecimento).

Entre 2002 e 2011, a produção de frango cresceu 6,3% ao ano, de 7,5 milhões para 13 milhões de toneladas, alavancado pelo crescimento de 10% ao ano das exportações e de 4,9% do consumo doméstico. Até 2022, o ritmo de crescimento da produção deve ser reduzido substancialmente, para 2,2% ao ano. Isso significa um volume total produzido de carne de frango de 16,8 milhões de toneladas.

Para o período projetado de 2012 a 2022, a demanda doméstica deve crescer 1,6% ao ano, aumentando o consumo *per capita* de 47,5 para 50,7 kg/hab./ano. Esse crescimento é explicado pelo aumento de renda da população, uma vez que o PIB *per capita* deve crescer 3,7% ao ano no período.

Os preços esperados também reforçam a competitividade da carne de frango em relação às outras carnes. De 2002 a 2011, os preços ao produtor representaram, em média, 32% do preço da carne bovina e deve reduzir esta proporção para 27% no período projetado. Adicionalmente, o crescimento da produção de carne de frango é puxada pelas exportações, mas em menor proporção do que se observou no período de 2002 a 2011.

Entre 2011 e 2022, a taxa de crescimento das exportações deverá ser reduzida para 3,4% ao ano, se comparada ao período de 2002 a 2010, que foi de 10% ao ano.

Ainda assim, a participação brasileira no mercado global de frango em 2022 deverá ser 54% do total (considerando um comércio mundial de 10,9 milhões de toneladas de frango, segundo as estimativas do FAPRI-ISU). Isso significa 5 pontos porcentuais adicionais em relação à participação no mercado global em 2010.

Esse crescimento é explicado pelo aumento das importações de mercados relevantes para o frango brasileiro, como os países do Oriente Médio, além da conquista de novos centros importadores na África e a abertura da China para o produto brasileiro.

Assim, o incremento das exportações brasileiras deve ser cada vez mais voltado para os países em desenvolvimento e elas devem representar 35% da produção em 2022, superior aos 31% observados em 2011.

Os mercados tradicionais tais como União Europeia e Japão, devem reduzir o ritmo de crescimento das importações da carne de frango brasileira, em relação ao período de 2002 a 2010, já que o consumo *per capita* desses países deve crescer cerca de 1% ao ano, ou seja, abaixo da expectativa de crescimento para os países em desenvolvimento. Vale ressaltar que as projeções não levam em conta possíveis barreiras comerciais impostas pelos importadores, já que o Brasil tem respondido com eficiência e rapidez para superar essas situações.

Apesar de a Região Sul ser a mais dinâmica na produção de frango, ela deve perder 01 ponto percentual de participação na produção total do Brasil entre 2012 e 2022, passando a representar 54% do total produzido no País. Dinâmica semelhante é observada no Sudeste.

Em valores absolutos, a Região Sul irá ampliar a sua produção em 1,9 milhão de toneladas, seguida pelo Sudeste (652 mil toneladas), Centro-Oeste Cerrado (503 mil toneladas), Nordeste Litorâneo (312 mil toneladas), Nordeste Cerrado (280 mil toneladas) e Norte Amazônia (161 mil toneladas).

As maiores taxas de crescimento anuais ocorrerão no Nordeste Cerrado e no Centro-Oeste Cerrado, devido ao crescimento da produção de grãos nessas regiões e a consequente melhora na competitividade nacional.

Capítulo 9. Causas do desequilíbrio financeiro da empresa 2

Apesar de seu profissionalismo no que tange à sua administração, a empresa não se livrou das intempéries do setor de proteína animal.

A EMPRESA 2 sofreu as consequências de questões ligadas à própria política governamental, excessiva carga tributária e altos juros.

Com as últimas turbulências do mercado financeiro internacional, entre 2009 e 2010, aliado à atual situação do setor de proteína animal, os bancos que sempre vinham irrigando o setor não somente pararam de financiá-lo, como passaram a não renovar operações que estavam vencendo.

Além disso, a escalada de preço das principais *commodities* que compõem o custo do frango como o milho e a soja sofreram um aumento de mais de 75% desde o início de 2010. Isso reduziu ainda mais a margem de contribuição das empresas do setor avícola. Junta-se a isto a redução dos prazos de vendas concedidos pelos fornecedores, o que acarretou a redução drástica do capital de giro da companhia.

Devido a diversas razões imprevisíveis, que fugiram do raio de ação e controle de gestão da empresa, juntamente com as crises que o setor avícola vem enfrentando, a EMPRESA 2 acabou sofrendo um prejuízo considerável.

Em suma, nos últimos anos, as empresas de diversos setores, inclusive o de produção de carne de frango, enfrentaram sérias dificuldades financeiras. Podemos destacar nos próximos itens os principais pontos que provocaram esse MOMENTÂNEO descompasso econômico financeiro da EMPRESA 2.

9.1. Aumento no custo de produção de frango

A variação no custo de produção do frango de corte chegou a alta de 4,29%, sendo essa alta reflexo da política de preços dos insumos utilizados nos sistemas de produção de frangos de corte, ao qual, o grupo de insumos de nutrição sofreu uma elevação no período, devido, principalmente, à quebra de safra de grãos verificada na região sul do Brasil.

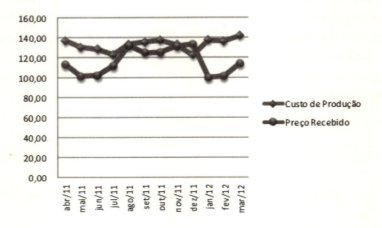

FRANGO VIVO – CUSTO E PREÇO EVOLUÇÃO EM 12 MESES			
PERÍODO	CUSTO*	PREÇO**	VARIAÇÃO DE PREÇO EM RELAÇÃO AO CUSTO
ABR/2011	137,10	113,13	-17,5%
MAI/2011	130,22	101,51	-22,0%
JUN/2011	128,34	102,28	-20,3%
JUL/2011	122,80	111,98	-8,8%
AGO/2011	133,18	131,74	-1,1%
SET/2011	135,68	124,68	-8,1%
OUT/2011	137,58	125,32	-8,9%
NOV/2011	132,99	131,20	-1,3%
DEZ/2011	122,42	133,26	8,9%
JAN/2012	137,46	100,00	-27,3%
FEV/2012	136,20	101,39	-25,6%
MAR/2012	142,01	113,92	-19,8%

Fonte dos dados básicos: Embrapa Suínos e Aves e Jox

Elaboração e análise: AVISITE

*ICP Frango da Embrapa Suínos e Aves para o Paraná: AVISITE

**Base: preço médio mensal no interior paulista

9.2. Aumento no preço das *commodities*

Importante ressaltar que, segundo estudo realizado pela Embrapa (Empresa Brasileira de Pesquisa Agropecuária), a ração destinada à cria, recria e engorda do frango, representa 67% do custo de produção de frangos vivos e 55% do custo do frango abatido, sendo que o milho corresponde a 67% da ração, e o farelo de soja, a 33%, sendo outros ingredientes apenas marginais.

Apresenta-se, a seguir, um gráfico demonstrativo da evolução dos preços do milho e da soja:

SOJA EM GRÃO – SACA DE 60 KG (ESTADO DE SÃO PAULO)

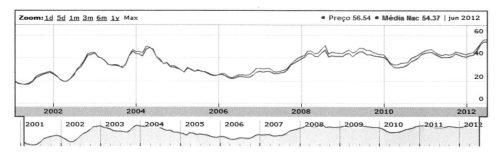

Fonte: Agrolink

MILHO SECO – SACA DE 60 KG (ESTADO DE SÃO PAULO)

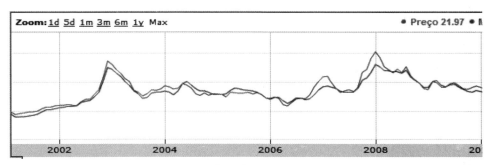

Fonte: Agrolink

9.3. Desvalorização do câmbio

Podemos dizer também que, no cenário brasileiro, a política monetária econômica, com a desvalorização do câmbio, apontou para uma redução nos níveis de exportação de carne de frango nos últimos tempos, o que acaba por superofertar o mercado interno.

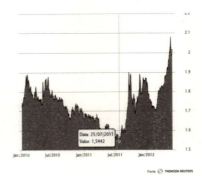

Até o mês de julho de 2011, as baixas cotações do real (R$) frente ao dólar americano (US$) inviabilizaram as margens de lucro nas exportações. A falta de uma política sustentável para estímulo da exportação e garantias para o exportador por parte do Governo Federal tem dificultado a exportação, pois acaba prejudicando as margens operacionais diante da instabilidade.

9.4. Recorrência a bancos e elevado custo financeiro

Tendo em vista as necessidades de capital de giro frente ao crescimento do faturamento e investimentos nos últimos exercícios, a EMPRESA 2 se viu obrigada a recorrer aos bancos para garantir e continuar honrando seus compromissos. Assim aumentando em 27,77% seus empréstimos e financiamentos de curto e longo prazo no período entre 2010 e 2011.

As taxas de juros e os *spreads* bancários no mercado financeiro, por força de redução dos níveis mundiais de liquidez, também dispararam no mercado interno. Dessa forma, os custos financeiros das captações passaram a corroer a rentabilidade das operações da EMPRESA 2.

Adiante, observa-se demonstrativo da evolução da taxa SELIC (taxa básica de juros) de 2002 a 2012:

Evolução da Taxa Selic Brasil

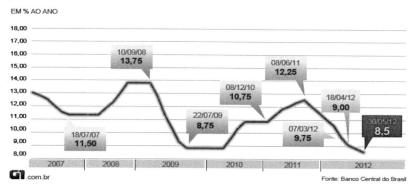

Fonte: Banco Central do Brasil

Apesar da política do Banco Central para redução de taxas, o Brasil apresenta uma das maiores taxas de juros do mundo.

Assim sendo, os elevados custos financeiros contribuíram para que a empresa passasse a registrar cada vez maiores volumes de despesas financeiras.

9.5. Inadimplência com fornecedores

Para garantir os compromissos com bancos e fornecedores, a empresa iniciou, no primeiro trimestre de 2012, uma tentativa de alongamento na quitação da sua dívida. Essa investida fracassou, uma vez que devido à inadimplência com seus principais fornecedores, eles apenas cobraram as linhas de crédito existentes. As medidas de cobrança tomadas por eles acabaram por desencadear o pedido de recuperação judicial.

9.6. Reajustes de mão de obra superiores à inflação

No Brasil, nos últimos exercícios, observa-se que vem sendo concedidos reajustes salariais superiores aos níveis inflacionários, o que consequentemente trouxe reflexos aos dissídios de cada categoria de trabalhadores. Apresentamos, a seguir, quadro demonstrativo dos reajustes salariais concedidos aos trabalhadores do setor, em comparação com os indicadores de inflação:

Ano	Reajuste médio	Inflação
2011	8,80%	6,50%
2010	6,42%	5,91%
2009	5,84%	4,31%
2008	9,00%	5,90%

9.7. Aumento de custos com energia elétrica

No Brasil, os reajustes de tarifa de energia elétrica determinados às concessionárias também têm sido superiores aos níveis inflacionários. Esses reajustes são determinados pela Agência Nacional de Energia Elétrica (ANEEL). A EMPRESA 2 registrou um custo médio de R$ 51.253 com energia elétrica, o que equivale a 17,89% da receita líquida.

9.8. Política tributária

O estado de São Paulo penaliza cada vez mais o setor avícola. Além disso, o governo paulista não efetua qualquer tipo de proteção para os abatedouros locais, o que é uma política já adotada por todos os outros estados. O governo ainda dificulta cada vez mais a devolução dos valores do ICMS que estão embutidos nos principais componentes da ração (milho e soja), penalizando o caixa das empresas.

Não só o estado de São Paulo, mas também o Governo Federal, apesar da criação da SRF (Secretaria da Receita Federal do Brasil) para a administração única dos impostos federais, coloca dificuldades na compensação de créditos tributários administrativos pelo mesmo órgão.

CAPÍTULO 10. DA REESTRUTURAÇÃO DA EMPRESA 2 (ART. 53 DA LRJ)

A equipe da EMPRESA 2 vem trabalhando arduamente para a redução de custos e despesas visando rentabilizar a operação. O resgate da credibilidade junto aos colaboradores e fornecedores também tem sido uma das prioridades da companhia.

Outras medidas estão sendo adotadas visando à melhoria de valor agregado de seus produtos e o desenvolvimento de novas mercadorias, objetivando atender aos segmentos diferenciados do mercado.

A estratégia de integração da empresa está sendo reestruturada visando atingir a máxima eficiência. Adiante, indicamos um resumo das ações que já foram ou serão tomadas para melhorar o planejamento financeiro operacional da EMPRESA 2.

10.1. MEDIDAS JÁ ADOTADAS OU EM FASE DE IMPLEMENTAÇÃO PELA ADMINISTRAÇÃO

10.1.1. Busca de tecnologia no abate

A empresa está investindo em tecnologia de abate visando à redução de custos, a melhoria da qualidade de seu produto final e melhora de rendimento industrial no abatedouro.

10.1.2. Ampliação da armazenagem

A empresa está ampliando o seu centro de distribuição visando à otimização de sua operação logística. A economia prevista é da ordem de milhares de reais mensais. Atualmente, a empresa aluga um centro de distribuição e possui um alto custo de transferência (frete e carregamento) e perdas inerentes ao processo.

10.1.3. Renegociação dos créditos não sujeitos a recuperação judicial

Os créditos extraconcursais não sujeitos aos efeitos da recuperação judicial (ACCs, *Leasings* e Alienações Fiduciárias) estão sendo renegociados com as instituições financeiras visando ao alongamento da dívida e redução do custo financeiro.

10.1.4. Revisão do *mix* de produção

Está sendo efetuada uma reformulação do *mix* de produção visando aumentar o volume de produtos com alto valor agregado, tais como os desossados e produtos marinados. Esta medida busca atingir nichos de mercado, os quais estão dispostos a pagar um preço melhor por produtos diferenciados.

10.1.5. Revisão da estratégia comercial

Trabalhar vendas pulverizadas focando a prestação de serviços e não somente a venda de *commodities*, buscar parcerias comerciais tentando introduzir o produto em segmentos ainda pouco explorados e com margens melhores (cozinhas industriais, *food service* e pequenos varejos).

A companhia está traçando um planejamento comercial envolvendo todas as áreas operacionais da empresa, para ter todos os envolvidos com o foco na área comercial, ou seja, o cliente passa ser a peça chave do processo.

10.1.6. Origem de matéria-prima

Focar na compra de todos os insumos (que possuem incentivos de impostos) necessários à produção dentro do estado de São Paulo. Atualmente, o processo para reaver o crédito de ICMS oriundo da compra interestadual tem sido moroso, prejudicando o caixa e a rentabilidade da companhia.

Também estamos trabalhando na compra de todos os insumos com prazos curtos, buscando não pagar nenhum acréscimo financeiro ou *spread* de risco na operação. A empresa efetuava a maioria de suas compras com prazo médio de 65 dias. Atualmente, o prazo médio de compras está em 07 dias, o custo financeiro que estava embutido nesta operação chegava a 5% ao mês.

10.1.7. Melhoria no programa de integração

Trabalhar junto à equipe de integração visando melhorar os resultados de campo. Um dos trabalhos que já está em fase de implementação é a melhoria na qualidade das granjas, focando na "ambiência". Esse projeto tem como resultado a melhora na ração convertida com um custo mais baixo de frango produzido.

10.1.8. Retomada da credibilidade com credores

Intenso processo de discussão com os principais credores da empresa foi iniciado no sentido de manutenção dos serviços essenciais à atividade e também no fornecimento de matérias-primas fundamentais para o processo produtivo. A empresa está em um processo contínuo de retomada da credibilidade.

10.1.9. Redução de despesas administrativas, comerciais e industriais

Uma ampla revisão nos custos está sendo desenvolvida visando à redução de gastos com comissões, remunerações com integrados e fretes (abatido, vivo e ração).

10.1.10. Eliminação de vendas com baixas margens

Está sendo efetuado um trabalho de redução das vendas interestaduais, pois a maioria destas negociações são de carga fechada e com preços marginais, o que acaba por corroer a rentabilidade do negócio. Assim sendo, o foco das vendas está voltado para o mercado local.

10.1.11. A marca empresa 2

A EMPRESA 2 possui um capital intangível plenamente identificável, que é a sua marca. A estratégia envolvendo-a passa pela consolidação e fortalecimento da marca através de campanhas e ações mercadológicas. A marca possui um *goodwill* inquestionável, que será fator decisivo no processo de recuperação judicial da empresa.

Capítulo 11. Das premissas econômicas financeiras adotadas neste plano (art. 53, II, da LRJ)

11.1. Viabilidade econômica

A lei de recuperação de judicial, interpretada à luz do princípio da preservação, envolve, além das importantes reestruturações operacionais e mercadológicas, o raciocínio lógico-científico do consultor na análise e avaliação criteriosas dos resultados financeiros a serem alcançados através das medidas propostas.

No presente plano, a análise financeira dos resultados projetados foi feita, como pede o rigor, sob a perspectiva tridimensional da ciência e política contábil e da moderna gestão no mercado globalizado.

Os administradores e os consultores da EMPRESA 2 cuidaram, desde o primeiro momento desta fase em reiterar políticas e implantar relatórios de acompanhamento que permitirão a constante verificação do andamento das operações para a necessária análise de alternativas e correção de rumos.

Entretanto, a melhor contribuição do modelo proposto foi a elaboração de um modelo de relatório gerencial que primou pela qualidade da projeção dos resultados a serem alcançados via implementação deste plano, feita a partir da captação das medidas de recuperação estudadas pelos administradores da EMPRESA 2.

Assim sendo, foram feitas projeções de custos, despesas e receitas da empresa para o período de 14 anos.

Apresenta-se, ainda, a Demonstração de Resultados Projetados, que deverá ser sempre confrontada com os dados reais para as devidas avaliações, o que, em última análise, permite a identificação de eventuais desvios e a imediata implementação de ações corretivas, tornando o plano flexível e acompanhável.

O modelo foi acoplado a uma Demonstração de Fluxos de Caixa Projetados, que reflete, em bases anuais, na capacidade da empresa para o cumprimento dos compromissos assumidos: a liquidação dos valores devidos.

Finalmente, também é apresentado o Demonstrativo de Pagamento a Credores. Esses demonstrativos contemplam as diversas modalidades de amortização da dívida propostas pela empresa, as quais se encontram detalhadamente comentadas no item 14 deste plano.

11.2 . Premissas utilizadas para as projeções financeiras

Inicialmente, é importante ressaltar que as premissas que foram utilizadas na elaboração das projeções de resultado e fluxo de caixa são as seguintes:

- Fundamentar projeções na mais realista probabilidade de consecução das metas referentes às áreas comercial (quantidades e preços de venda), administrativa e econômico-financeira, conforme explicado no texto desta proposta;
- Determinar, como principal objetivo, que os saldos acumulados finais de caixa sejam positivos, confirmando a capacidade de recuperação da empresa;
- Destacar que é absolutamente imprescindível a concessão dos prazos de carência estabelecidos no item 14 deste plano;
- O valor constante da 1ª relação de credores será utilizado como base para o presente Plano.

Até a data da realização da assembleia geral de credores (art. 56 da LRJ) tenha sido apresentada à 2ª relação de credores pelo administrador judicial (CF. art. 7º, § 2º da lei nº 11.101/05), os credores constantes dessa nova relação terão o mesmo tratamento que será dado aos credores da primeira lista de credores no presente plano.

Apresentam-se, a seguir, as principais premissas utilizadas para a determinação e projeção de resultados e do fluxo de caixa da empresa para os próximos exercícios.

Dados foram suprimidos para preservar informações da empresa.

No fluxo de caixa também estão computados todos os custos inerentes à recuperação judicial (honorários do administrador e consultorias jurídica e financeira).

Este plano não prevê proposta individual para os credores que não se sujeitarem aos efeitos da recuperação judicial. Estes créditos serão negociados caso a caso. Contudo, já estão provisionadas as verbas para os pagamentos destes créditos no fluxo de caixa projetado.

Os créditos em moeda estrangeira, no que diz respeito a taxa de câmbio aplicável, serão convertidos para a moeda corrente nacional de acordo com a PTAX 800, opção "Venda", divulgada pelo Banco do Brasil na véspera do pagamento.

Por fim, ressalta-se que a adequada recuperação da empresa, que se dará pela implementação das medidas previstas neste plano, dependerá de diversos fatores, pois além da boa vontade, do conhecimento, da experiência e da capacidade de todos os envolvidos, sejam eles administradores, consultores, cada qual com suas habilidades, o sucesso desta recuperação também dependerá de fatores externos, tais como a política cambial e monetária, política de juros, modificações na carga tributária, etc., fatores esses, que hoje são imprevisíveis. **Até por isso este plano se baseia numa análise conservadora do cenário, sem falsas promessas, com o objetivo de simplesmente buscar a aprovação do plano pelos credores.**

Recomenda-se, portanto, que, para superar esses obstáculos imponderáveis no momento, é importante manter-se sempre atualizado, sem perder de foco o objetivo principal da empresa, ou seja, a obtenção de resultados positivos.

As planilhas trazidas como anexos ao presente plano demonstram de forma inequívoca que a EMPRESA 2 é uma empresa viável, posto que poderá manter-se no mercado, gerar recursos em longo prazo para pagar seus credores e manter, assim, o negócio em bom funcionamento.

Destaque-se, quanto à viabilidade econômica, que o negócio da EMPRESA 2 possui mercado para uma ampla expansão, assim, tanto pelas planilhas anexas, como pelo cenário macroeconômico e pelos mercados em que atua, é evidente que a EMPRESA 2 é economicamente capacitada, especialmente no que se refere à busca de parcerias e desenvolvimento de novos mercados, procurando aumentar a sua rentabilidade.

Todos os fatores acima, trabalhados em conjunto, especialmente, as novas estratégias empresariais e financeiras, levarão novamente a EMPRESA 2 a uma posição de destaque no setor de avicultura, implicando em sua recuperação. Prevalecerão, assim, os princípios da função social da empresa, da manutenção da fonte geradora de empregos e de tributos, dando valia ao espírito norteador da lei 11.101/05.

Capítulo 12. Avaliação dos bens

12.1.

Dados foram suprimidos para preservar informações da empresa.

12.2. Capital tangível

O Laudo de Avaliação foi preparado por peritos independentes e está sendo apresentado juntamente com este plano de recuperação.

Além dos bens patrimoniais integrantes do ativo imobilizado da empresa, registra-se ainda que a EMPRESA 2 possui estoque de mercadorias, conforme evidenciado em seus balancetes contábeis.

Capítulo 13. Classificação dos credores

O quadro de credores da EMPRESA 2 é predominantemente composto por fornecedores e instituições financeiras. Com relação aos fornecedores, observa-se que os créditos, em sua grande maioria, são originários de estreito e antigo relacionamento comercial, adquiridos no desempenho do objetivo social da empresa.

Dessa forma, o resumo dos credores da EMPRESA 2, detalhado por grupos, segue abaixo:

Gráfico de Representatividade por Classe de Credores

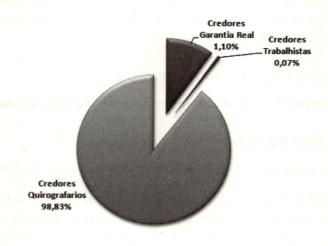

Capítulo 14. Do pagamento aos credores

A presente recuperação judicial possui 3 classes de credores: trabalhistas, os de garantia real e os quirografários.

Estão sendo considerados na listagem de credores os valores informados na relação geral de credores. A referida lista será objeto de análise e ajustes pelo administrador judicial, que divulgará nova listagem oportunamente, conforme previsão do art. 7º, § 2º da LRJ.

O plano de pagamento foi concebido levando-se em consideração as projeções do fluxo de caixa livre. Referidas projeções foram elaboradas partindo-se dos relatórios gerenciais e contábeis da EMPRESA 2 e realizando-se projeções para os próximos 15 anos, incluindo-se algumas variáveis e fatores determinantes econômico-financeiros e de mercado.

14.1. Pagamento aos credores – trabalhistas

Dados foram suprimidos para preservar informações da empresa.

14.1.1. Credores trabalhistas da lista atual

O tratamento que será dado aos credores constantes na atual lista será:

- Carência de 6 meses a partir da publicação da decisão que homologar o plano de recuperação judicial. Após a carência, os créditos trabalhistas terão seu valor integral, pagos em 6 parcelas mensais, vencendo-se a primeira no 5º dia útil do 6º mês após a homologação e assim sucessivamente;
- Todos os acordos firmados na esfera trabalhista serão cumpridos.

14.1.2. Credores trabalhistas que tiverem seus créditos reconhecidos e habilitados após a elaboração da 2ª relação geral de credores

Tendo em vista que podem existir processos trabalhistas em trâmite, ou a serem ajuizados no período de dois anos da rescisão do contrato de trabalho, em que se discutem verbas controversas e alheias ao parágrafo único do artigo 54 da lei 11.101/05, tomando por base o princípio legal, e evitando privilegiar credores da mesma classe, a EMPRESA 2 pagará aludidas verbas, após a habilitação no processo de recuperação judicial, na mesma forma descrita na no item 14.1.1, alínea "a".

14.1.3. Atualização de valores

Os valores serão atualizados pela TR (taxa referencial) somente a partir da decisão que homologar a aprovação do plano.

14.1.4. Encargos sociais

Os encargos sociais relacionados à classe trabalhista serão pagos e/ou parcelados na forma prevista em lei.

14.1.5. Pagamento a credores trabalhistas com ação em andamento e FGTS

Os valores decorrentes de créditos trabalhistas devidos em razão de condenações judiciais devem ser depositados no juízo de origem. Os valores de correntes de Fundo de Garantia do Tempo de Serviço (FGTS) devem ser depositados nas respectivas contas vinculadas.

14.2. PAGAMENTO AOS CREDORES COM GARANTIA REAL

Apresentamos, a seguir, esclarecimentos quanto à proposta técnica e quanto à forma de pagamento aos credores com garantia real.

O pagamento dos credores inseridos nesta classe é de 14 anos, levando em consideração o período de carência (1 ano).

Assim, a proposta de pagamento para a classe é:

- Carência de 1 ano para início dos pagamentos, contados a partir da intimação da decisão que homologar o plano de recuperação judicial;
- Pagamento de 50% do valor de cada credor constante da relação de credores;
- Os valores serão corrigidos pela taxa de TR + 1% ao ano;
- Pagamento de R$ 2.500,00 por credor até o limite do valor reconhecido na lista de credores no primeiro ano após a carência;

- Pagamento do saldo remanescente, conforme percentual de amortização abaixo, sendo que os percentuais abaixo incidem sobre 50% do saldo devedor de cada credor;
- Pagamentos serão realizados em duas parcelas semestrais e iguais, vencendo-se a primeira 90 dias após o período de carência e a segunda parcela 180 dias após o período de carência;
- O pagamento dessa classe, considerando as premissas utilizadas, é de 14 anos, conforme quadro apresentado no item 14.6.

14.3. PAGAMENTO AOS CREDORES – QUIROGRAFÁRIOS

Apresentamos, a seguir, esclarecimentos quanto à proposta técnica e quanto à forma de pagamento aos credores quirografários.

O pagamento dos credores inseridos nesta classe é de 14 anos, levando em consideração o período de carência (1 ano).

Assim, a proposta de pagamento para a classe é:

- Carência de 1 ano para início dos pagamentos, contados a partir da intimação da decisão que homologar o plano de recuperação judicial;
- Pagamento de 50% do valor de cada credor constante da relação de credores;
- Os valores serão corrigidos pela taxa de TR + 1% ao ano;
- Pagamento de R$ 2.500,00 por credor até o limite do valor reconhecido na lista de credores no primeiro ano após a carência;
- Pagamento do saldo remanescente, conforme percentual de amortização abaixo, sendo que os percentuais abaixo incidem sobre 50% do saldo devedor de cada credor;

Ano 1	Carência
Ano 2	Pgto. fixo 2.500 por credor
Ano 3	5%
Ano 4	5%
Ano 5	5%
Ano 6	5%
Ano 7	8%
Ano 8	8%
Ano 9	8%
Ano 10	10%
Ano 11	10%
Ano 12	12%
Ano 13	12%
Ano 14	12%
Ano 15	0%

- Pagamentos serão realizados em duas parcelas semestrais e iguais, vencendo-se a primeira 90 dias após o período de carência e a segunda parcela 180 dias após o período de carência;
- O pagamento dessa classe, considerando as premissas utilizadas, é de 14 anos conforme quadro apresentado no item 14.6.

14.4. Outras considerações sobre as propostas de pagamento a credores

Destaque-se que a metodologia de pagamento, conforme previsto no item 11 deste plano, cumpre os seguintes requisitos:

- Cumprimento das determinações da LFRE, especialmente, do artigo 50, I e XI;
- Tratamento igualitário entre credores da mesma classe;
- Viabilidade financeira do plano;
- Fazer prevalecer o espírito da lei, tratando seus credores, parceiros históricos da empresa, com justiça e bom senso.

14.4.1 Pagamento aos credores ausentes ou omissos

Os valores devidos aos credores nos termos deste plano serão pagos por meio da transferência direta de recursos à conta bancária do respectivo credor, por meio de documento de ordem de crédito (DOC) ou de transferência eletrônica disponível (TED).

Os credores devem informar à recuperanda, via carta registrada enviada ao endereço de sua sede e dirigida à diretoria, seus dados bancários para fins de pagamento. A conta deverá obrigatoriamente ser de titularidade do credor, caso contrário, ele deverá obter autorização judicial para pagamento em conta de terceiros.

Não haverá a incidência de juros ou encargos moratórios, se os pagamentos não tiverem sido realizados em razão de os credores não terem informado, com no mínimo 30 dias de antecedência do vencimento, suas contas bancarias.

Os pagamentos que não forem realizados em razão de os credores não terem informado suas contas bancárias não serão considerados como descumprimento do plano.

Caso o credor não forneça os seus dados dentro do prazo dos pagamentos, os valores devidos a este credor determinado ficarão no caixa da empresa.

14.5. Créditos quirografários e com garantia real reconhecidos após a segunda relação de credores divulgada pelo administrador judicial

Os créditos com garantia real e quirografários retardatários, reconhecidos após a publicação da segunda relação de credores da EMPRESA 2, serão pagos de acordo com a proposta de pagamento para a respectiva classe.

14.6. Descumprimento do plano

O plano somente será considerado descumprido na hipótese de mora no pagamento de 3 parcelas previstas neste plano.

Eventual mora no descumprimento de qualquer parcela poderá ser purgada no prazo de 30 dias a contar da data de vencimento.

14.7. Demonstrativo de pagamento a credores

a. Valores destinados para pagamento – credores com garantia real
b. Dados foram suprimidos para preservar informações da empresa.
c. Valores destinados para pagamento – credores quirografários
d. Dados foram suprimidos para preservar informações da empresa.

14.8. Prazos para pagamento

Todos os prazos constantes neste plano começam a valer a partir da intimação da sentença que homologar a aprovação do plano de recuperação judicial da EMPRESA 2, salvo expressa disposição em contrário constante na mesma.

14.9. Impostos

Os acionistas da EMPRESA 2 têm convicção que é preciso envidar todos os esforços para regularização dos tributos municipais, estaduais e federais vencidos. Para isso, se utilizará das prerrogativas constantes do Artigo 68 – lei 11.101/2005, e solicitará os parcelamentos específicos editados pelas Fazendas públicas municipais, estaduais e federais.

Há ainda que se ressaltar que a confusão gerada pelo emaranhado das leis tributárias sobre os variados segmentos de atividade empresarial exige um estudo minucioso da situação tributária da empresa. A cada momento são editadas medidas cujo principal objetivo é permitir o aumento da arrecadação.

Assim sendo, o principal objetivo da EMPRESA 2 é o pagamento de todos os seus tributos, mas sem comprometer a operação da empresa. Devido à morosidade e burocracia que enfrentamos no Brasil, até a presente data nada foi estabelecido de concreto no que diz respeito ao parcelamento dos impostos das empresas em recuperação judicial.

Diante desse quadro, a EMPRESA 2 efetuará um levantamento de todo o seu passivo fiscal federal, estadual e municipal, de maneira a efetuar o expurgo das ilegalidades contidas nos valores que estão sendo cobrados pelos órgãos competentes.

Dessa forma, as premissas do planejamento tributário que está sendo efetuado na EMPRESA 2 podem ser resumidas em:

- A empresa continuará com os parcelamentos vigentes junto aos órgãos competentes;
- Exercício de cidadania: recurso ao Judiciário para proteger seus direitos ofendidos;
- Expurgo das fórmulas irregulares de cobrança de juros, multas e encargos legais;
- Adequação dos pagamentos ao fluxo de caixa do contribuinte;
- Medidas jurídicas de maneira a acelerar as compensações de créditos perante a Secretaria da Receita Federal do Brasil;
- Para fins de elaboração desse plano, foram considerados os parcelamentos vigentes na empresa conforme levantamento junto ao departamento fiscal.

Capítulo 15. Do adicional EBITDA

Os recursos gerados anualmente pelo adicional do EBITDA (em português, LAJIDA – lucro antes de juros, impostos, depreciação e amortização) pela empresa 2 serão distribuídos entre os credores, para liquidação dos 50% do saldo remanescente de cada credor, sendo que esta regra se aplicará no decorrer dos primeiros 14 anos.

- EBITDA médio projetado nos 14 anos 6,91%;
- Os recursos oriundos do EBITDA acima de 7% serão destinados:

    a. 50% para distribuição proporcional entre os credores;

    b. 50% para reinvestimento e reserva de caixa da empresa;

    c. O adicional de EBITDA será apurado do terceiro ano em diante (ano calendário, após a intimação da sentença que homologar o presente plano), sendo que, o pagamento será efetuado em 2 parcelas semestrais, a primeira a vencer 90 dias após o fechamento do resultado e a segunda 180 dias após o fechamento do resultado.

Para fins deste plano de recuperação judicial, fica desde já estabelecido que o conceito de EBITDA (para fins de pagamento aos credores) será efetuado utilizando-se os mesmos critérios de cálculo dos utilizados nas planilhas de projeção de fluxo de caixa.

Capítulo 16. Auditoria externa

Os acionistas da EMPRESA 2 se comprometem a contratar auditoria independente de forma a emitir parecer referente às demonstrações contábeis anuais da companhia, adicionando-as nos autos do processo de recuperação judicial. Esta medida tem por objetivo trazer transparência para os credores e todos os envolvidos no processo da recuperação judicial.

Capítulo 17. Alteração do Controle – "Venda do Negócio"

Na hipótese da alienação do controle da companhia, o presente plano autoriza a "Venda do Negócio", sendo que para tal será constituída uma comissão de credores específica, de acordo com as regras abaixo:

- Representantes de todas as classes (trabalhista, garantia real e quirografários) e representante dos acionistas;
- Na classe de credores trabalhista, os valores em aberto devem respeitar o plano de recuperação judicial. Esta classe terá direito de eleger um representante;
- Na classe de credores com garantia real, os credores terão direito de eleger um representante;
- Na classe de credores quirografários (os quais representam a maioria dos créditos), a cada 6 milhões de crédito, os credores terão o direito de eleger 1 representante, sendo que cada credor, mesmo que possua crédito superior a 6 milhões, poderá eleger apenas 1 representante;
- Para submissão de qualquer proposta de venda à aprovação deste comitê, a mesma deverá, primeiramente, ter anuência do representante do acionista;
- A proposta deverá ser aprovada em todas as classes e, concomitantemente, pela maioria dos créditos do comitê em valor.

Capítulo 18. Venda de ativos inservíveis

Fica garantida à empresa a plena gerência de seus ativos, restando autorizado, com a aprovação do plano, a alienação de ativos inservíveis, ou cuja alienação não implique em redução de atividades da recuperanda, ou quando a venda se seguir de reposição por outro bem equivalente ou mais moderno.

Da mesma forma, fica permitida a disponibilização dos bens para penhor, arrendamento ou alienação em garantia, respeitadas, quanto à valoração dos bens, as premissas válidas para o mercado.

Se os ativos forem imóveis e/ou conjuntos de bens pertencentes ao estabelecimento empresarial, serão vendidos em praça única convocada pelo MM. Juízo da Recuperação, através de leiloeiro experiente de indicação da vendedora, como unidade isolada que são, nos termos da lei de recuperações, sem sucessão de qualquer forma aos arrematantes, conforme determina o art.60 parágrafo único da LRF, devendo a devedora apresentar previamente em juízo laudo de avaliação confeccionado por empresa com experiência comprovada.

Os recursos obtidos com tais vendas comporão o caixa da empresa, fomentando assim a sua atividade, e possibilitarão o pagamento a seus credores e o cumprimento do plano de recuperação.

Capítulo 19. Outros meios de recuperação

Conforme estabelece o art. 50 da lei 11.101/05, outros meios poderão ser utilizados para prover a recuperação da empresa, sendo que todas as medidas abaixo podem ser tomadas, desde que os valores dos credores sejam prioritariamente liquidados com os recursos oriundos das medidas a serem implantadas.

I. Concessão de prazos e condições especiais para pagamento das obrigações vencidas ou vincendas;

II. Cisão, incorporação, fusão ou transformação de sociedade, constituição de subsidiária integral, ou cessão de cotas ou ações, respeitados os direitos dos sócios, nos termos da legislação vigente;

III. Alteração do controle societário;

IV. Aumento de capital social;

V. Trespasse ou arrendamento de estabelecimento, inclusive à sociedade constituída pelos próprios empregados;

VI. Redução salarial, compensação de horários e redução da jornada, mediante acordo ou convenção coletiva;

VII. Doação em pagamento ou novação de dívidas do passivo, com ou sem constituição de garantia própria ou de terceiro;

VIII. Constituição de sociedade de credores;

IX. Venda parcial dos bens;

X. Equalização de encargos financeiros relativos a débitos de qualquer natureza, tendo como termo inicial a data da distribuição do pedido de recuperação judicial, aplicando-se inclusive aos contratos de crédito rural, sem prejuízo do disposto em legislação específica;

XI. Usufruto da empresa;

XII. Administração compartilhada;
XIII. Emissão de valores mobiliários;
XIV. Constituição de sociedade de propósito específico para adjudicar, em pagamento dos créditos, os ativos do devedor.

Capítulo 20. Alterações do plano, permissões e convocação de nova assembleia geral de credores

Entende a EMPRESA 2 que, como costumeiramente tem ocorrido em outras recuperações judiciais, outras formas alternativas de recuperação da empresa e de pagamento aos credores podem ser propostas, alteradas ou mesmo viabilizadas na assembleia geral de credores, observadas as disposições previstas na lei 11.101/05.

Aludidas propostas poderão, no futuro, serem viabilizadas no prazo legal aos credores, e, por certo, terão como premissas a melhor forma de recuperação da empresa, com o menor sacrifício à sociedade, aos seus sócios e aos credores.

Entretanto, com absoluta segurança, os administradores da EMPRESA 2 entendem que a forma proposta no presente plano é a melhor dentre as previstas em lei, a mais factível e a que realmente preserva os interesses dos credores, eis que possibilita o pagamento de seus créditos.

Além dos casos previstos em lei, havendo questão relevante a ser debatida, o devedor ou o administrador judicial poderão requerer a convocação urgente de uma nova AGC, e as decisões eventualmente tomadas pelos credores serão feitas nos termos da lei e obrigará todos os Credores Concursais, inclusive os dissidentes, como já prevê a LRF, mesmo após o decurso dos dois anos para encerramento da recuperação judicial.

Capítulo 21. Outros efeitos inerentes à aprovação do plano

21.1. Suspensão das ações de recuperação de crédito

Após a aprovação do plano de recuperação judicial, deverão ser suspensas todas as ações de cobrança, monitórias, execuções judiciais ou qualquer outra medida judicial ajuizada contra a EMPRESA 2, inclusive os seus quotistas, administradores e/ou garantidores, a qualquer título, inclusive por avais e fianças de seus sócios e respectivos cônjuges, referente aos créditos sujeitos à recuperação judicial e que tenham sido novados pelo plano aprovado, salvo se de maneira diversa e expressa tiver sido pactuado pelas referidas pessoas físicas em ação própria.

É vedada, ainda, a constrição de bens e prosseguimento processual enquanto o plano aprovado estiver sendo regularmente cumprido. Os processos permanecerão suspensos enquanto as obrigações assumidas neste plano estiverem sendo cumpridas a tempo e modo, até eventual solução, resilição ou alteração do plano aprovado.

Os credores não poderão ajuizar novas ações de cobrança, execução ou de qualquer outro título no intuito de reaver os créditos incluídos na recuperação judicial, mesmo que cedidos a terceiros, por endosso ou cessão de crédito, ou de período abrangido pela recuperação, salvo no caso de descumprimento do Plano, nos termos dos artigos 58 e 59 da lei nº 11.101/2005.

No caso de interposição de ação em razão dos créditos referidos no parágrafo acima, não poderá o patrimônio da empresa e dos seus devedores solidários sofrer qualquer espécie de ônus na tentativa de cumprimento de ato executório.

21.2. Novação da dívida

A aprovação do plano acarretará, por força do disposto no art. 59 da lei nº11.101/2005, a novação das dívidas sujeitas à recuperação, e também daquelas não sujeitas à recuperação, que foram relacionadas e não contestadas pelos respectivos credores.

Com a aprovação deste plano de recuperação, a novação das dívidas se estenderá de maneira condicional em relação aos diretores da EMPRESA 2, que figuram como avalistas, fiadores e coligados ou devedores solidários na maioria das obrigações sujeitas a recuperação, ou seja, enquanto a empresa estiver adimplente com o plano de recuperação judicial, operará a novação.

21.3. SUSPENSÃO DA PUBLICIDADE DOS PROTESTOS

Uma vez o plano de recuperação judicial aprovado, consolidada a novação de todos os créditos sujeitos à recuperação judicial, todos os credores concordarão com suspensão da publicidade dos protestos efetuados, desde que o plano de recuperação judicial esteja sendo cumprido nos termos aprovados, ordem esta que poderá ser tomada pelo Juiz da recuperação judicial a pedido da recuperanda desde a data da concessão da recuperação.

Após o pagamento integral dos créditos, nos termos e formas estabelecidos neste plano, os respectivos valores serão considerados integralmente quitados e o respectivo credor dará a mais ampla, geral, irrevogável e irretratável quitação, para nada mais reclamar a qualquer título, contra quem quer que seja, sendo inclusive obrigado a fornecer, se for o caso, carta de anuência, nos casos de títulos protestados. Os credores também concordam com a imediata suspensão da publicidade dos protestos, enquanto a recuperação estiver sendo cumprida.

Sendo assim, serão civilmente responsáveis por todos os prejuízos que causarem, por culpa ou dolo, os credores (as empresas e seus dirigentes) que mantiverem os protestos vigentes enquanto o plano de recuperação judicial estiver sendo cumprido nos termos aprovados ou após a quitação dos débitos.

Capítulo 22. Da falência

> No direito brasileiro, abstraída a hipótese de desistência, não há terceira alternativa: quem requer o benefício da recuperação judicial ou o obtém ou terá sua falência decretada.
>
> Comentários à nova Lei de Falências e Recuperação de Empresas – Fábio Ulhoa Coelho – 4ª. Edição, pag. 73

Hipóteses de decretação da falência:

- Deliberação dos credores;
- Não apresentação do plano de recuperação pelo devedor no prazo;
- Rejeição do plano de recuperação pela assembleia geral de credores;
- Descumprimento do plano de recuperação.

Como se pode observar, a nova lei é rigorosa no que diz respeito ao cumprimento do plano de recuperação judicial. Assim sendo, afastada a hipótese de decretação da falência pela não apresentação do plano de recuperação judicial, a decisão pela concessão da recuperação judicial da empresa está nas mãos da assembleia de credores.

Caso ocorra a decretação da falência da empresa teremos a seguinte ordem de liquidação dos créditos.

Art. 83. A classificação dos créditos na falência obedece à seguinte ordem:

I. Os créditos derivados da legislação do trabalho, limitados a 150 (cento e cinquenta) salários-mínimos por credor, e os decorrentes de acidentes de trabalho;

II. Créditos com garantia real até o limite do valor do bem gravado;

III. Créditos tributários, independentemente da sua natureza e tempo de constituição, excetuadas as multas tributárias;

IV. Créditos com privilégio especial;

V. Créditos com privilégio geral;

VI. Créditos quirografários;

VII. As multas contratuais e as penas pecuniárias por infração das leis penais ou administrativas, inclusive as multas tributárias;

VIII. Créditos subordinados.

Conforme se observa, a hipótese de falência traria enorme prejuízo à classe de quirografários, pois primeiro são liquidados os saldos extraconcursais, bem como saldos com garantia real, trabalhadores e tributos para o restante ser rateado aos demais credores.

Diante do quadro exposto, a EMPRESA 2 entende que a falência não é uma alternativa melhor aos credores. Mais vale a proposta constante do presente plano, que trata todos os credores de maneira igualitária e que demonstra com clareza e consistência que a continuidade das operações mediante a aprovação do plano de recuperação judicial pela assembleia geral de credores possibilitará a liquidação de todas as dívidas conforme fluxo de pagamento anexo ao presente Plano.

Capítulo 23. Conclusão

O plano de recuperação judicial proposto atende cabalmente os princípios da lei 11.101/2005, no sentido da tomada de medidas aptas à recuperação financeira, econômica e comercial da EMPRESA 2.

O presente plano cumpre a finalidade da lei, de forma detalhada e minuciosa, sendo fundamentado com planilhas financeiras de projeções contábeis e de fluxo de caixa, comprovando a probabilidade de pagamento aos credores e a viabilidade econômica da empresa.

Saliente-se ainda que o plano de recuperação apresentado demonstra a viabilidade financeira e econômica da entidade, desde que conferidos novos prazos e condições de pagamentos aos credores.

Os conceitos que foram aplicados têm por objetivo fazer com que a EMPRESA 2 agilize os pagamento dentro do prazo estabelecido.

Dessa forma, considerando que a recuperação financeira da EMPRESA 2 é medida que trará benefícios a sociedade como um todo. O que se dará através da geração de empregos e riqueza ao país, especialmente ao estado de São Paulo, somado ao fato de que as medidas financeiras, de comercialização e de reestruturação interna, em conjunto com o parcelamento de débitos são condições que possibilitarão a efetiva retomada dos negócios. Temos que, ao teor da lei 11.101/2005 e de seus princípios norteadores, que prevê a possibilidade de concessões judiciais e de prazos com credores para a efetiva recuperação judicial de empresas, vemos o presente plano como a cabal solução para a continuidade da entidade.

Cabe esclarecer que todas as informações que fundamentaram a elaboração do presente plano de recuperação, assim como os dados contábeis, projeções e análises, foram fornecidas pela EMPRESA 2. Da mesma forma, as afirmações e opiniões aqui expressadas refletem exclusivamente sua visão e entendimento dos fatos que o levaram a requerer sua recuperação judicial.

Ressalte-se que, como sucede com qualquer planejamento, seu efetivo resultado depende de inúmeros fatores, muitas vezes alheios ao controle e determinação de quem o está implantando.

É importante observar que o risco é inerente a qualquer empreendimento, e a incerteza inerente a qualquer projeção. Absolutamente impossível eliminá-los totalmente, por esse motivo, procurou-se, de forma transparente, adotar premissas cautelosas, a fim de não comprometer a realização do esforço a ser empregado.

Caso seja necessário, o plano de recuperação poderá sofrer futuras alterações, com modificação das propostas aqui declaradas. Para tanto, observar-se-ão as mesmas condições impostas pela lei para sua tramitação, ou seja, aquiescência do devedor e aprovação em assembleia de credores, pelo mesmo critério de quórum que o tenha aprovado inicialmente.

Após o cumprimento dos artigos 61 e 63 da lei 11.101/05, a EMPRESA 2 compromete-se a honrar os subsequentes pagamentos na forma estabelecida no presente plano de recuperação, devidamente homologado pelo Juízo competente.

Uma vez concedida a recuperação judicial, o plano de recuperação obriga a EMPRESA 2, seus credores e sucessores a qualquer título, sendo que sua inobservância, por parte do devedor, acarretará na decretação de sua falência, na forma do artigo 94 III "g", da lei nº 11.101/05.

Local e data

EMPRESA 2

PROPOSTA DE MODIFICAÇÃO E CONSOLIDAÇÃO DO PLANO DE RECUPERAÇÃO JUDICIAL DA EMPRESA 2 LTDA

Introdução

Considerando que as propostas estabelecidas no plano de recuperação judicial inicialmente apresentado pela recuperanda não alcançaram as expectativas de alguns credores, o mesmo foi alvo de objeções;

- Considerando-se que a assembleia geral de credores será instalada em primeira convocação e em segunda convocação nas datas especificadas pelo judiciário, para que os credores possam analisar melhor as propostas originalmente apresentadas e sugerir eventuais modificações;
- Considerando-se o interesse da recuperanda EMPRESA 2– em recuperação judicial – em atingir a satisfação da maioria dos credores;
- Considerando-se que alguns credores sugeriram melhorias nas propostas apresentadas pela recuperanda;
- Considerando-se que a falência da recuperanda não é uma alternativa economicamente viável aos credores, conforme detalhado no plano de recuperação judicial originalmente apresentado.

A EMPRESA 2 – em recuperação judicial vem, através do presente, apresentar o Primeiro Aditivo ao seu plano de recuperação judicial, conforme será detalhado a seguir.

Capítulo 1. Resumo da proposta de pagamento aos credores

1.1. Trabalhistas

O tratamento que será dado aos credores constantes na atual lista de credores será o seguinte:

a. Carência de 06 meses a partir da publicação da decisão que homologar o plano de recuperação judicial. Após a carência, os créditos trabalhistas terão seu valor integral, pagos em 06 parcelas mensais, vencendo-se a primeira no 5º dia útil do 6º mês após a homologação e assim sucessivamente;
b. Todos os acordos firmados na esfera trabalhista serão cumpridos;
c. Os valores serão atualizados pela TR (taxa referencial) somente a partir da decisão que homologar a aprovação do plano.

Credores trabalhistas que tiverem seus créditos reconhecidos e habilitados após a elaboração da 2ª relação geral de credores:

Tendo em vista que podem existir processos trabalhistas em trâmite, ou a serem ajuizados no período de dois anos da rescisão do contrato de trabalho, em que se discutem verbas controversas e alheias ao parágrafo único do artigo 54 da lei 11.101/05, tomando por base o princípio legal, e evitando privilegiar credores da mesma classe, a "EMPRESA 2" pagará aludidas verbas, após a habilitação no processo de recuperação judicial, na mesma forma descrita na no item 1.1, alínea "a".

1.2. Garantia real

Apresentamos, a seguir, esclarecimentos quanto à proposta técnica e quanto à forma de pagamento aos credores com garantia real. O prazo para o pagamento dos credores inseridos nesta classe é de 15 anos, e todos os pagamentos são fixos independente de fluxo de caixa ou adicional EBITDA. Assim:

- Pagamento de 60% do valor, ou seja, deságio de 40% do valor;
- Carência de 1 ano para início dos pagamentos, ou seja, todos os pagamentos se iniciarão 12 meses após a intimação da decisão que homologar o plano de recuperação;
- Pagamento de 1% do valor do crédito (já com o deságio), 12 meses após a intimação da decisão que homologar o plano de recuperação judicial – *Parcela 01*;
- Pagamento de 1% do valor do crédito (já com o deságio), 18 meses após a intimação da decisão que homologar o plano de recuperação judicial – *Parcela 02*;
- Pagamento de 12% do valor do crédito (já com o deságio), em seis parcelas semestrais e iguais, sendo a primeira 24 (vinte e quatro) meses após a intimação da decisão que homologar o plano de recuperação judicial , e as parcelas seguintes na mesma data dos semestres subsequentes – *Parcela 03* a *Parcela 08;*
- Pagamento de 18% do valor do crédito (já com o deságio), em seis parcelas semestrais e iguais, sendo a primeira 60 meses após a intimação da decisão que homologar o plano de recuperação judicial, e as parcelas seguintes na mesma data dos semestres subsequentes – *Parcela 09* a *Parcela 14*;
- Pagamento de 24% do valor do crédito (já com o deságio), em seis parcelas semestrais e iguais, sendo a primeira 96 meses após a intimação da decisão que homologar o plano de recuperação judicial, e as parcelas seguintes na mesma data dos semestres subsequentes – *Parcela 15* a *Parcela 20*;
- Pagamento de 44% do valor do crédito (já com o deságio), em seis parcelas semestrais e iguais, sendo a primeira 132 meses após a intimação da decisão que homologar o plano de recuperação judicial, e as parcelas seguintes na mesma data dos semestres subsequentes – *Parcela 21* a *Parcela 28*;
- Os valores serão corrigidos pela taxa de TR + 1% ao ano.

A seguir tabela com o fluxo dos pagamentos, já considerado o deságio de 40% do valor total da dívida:

Parcela	Data	Percentual a ser pago
Parcela 01	12 meses da intimação homologação do plano	1.00%
Parcela 02	18 meses da intimação homologação do plano	1.00%
Parcela 03	24 meses da intimação homologação do plano	2.00%
Parcela 04	30 meses da intimação homologação do plano	2.00%
Parcela 05	36 meses da intimação homologação do plano	2.00%
Parcela 06	42 meses da intimação homologação do plano	2.00%
Parcela 07	48 meses da intimação homologação do plano	2.00%
Parcela 08	54 meses da intimação homologação do plano	2.00%
Parcela 09	60 meses da intimação homologação do plano	3.00%
Parcela 10	66 meses da intimação homologação do plano	3.00%
Parcela 11	72 meses da intimação homologação do plano	3.00%
Parcela 12	78 meses da intimação homologação do plano	3.00%
Parcela 13	84 meses da intimação homologação do plano	3.00%
Parcela 14	90 meses da intimação homologação do plano	3.00%
Parcela 15	96 meses da intimação homologação do plano	4.00%
Parcela 16	102 meses da intimação homologação do plano	4.00%
Parcela 17	108 meses da intimação homologação do plano	4.00%
Parcela 18	114 meses da intimação homologação do plano	4.00%
Parcela 19	120 meses da intimação homologação do plano	4.00%
Parcela 20	126 meses da intimação homologação do plano	4.00%
Parcela 21	132 meses da intimação homologação do plano	5.50%
Parcela 22	138 meses da intimação homologação do plano	5.50%
Parcela 23	144 meses da intimação homologação do plano	5.50%
Parcela 24	150 meses da intimação homologação do plano	5.50%
Parcela 25	156 meses da intimação homologação do plano	5.50%
Parcela 26	162 meses da intimação homologação do plano	5.50%
Parcela 27	168 meses da intimação homologação do plano	5.50%
Parcela 28	174 meses da intimação homologação do plano	5.50%
	Total geral	100%

1.3. Quirografários

Apresentamos, a seguir, esclarecimentos quanto à proposta técnica e quanto à forma de pagamento aos credores quirografários.

O prazo para o pagamento dos credores inseridos nesta classe é de 15 anos, todos os pagamentos são fixos independente de fluxo de caixa ou adicional EBITDA. Eis a proposta de pagamento para a classe:

- Pagamento de 60% do valor, ou seja, deságio de 40% do valor;
- Carência de 1 ano para o início dos pagamentos, ou seja, todos os pagamentos se iniciarão 12 meses após a intimação da decisão que homologar o plano de recuperação;
- Pagamento de 1% do valor do crédito (já com o deságio), 12 meses após a intimação da decisão que homologar o plano de recuperação judicial – *Parcela 01;*
- Pagamento de 1% do valor do crédito (já com o deságio), 18 meses após a intimação da decisão que homologar o plano de recuperação judicial – *Parcela 02;*
- Pagamento de 12% do valor do crédito (já com o deságio), em seis parcelas semestrais e iguais, sendo a primeira 24 meses após a intimação da decisão que homologar o plano de recuperação judicial , e as parcelas seguintes na mesma data dos semestres subsequentes – *Parcela 03* à *Parcela 08*;
- Pagamento de 18% do valor do crédito (já com o deságio), em seis parcelas semestrais e iguais, sendo a primeira 60 meses após a intimação da decisão que homologar o plano de recuperação judicial , e as parcelas seguintes na mesma data dos semestres subsequentes – *Parcela 09* à *Parcela 14*;
- Pagamento de 24% do valor do crédito (já com o deságio), em seis parcelas semestrais e iguais, sendo a primeira 96 meses após a intimação da decisão que homologar o plano de recuperação judicial, e as parcelas seguintes na mesma data dos semestres subsequentes – *Parcela 15* à *Parcela 20*;
- Pagamento de 44% do valor do crédito (já com o deságio), em seis parcelas semestrais e iguais, sendo a primeira 132 meses após a intimação da decisão que homologar o plano de recuperação judicial , e as parcelas seguintes na mesma data dos semestres subsequentes – *Parcela 21* à *Parcela 28*;
- Os valores serão corrigidos pela taxa de TR + 1% ao ano.

A seguir tabela com o fluxo dos pagamentos, já considerado o deságio de 40% do valor total da dívida:

Parcela	Data	Percentual a ser pago
Parcela 01	12 meses da intimação homologação do plano	1.00%
Parcela 02	18 meses da intimação homologação do plano	1.00%
Parcela 03	24 meses da intimação homologação do plano	2.00%
Parcela 04	30 meses da intimação homologação do plano	2.00%
Parcela 05	36 meses da intimação homologação do plano	2.00%
Parcela 06	42 meses da intimação homologação do plano	2.00%
Parcela 07	48 meses da intimação homologação do plano	2.00%
Parcela 08	54 meses da intimação homologação do plano	2.00%
Parcela 09	60 meses da intimação homologação do plano	3.00%
Parcela 10	66 meses da intimação homologação do plano	3.00%
Parcela 11	72 meses da intimação homologação do plano	3.00%
Parcela 12	78 meses da intimação homologação do plano	3.00%
Parcela 13	84 meses da intimação homologação do plano	3.00%
Parcela 14	90 meses da intimação homologação do plano	3.00%
Parcela 15	96 meses da intimação homologação do plano	4.00%
Parcela 16	102 meses da intimação homologação do plano	4.00%
Parcela 17	108 meses da intimação homologação do plano	4.00%
Parcela 18	114 meses da intimação homologação do plano	4.00%
Parcela 19	120 meses da intimação homologação do plano	4.00%
Parcela 20	126 meses da intimação homologação do plano	4.00%
Parcela 21	132 meses da intimação homologação do plano	5.50%
Parcela 22	138 meses da intimação homologação do plano	5.50%
Parcela 23	144 meses da intimação homologação do plano	5.50%
Parcela 24	150 meses da intimação homologação do plano	5.50%
Parcela 25	156 meses da intimação homologação do plano	5.50%
Parcela 26	162 meses da intimação homologação do plano	5.50%
Parcela 27	168 meses da intimação homologação do plano	5.50%
Parcela 28	174 meses da intimação homologação do plano	5.50%
	Total geral	100%

Capítulo 2. Outras considerações sobre as propostas de pagamento a credores e plano de recuperação judicial

Destaque-se que a metodologia de pagamento, conforme previsto neste aditivo, cumpre os seguintes requisitos:

- Cumprimento das determinações da LFRE, especialmente, do artigo 50, I e XI;
- Tratamento igualitário entre credores da mesma classe;
- Viabilidade financeira do plano.

As cláusulas que não foram alteradas pelo presente aditamento permanecem tal como dispostas no plano originalmente apresentado pela EMPRESA 2– em recuperação judicial;

Todos os prazos constantes neste plano ocorrem a partir da intimação da sentença que homologar a aprovação do plano de recuperação judicial da EMPRESA 2 – em recuperação judicial, salvo expressa disposição em contrário constante na mesma.

2.1. Cláusula 15 – Do adicional EBITDA

Fica suprimida a presente cláusula. Todos os pagamentos serão fixos, independentemente de geração de caixa ou rentabilidade obtida, conforme descrito no item 2 do presente aditivo.

2.2. Cláusula 17 – Alteração do controle – venda do negócio

Fica suprimida a presente cláusula. Toda e qualquer venda de ativos, isolada ou conjunta, deverá ser submetida à aprovação judicial, conforme a lei.

2.3. Cláusula 18 — Venda de ativos inservíveis

O presente aditivo autoriza a venda dos bens abaixo relacionados dentro das faixas pré-estabelecidas de mínimos e máximos conforme avaliações captadas no mercado:

Dados foram suprimidos para preservar informações da empresa.

Os valores oriundos de tais vendas deverão compor o capital de giro da recuperanda.

A venda de outros ativos deverá ser submetida ao comitê de credores, no caso de constituição do mesmo, e autorização do juízo da recuperação judicial, conforme a lei.

2.4. Cláusula 21— Outros efeitos inerentes à aprovação do plano

Após a aprovação do plano de recuperação judicial, deverão ser suspensas todas as ações de cobrança, monitórias, execuções judiciais ou qualquer outra medida judicial ajuizada contra a EMPRESA 2 dos débitos sujeitos aos efeitos da recuperação.

As garantias, assim como os avais, serão mantidos sem prejuízo aos credores.

A aprovação do plano acarretará, por força do disposto no art. 59 da lei nº 11.101/2005 a novação das dívidas sujeitas à recuperação. A novação surtirá efeito somente nos débitos sujeitos à recuperação judicial e única e exclusivamente para a recuperanda.

Capítulo 3. Falência

> No direito brasileiro, abstraída a hipótese de desistência, não há terceira alternativa: quem requer o benefício da recuperação judicial ou o obtém ou terá sua falência decretada.
>
> Comentários à nova lei de falências e de recuperação de empresas – Fábio Ulhoa Coelho – 4ª. Edição pag. 73

Hipóteses de decretação da falência:

- Deliberação dos credores;
- Não apresentação do plano pelo devedor no prazo;
- Rejeição de plano pela assembleia dos credores;
- Descumprimento do plano de recuperação.

Como podemos observar, a nova lei é rigorosa no que diz respeito ao cumprimento do plano de recuperação judicial, assim sendo afastada a decretação da falência pela não apresentação do plano de recuperação judicial, a decisão pela concessão da recuperação judicial da empresa, está na mão da assembleia dos credores.

Caso ocorra a decretação da falência da empresa, teremos a seguinte ordem de liquidação dos créditos.

Art. 83. A classificação dos créditos na falência obedece à seguinte ordem:

I. Os créditos derivados da legislação do trabalho, limitados a 150 (cento e cinquenta) salários-mínimos por credor, e os decorrentes de acidentes de trabalho;
II. Créditos com garantia real até o limite do valor do bem gravado;
III. Créditos tributários, independentemente da sua natureza e tempo de constituição, excetuadas as multas tributárias;

IV. Créditos com privilégio especial;
V. Créditos com privilégio geral;
VI. Créditos quirografários;
VII. As multas contratuais e as penas pecuniárias por infração das leis penais ou administrativas, inclusive as multas tributárias;
VIII. Créditos subordinados.

Diante do quadro exposto, a EMPRESA 2 – em recuperação judicial – entende que o presente plano trata todos os credores de maneira igualitária e que com a continuidade das operações e com a concessão da recuperação judicial pela assembleia geral de credores, todas as dívidas serão liquidadas conforme descrito no presente aditamento.

Capítulo 4. Conclusão

Nestes termos, pedimos a juntada do presente Aditamento ao plano de recuperação judicial aos autos, para ciência e aprovação pelos credores da EMPRESA 2 – em recuperação judicial.

PLANO DE RECUPERAÇÃO JUDICIAL

EMPRESA 3

CAPÍTULO 1. SUMÁRIO EXECUTIVO E VISÃO GERAL

1.1. COMENTÁRIOS INICIAIS

A lei nº. 11.101/2005 traz em seu bojo a recuperação judicial de empresas, visando à manutenção do negócio e do emprego dos trabalhadores, bem como o pagamento dos créditos devidos.

> A recuperação judicial tem por objetivo viabilizar a superação da situação de crise econômico-financeira do devedor, a fim de permitir a manutenção da fonte produtora, do emprego dos trabalhadores e dos interesses dos credores, promovendo, assim, a preservação da empresa, sua função social e o estímulo a atividade econômica.
>
> Art. 47, lei 11.101/2005

Assim, nos termos do art. 53 da referida lei, a EMPRESA 3, sociedade anônima fechada inscrita no (...), vem, através do presente instrumento, apresentar seu plano de recuperação judicial .

Para elaboração do plano de recuperação e para dar início a uma nova fase virtuosa, e com a extrema vontade e força para atingir seus objetivos, a EMPRESA 3 contratou assessores jurídicos e consultores financeiros competentes. Além disso, contou com a prestação de serviços dos colaboradores da empresa, diversos deles trabalhando na mesma há vários anos.

Considerando o prazo para a apresentação do plano de recuperação judicial , que é de 60 dias da publicação do despacho que deferiu o processamento do pedido, não fez parte do escopo dos trabalhos a realização de uma *due diligence*, valendo ressaltar que os advogados e consultores contratados trabalharam com os dados prestados pela EMPRESA 3, devidamente apreciados e analisados.

Sendo assim, apresenta-se este plano de recuperação judicial, o qual foi elaborado com estrita observância do espírito norteador da Lei de Recuperação Judicial, visando assim, buscar um direcionamento e ponto comum entre a relevante função social da EMPRESA 3 e os interesses dos seus credores, convergindo, assim, no espírito principal da lei.

O plano de recuperação é apresentado com todas as premissas aplicadas para a sua construção, incluindo a projeção de resultados e fluxo de caixa para os próximos exercícios, o que permite uma visualização clara e objetiva do desempenho econômico-financeiro durante a sua vigência e, consequentemente, sua viabilidade e capacidade de pagamento a seus credores.

1.2. Sumário das medidas e objetivos básicos

O presente plano tem por objetivo reestruturar a EMPRESA 3, para que a mesma supere sua momentânea dificuldade econômico-financeira, dando continuidade aos negócios, mantendo-se como importante Empresa do estado de Goiás.

Este plano procura projetar o impacto das medidas administrativas e operacionais que se pretende implementar, para que a EMPRESA 3 alcance um lucro operacional adequado e sustentável ao longo dos próximos anos, o que possibilitará sua sustentação econômica e financeira. O presente plano procura também, de forma clara e objetiva, demonstrar que a empresa possui viabilidade e como será o processo para quitação de suas dívidas.

Para a elaboração do presente plano foram analisadas, dentre outras, as seguintes áreas: estrutura dos ativos da companhia e respectivo contrato de arrendamento, estrutura organizacional, administrativa e financeira, análise mercadológica, planejamento estratégico em vendas, área industrial, planejamento e controle de produção, custos, compras, logística, marketing e recursos humanos. Assim sendo, a análise destas áreas em conjunto com a avaliação do desempenho financeiro da empresa foi a base para nortear as ações a serem tomadas visando à sua recuperação.

Portanto, os principais objetivos do plano de recuperação, são:

- Preservar a empresa 3 como entidade geradora de empregos, tributos e riquezas, assegurando o exercício da sua função social;
- Permitir que a empresa 3 supere sua momentânea dificuldade econômico-financeira, dando continuidade direta ou indiretamente à sua atividade social e humanitária, atendendo Goiânia e região metropolitana, bem como de todo o estado de Goiás e outras regiões do país;

- Atender aos interesses dos credores da empresa 3, mediante composição baseada em uma estrutura de pagamentos compatível com o potencial de geração de caixa e realização de parte de seus ativos dentro do contexto da recuperação judicial;
- Reestruturar e equalizar as operações, direitos e ativos, da empresa 3;
- Permitir o retorno e aumento da capacidade de produção da empresa 3;
- Estruturar e ampliar a atuação da empresa 3 nos segmentos onde opera;
- Preservar a empresa 3 como entidade gestora patrimonial e gestora de operações, cujos ativos contribuem para o abastecimento do mercado de produtos alimentícios no Brasil.

Dessa forma, a viabilidade futura da empresa depende não só da solução da atual situação de endividamento, mas também, e fundamentalmente, de ações que visem à melhoria de seu desempenho operacional. Sendo assim, as medidas identificadas no Plano de Reestruturação Operacional estão incorporadas a um planejamento estratégico para os próximos exercícios.

As projeções financeiras foram desenvolvidas assumindo-se o crescimento do mercado, baseado em premissas razoáveis e conservadoras que levam em consideração que o mercado continuará em crescimento conservador e contínuo. Vale ressaltar que a técnica utilizada foi a do justo meio termo, para que não fosse por demais conservadora, e, por conseguinte, inapta, ou que fosse otimista a ponto de ultrapassar a barreira da realidade ou que pudesse trazer expectativa errônea a todos.

A relação completa e detalhada das medidas já adotadas pelos acionistas e em fase de implantação está descrita nos itens seguintes, dentre as quais se destacam:

- Reorganização administrativa, em especial de recursos humanos;
- Revisão do contrato de arrendamento/locação;
- Revisão de aspectos operacionais com vistas a reorganização de sua operação, tornando-a mais eficiente, reduzindo, assim, o seu custo econômico-financeiro;
- Busca de novos parceiros para o financiamento e fomento das operações com as menores taxas possíveis;
- Busca de novas parcerias para o fornecimento de matérias-prima;
- Busca de soluções para a realização de ativos não operacionais.

Eventuais medidas adicionais serão avaliadas após a apresentação do plano de recuperação, entretanto, como essas medidas requerem uma investigação mais profunda, os impactos destas não foram incluídos na projeção de resultados operacionais.

1.3. Descritivo da estrutura societária

Dados foram suprimidos para preservar informações da empresa.

Capítulo 2. A história da empresa 3

2.1. A criação da empresa 3 e sua trajetória nos anos 1960 e 1970

A EMPRESA 3, empresa tipicamente brasileira, foi fundada no final da década de 1950.

A EMPRESA 3, no início de suas atividades, em 1956, concentrava-se na produção de farinha de trigo em embalagem de 1 kg para uso doméstico, que se transformou em referencial de qualidade conquistando, cada vez mais, a preferência dos consumidores.

Com o passar do tempo, toda a dedicação e esforço por parte de todos aqueles que trabalharam para o crescimento da EMPRESA 3 possibilitou que ela se tornasse uma marca de grande expressão nacional.

Em um passado não muito remoto, a EMPRESA 3 chegou a deter cerca de 80% do mercado de farinha de trigo no seu estado brasileiro de atuação.

No ano de 1964, instalou-se um parque fabril destinado à fabricação de massas, mantendo o mesmo conceito de qualidade já característico da farinha de trigo. O parque fabril operou em franca expansão ao longo dos anos 1960 e 1970.

2.2. A década de 1980 – Marcada pela construção da nova fábrica de massas

Na década de 1980, foi construída uma nova fábrica de massas. Nessa época, a sua linha de produtos já ultrapassava 40 itens, entre eles macarrão sêmola, macarrão à base de ovos, macarrão comum, e farinhas de trigo para uso doméstico e panificável. A empresa continuou expandindo durante essa década.

2.3. A DÉCADA DE 1990 – MARCADA PELA INAUGURAÇÃO DO NOVO MOINHO E AUMENTO NA CAPACIDADE DE PRODUÇÃO

No ano de 1997, ampliou-se o parque industrial através da instalação de um novo moinho, considerado um dos mais modernos da América Latina e um dos mais automatizados do mundo. Tal equipamento foi adquirido com grande esforço dos acionistas, através de recursos próprios.

2.4. AINDA NA DÉCADA DE 1990 – A EXPANSÃO COM A ABERTURA DE FILIAIS

A década de 1990 consagrava a empresa como um dos expoentes nacionais no segmento. O sucesso de seus produtos impulsionava a empresa ao contínuo crescimento. Em função desse crescimento, em 27/04/1998, a empresa abre sua primeira filial em Brasília-DF, concentrando ainda mais a sua expansão na região Centro-Oeste.

Menos de 1 ano depois, em 08/04/1999, a EMPRESA 3 abre outra filial, agora na região Sudeste, mais precisamente na cidade de Embu – SP.

A EMPRESA 3, com a nova estrutura de produção, passou a gerar, em 1999, mais de 500 empregos diretos e outros milhares de empregos indiretos, chegando ao ponto de, com a sua produção e faturamento, torna-se uma das maiores contribuintes de ICMS do estado.

Ampliando sua atuação na região Sudeste, em 13/09/2000, a EMPRESA 3 instala sua filial na cidade de Uberlândia – MG.

2.5. A DÉCADA DE 2000 A 2010 – A CONTINUAÇÃO DA EXPANSÃO COM A ABERTURA DE FILIAIS

Se a década de 1990 foi marcada pelo contínuo crescimento da empresa, os anos a partir de 2000 podem ser divididos em 2 fases: a da continuação do crescimento e da fase dos problemas, que será apresentada no item seguinte.

Assim, adiante se verá o resumo dos fatos que registram a continuação do crescimento da empresa.

2.6. A DÉCADA DE 2000 A 2010 – OS PROBLEMAS

Bem, se por um lado os anos 2000 a 2010 tiveram o seu lado positivo com a abertura de diversas filiais, por outro lado, essa década pode ser marcada por diversos problemas que acarretaram graves dificuldades à empresa e que culminaram a motivar seus administradores a ingressarem com o pedido de recuperação judicial.

Apresenta-se, a seguir, um resumo dos principais problemas vividos pela EMPRESA 3 na última década:

- Com a maxidesvalorização cambial em janeiro de 1999. Houve uma súbita elevação dos níveis de endividamento da empresa nos anos seguintes;
- Elevação de custos financeiros;
- Arrendamento das instalações físicas do moinho para no período de abril de 2005 a dezembro de 2007.

2.7. O FINAL DA DÉCADA DE 2000 A 2010 — OS NOVOS ARRENDAMENTOS E MAIS PROBLEMAS

Diante de tantas dificuldades ao longo da década, a empresa não mais possuía capacidade financeira para manter seu giro operacional de forma sustentável. Assim, na busca de novas parcerias, a empresa 3 arrendou o seu parque fabril para duas empresas do segmento.

Registra-se ainda que houve um incêndio, ocorrido em novembro de 2008, na cabine elétrica do parque fabril que danificou gravemente grande parte dos equipamentos da cabine. Esse incêndio paralisou as atividades da empresa por mais de 20 dias. Essa paralisação prejudicou drasticamente as operações e o faturamento da empresa, pois o custo do reparo foi da ordem de R$ 1 milhão de reais.

Posteriormente, com o fim do arrendamento para uma das empresas, a outra companhia se mostrou interessada em arrendar também o moinho, o que acabou ocorrendo. Assim, ela assumiu todo o parque industrial.

2.8. OS FATÍDICOS ANOS DE 2010 E 2011 — MAIS DIFICULDADES, AGORA COM O ARRENDATÁRIO DAS INSTALAÇÕES INDUSTRIAIS

O arrendatário do parque fabril também teve diversos problemas em 2010, culminados por impasses junto à Vigilância Sanitária, com a alegação de que não possuía os alvarás necessários de funcionamento, e que seus produtos eram "impróprios para consumo", o que levou ao fechamento e paralisação de todo parque fabril por vários dias, com devolução de produtos pelos clientes, suspensão de novos pedidos e graves reflexos para a marca. Ficou provado, com o arquivamento do inquérito pelo Ministério Público que apurou tal ocorrência, que tais alegações não procediam.

2.9. Os fatídicos anos de 2010 e 2011 — A venda da empresa

Finalmente, na incessante busca de equilíbrio para a crise financeira da empresa, os administradores da EMPRESA 3 visualizaram como solução para o problema a venda da empresa. Assim, no processo de busca de potenciais interessados, é que a instituição recebeu a proposta de um empresário que pertencia a uma conceituada família paulista no ramo de alimentos.

A oferta apresentada acabou sendo aceita. Assim sendo, tanto a EMPRESA 3 quanto a arrendatária acabaram formalizando os contratos de venda das empresas. Porém, como o comprador não honrou os compromissos firmados em contrato, a venda acabou efetivamente sendo desfeita. Nesse período, registra-se que a empresa ficou mais de 40 dias paralisada, e a própria folha de pagamentos acabou não sendo paga.

E assim, nesse auge de crise, com a venda da empresa desfeita, a fábrica paralisada, o arrendatário em dificuldades, inexistência de capital de giro tanto para a EMPRESA 3 quanto para o arrendatário, atrasos não só junto a fornecedores e *factorings*, mas também com relação a salários, e ainda a suspensão do fornecimento de energia pela CELG, os administradores se viram obrigados a ingressar com o pedido de recuperação judicial.

Capítulo 3. A estrutura física – o complexo industrial da empresa 3

O complexo industrial da EMPRESA 3 pode ser resumido da seguinte forma:

Dados foram suprimidos para preservar informações da empresa.

Capítulo 4. Histórico do Faturamento da Empresa

Apresentamos, a seguir, o demonstrativo do faturamento da empresa nos últimos exercícios:

Dados foram suprimidos para preservar informações da empresa.

Capítulo 5. Aspectos ambientais e sociais da empresa 3

5.1. Aspectos ambientais

Todo o parque fabril detido pela EMPRESA 3, atualmente arrendado, é totalmente integrado com o meio ambiente e está devidamente autorizado pela Vigilância Sanitária a operar em pleno centro urbano.

Além disso, o parque fabril é ecologicamente correto, pois não possui efluentes tóxicos que possam comprometer a saúde humana. A água utilizada no processo fabril é totalmente pura, e os produtos fabricados são totalmente aprovados para o consumo humano.

O processo produtivo é basicamente realizado utilizando-se energia elétrica não poluente, e é mínima a emissão de poluentes pela empresa.

A análise de aspectos mercadológicos indica que esse parque fabril tem excelentes condições para continuar a operar e voltar a ter sua capacidade de produção totalmente otimizada.

5.2. Aspectos Sociais — Integração com a comunidade

A responsabilidade social em uma empresa representa seu compromisso contínuo com seu comportamento ético e com o desenvolvimento econômico, promovendo, ao mesmo tempo, a melhoria da qualidade de vida de sua força de trabalho e de suas famílias, da comunidade local e da sociedade como um todo. Essa preocupação é hoje um fator tão importante para as empresas como a qualidade do produto, a competitividade nos preços, marca comercialmente forte, etc. Estudos mostram que atualmente mais de 70% dos consumidores preferem marcas e produtos envolvidos em algum tipo de ação social.

Ao longo de sua história, a EMPRESA 3 orgulha-se de ter participado ativamente de diversas ações sociais que contribuíram para a sociedade onde a empresa atua. Dentre as ações, destacam-se:

- Doação para o Hospital Araújo Jorge, da ACCG (Associação de Combate ao Câncer em Goiás);
- Doação para o CRER (Centro de Reabilitação e Readaptação Dr. Henrique Santillo);
- Doação para OVG (Organização das Voluntárias de Goiás), para a Festa do Divino Pai Eterno, em Trindade – GO, e outras parcerias em conjunto;
- Doação para a Campanha dos Desabrigados, após as enchentes de Teresópolis - RJ e Santa Catarina – RS;
- Doação para Campanha do Agasalho feita pelo Governo de Goiás;
- Participação em campanhas beneficentes feitas em parceria com o Governo estadual;
- Doação para festas religiosas em Palmeiras de Goiás – GO, Pirenópolis – GO, Santa Helena de Goiás – GO;
- Doação para vítimas de enchente na cidade de Goiás – GO;
- Doação para entidades filantrópicas, ONGs e instituições ligadas aos poderes municipais, estaduais e federais;
- Doações para entidades espíritas de Goiânia – GO e interior.

5.3. BENEFÍCIOS A EMPREGADOS

A empresa, sempre pensando no bem-estar de seus colaboradores, além dos benefícios legais obrigatórios, rotineiramente ofertou cesta básica aos funcionários, plano de saúde, bem como cursos e treinamentos para aperfeiçoamento de habilidades e atualização profissional, entre outros.

CAPÍTULO 6. ANÁLISE DE MERCADO

Para a busca de uma solução para o equacionamento financeiro e operacional da empresa, é preciso analisar as potencialidades que o mercado de sua atuação oferece.

Mais que isso, é preciso conhecer as características operacionais e as alternativas possíveis de serem exploradas, sempre visando à manutenção da empresa como fonte geradora de emprego e renda.

Assim, para uma correta análise mercadológica, é necessário não só uma análise microeconômica relativa à produção e ao consumo de farinha de trigo, e de massas e mistura para bolos, mas também uma análise macroeconômica do comportamento da economia brasileira como um todo e as correspondentes tendências que possam efetivamente trazer reflexos na operação da empresa de forma geral, relacionando-os. Desse modo, é essencial relacionar o mercado nacional com a economia goiana onde a instituição atua, observando o comportamento da mesma. Adiante, passaremos a analisar essa questão mercadológica.

6.1. A economia brasileira e seu PIB

Os fundamentos econômicos da economia brasileira vêm se mostrando mais sólidos, haja vista o baixo impacto que a crise mundial de 2008 acarretou ao Brasil. Esse comportamento é corroborado por políticas econômicas eficientes, e pelo mercado interno que demonstra ter força suficiente para complementar a demanda recessiva externa.

O segundo semestre de 2011 começou trazendo certo pessimismo, em função da instabilidade nas economias norte-americana e europeia, que apresentaram sinais negativos. Dessa forma, espera-se que o Brasil, assim como na crise financeira mundial de 2008, não seja muito prejudicado. Assim sendo, mesmo que o cenário não se apresente otimista para 2011, ainda traz esperança sendo possível se esperar o crescimento do PIB do Brasil para este e os próximos anos.

Há ainda que se observar que, em 2010, o crescimento do PIB do Brasil foi um dos mais elevados do mundo, conforme demonstrado a seguir:

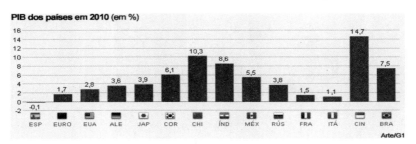

Apresenta-se, também, quadro demonstrativo do crescimento do PIB (Produto Interno Bruto) e do IPCA (Índice Nacional de Preços ao Consumidor Amplo) do Brasil e sua tendência.

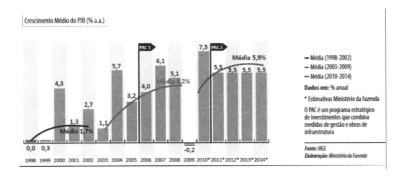

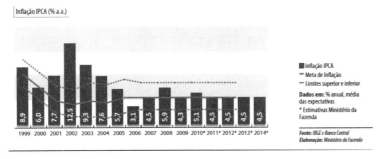

No decorrer da última década, os percentuais de crescimento do PIB são os apresentados a seguir:

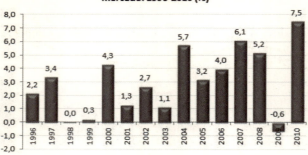

Gráfico 1. Taxa de Crescimento anual do PIB a preços de mercado. 1996-2010 (%)

Fonte: IBGE

Diante dos cenários apresentados, observa-se que, mesmo com crises, o constante crescimento brasileiro nos mais diversos segmentos e a inflação controlada são fatores determinantes para confirmar uma modesta, mas boa, expectativa do mercado para os próximos exercícios.

Especial atenção deve ser dada à crescente inclusão social que vem ocorrendo no Brasil, onde expressivo percentual da população antes nas classes "D" e "E" tem avançado para as classes "C" e "D", respectivamente, o que favorece o mercado de fabricação e comércio de farinhas, massas e misturas para bolos.

6.2. Economia goiana no cenário nacional

Junto com o Brasil, o estado de Goiás vem apresentando, nos últimos anos, resultados relevantes em termos de crescimento econômico, evidenciados no crescimento do PIB, na diversificação de sua base econômica e na geração de emprego e renda.

Goiás e Brasil: Produto Interno Bruto, Produto Interno Bruto *per capita* e taxas de crescimento – 2002-2008

| | Produto Interno Bruto ||| Produto Interno Bruto *per capita* ||
| | Valores Correntes (R$ milhão) || Taxas de Crescimento (%) || Valores Correntes *(R$)* ||
ANO	Goiás	Brasil	Goiás	Brasil	Goiás	Brasil
2002	37.416	1.477.822	-	-	7.078	8.378
2003	42.836	1.699.948	4,24	1,15	7.937	9.498
2004	48.021	1.941.498	5,22	5,71	8.718	10.692
2005	50.534	2.147.239	4,18	3,16	8.992	11.658
2006	57.057	2.369.484	3,10	3,96	9.956	12.687
2007	65.210	2.661.345	5,47	6,09	11.548	14.465
2008	75.275	3.031.864	8,00	5,16	12.879	15.990

Elaboração: Seplan-GO/Sepin/Gerência de Contas Regionais – 2010
* Taxa de crescimento PIB a preço de mercado corrente (Incluído os impostos)

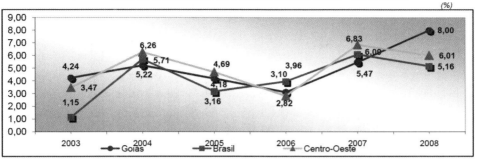

Elaboração: Seplan-GO/Sepin/Gerência de Contas Regionais – 2010

Os bons resultados do PIB de Goiás ocorreram graças ao crescimento generalizado em todos os grandes setores econômicos, com destaque nos seguintes aspectos: 1) recuperação da produção e dos preços agrícolas; 2) expansão do cultivo de cana-de-açúcar, com instalação e ampliação de diversas indústrias de etanol e açúcar; 3) aumento na fabricação e montagem de automóveis, com a instalação da segunda empresa do ramo; 4) aumento no número de hotéis e clínicas médicas nas mais diversas áreas. Pode-se acrescentar, ainda, o bom desempenho do comércio, construção civil, intermediação financeira, influenciados pela melhoria da renda, emprego e maior oferta de crédito, e transporte, refletindo no crescimento das atividades econômicas que demandam este setor.

6.3. Mercado de trigo

6.3.1. Plantio de trigo — safra brasileira, safra argentina e exportações

O USDA (United States Department of Agriculture, em português Departamento de Agricultura dos Estados Unidos) estimou a safra brasileira de trigo em apenas 4,8 milhões de toneladas para o período 2011/12. Esse número diverge um pouco das estimativas da CONAB (Companhia Brasileira de Abastecimento), que estima produção da ordem de 5,43 milhões de toneladas.

Com esse parâmetro, é possível concluir que o Brasil continuará importando um montante aproximado de 6 milhões de toneladas/ano. As exportações brasileiras, segundo o USDA, devem continuar pequenas, na ordem de 500 mil toneladas.

Considerando essa tendência de importação, para uma melhor análise sobre o mercado de trigo é importante também verificar como está o seu plantio principalmente na Argentina, um dos maiores fornecedores de trigo para o Brasil.

Nesse sentido, verifica-se que a semeadura de trigo do ciclo 2010/2011 foi finalizada na Argentina, e a área de plantio atingiu 4,27 milhões de hectares, representando um aumento de 28,2% sobre a safra anterior. Esse crescimento tem relação com o fato de que uma grave seca é prevista na região do Mar Negro, o que levou a Rússia a suspender suas exportações de cereais.

A Bolsa de Comércio de Rosário – o principal mercado agrícola da Argentina – projetou que a colheita de trigo 2010/2011 totalizaria entre 9 e 10,5 milhões de toneladas, numa temporada em que o cereal teria perdas devido às condições climáticas adversas. O ministro da agricultura da Argentina estimou que a produção de trigo poderá chegar a 12 milhões de toneladas no ciclo 2010/2011, mesmo número apontado pelo USDA[1].

6.3.2. Consumo mundial de trigo

O consumo mundial de trigo está projetado em 661,2 milhões de toneladas em 2010/2011, um aumento de 1,8% sobre a projeção de 649,5 milhões de toneladas em 2009/2010. Com isso, os estoques finais mundiais de trigo em 2010/2011 devem recuar 9,3%, ficando em torno de 177,8 milhões de toneladas, contra 196,0 milhões de toneladas da safra 2009/2010.

A relação entre estoques finais mundiais de trigo e a demanda mundial em 2010/2011 recuará para 26,9%, contra 30,2% registrados na safra atual 2009/2010 e 25,7% em 2008/2009.

6.3.3. Importações de trigo

A importação, segundo o acompanhamento de embarques que são divulgados às terças-feiras na seção de trigo Argentina, apresenta um ritmo normal. Os pedidos estão na faixa de US$ 355,00/tonelada em Necochea e US$ 370,00/toneladas em Bahía Blanca.

O leilão de trigo realizado no início do mês de junho no Brasil foi de pequena procura, assim como vem ocorrendo no mercado físico comum, onde apenas 26% do total ofertado foi comercializado. Já em relação aos estados a maior procura foi novamente do Rio Grande do Sul, com pouco mais de 40% de volume arrematado. A maior reclamação dos donos de moinhos é quanto aos preços pedidos, que antes eram pouco abaixo do mercado para Rio Grande do Sul e, sobretudo Paraná. Porém, agora, já estão mais próximos da média no mercado de lotes.

O volume importado, por sua vez, principalmente para a produção de farinhas, teve importante acréscimo quando comparado ao ano passado. Os aumentos

---

[1] Disponível em: <www.deere.com.br>. Acesso em: 06/11/2013. Carlos Cogo Consultoria Agroeconômica Especial: Perspectivas para 2010/2011.

mais significativos foram observados nos estados do Nordeste e Sudeste; o Paraná, como apresentou boa safra em qualidade e volume, obteve queda nas importações nos primeiros cinco meses de 2011, na ordem de 63%.

6.3.4. Área plantada de trigo no Brasil e produção

No Brasil, a área cultivada na safra 2010/2011 é de 2.155 mil hectares, 11,2% menor que a área cultivada na safra 2009/2010, que foi de 2.428 mil hectares. A lavoura de trigo do Brasil é implantada, em quase sua totalidade, pelo Sistema de Plantio Direto que atinge mais de 90% da área cultivada. Nos estados de Minas Gerais e Goiás, a maioria das lavouras é irrigada.

A lavoura brasileira está com desenvolvimento satisfatório e a estimativa da safra de 2011 é de que, embora com redução de área plantada, seja colhido um volume de trigo superior ao que ocorreu em 2009/2010. A produtividade dos estados do Paraná e de São Paulo deverá crescer em relação à safra anterior, quando sofreram perdas devido ao excesso de chuvas durante a colheita.

De acordo com recentes notícias divulgadas na imprensa, a safra no estado do Rio Grande do Sul, em função das fortes geadas e altos índices de chuvas ocorridas especialmente em julho e agosto de 2011, vai ser reduzida. A redução pode atingir mais de 10% da safra prevista. Em práticamente todos os estados produtores de trigo ocorreu redução de área em relação à que foi cultivada na safra anterior, mas, mesmo assim, o volume a ser colhido deverá ser maior, exceto com relação à safra no Rio Grande do Sul, onde, como já comentado, terá queda de produção.

Quanto à produção, a perspectiva é de que sejam produzidas 5,392 milhões de toneladas, superior em 7,3% ao que foi colhido na safra 2009/2010, que foi de 5,026 milhões de toneladas. No Brasil, a produtividade do trigo varia conforme a região, a variedade cultivada e o tipo de cultivo, mas o fator preponderante é o clima. Na região Sul, a média esperada é de 2.100 quilos por hectare, sendo ela no Rio Grande do Sul de 2.500 quilos por hectare.

6.3.5. Consumo de trigo no Brasil

Apresenta-se, a seguir, demonstrativo do consumo regional e mundial de trigo seguido pelo demonstrativo de produção e consumo de farinha.

Produção e consumo de farinha de trigo (volume em milhões de tons/ano)

Local	Ano Safra	Produção	Consumo	Estoque
Mundial	2007/2008	682,6	649,7	125
	2008/2009	683,7	635	167
	2009/2010	611,2	613,3	197
	2010/2011	646	663	178
Brasil	2007/2008	3,9	10	0,6
	2008/2009	6	10,1	2,1
	2009/2010	5	10,1	1,7
	2010/2011	5,7	10,2	2,1
Argentina	2007/2008	17,5	6,1	3,3
	2008/2009	9,4	6,1	1,7
	2009/2010	8	6,1	1
	2010/2011	15	6	1,4

Fonte: Abima/Safra & Mercado

Produção e consumo de farinha de trigo (volume em milhões de tons/ano)

Local	Ano Safra	Produção	Consumo	Estoque
Mundial	2007/2008	512	487	93,8
	2008/2009	512,8	476,3	125,3
	2009/2010	458,4	460	147,8
	2010/2011	484,5	497,3	133,5
Brasil	2007/2008	2,9	7,5	0,4
	2008/2009	4,5	7,5	1,6
	2009/2010	3,8	7,6	1,3
	2010/2011	4,2	7,7	1,6
Argentina	2007/2008	13,1	4,6	2,5
	2008/2009	7	4,6	1,3
	2009/2010	6	4,5	0,7
	2010/2011	11,3	4,5	1

Fonte: Abima/Safra & Mercado

6.3.6. Abastecimento das moageiras de trigo

Para este ano/safra de 2011, a indústria moageira não deverá ter problemas de abastecimento. A Argentina deverá dispor de volume suficiente de trigo para atender o Brasil, que importa cerca de 50% das necessidades do grão, ou 5,2 milhões de tonelada/ano. O restante é suprido pela produção nacional.

Já na expectativa da nova safra nacional, os moinhos realizam poucos negócios com trigo importado. Há pouca oferta de produto da safra passada.

6.3.7. Expectativa de preços do trigo

As *commodities* têm seus preços regulados pelo mercado internacional. Os preços finais dependem do tipo do produto e de cada fabricante. No mercado internacional, os preços do trigo seguem sustentados pela menor oferta na Rússia (devido à quebra da safra nesse país) e em alguns países europeus (devido ao clima). Assim, ligeira alta de preços é prevista.

Já no mercado interno, os preços de trigo têm oscilado entre R$ 460,00 a tonelada no Rio Grande do Sul e R$ 540,00 em Minas Gerais.

As últimas cotações do trigo são as apresentadas conforme quadro a seguir:

\multicolumn{3}{c}{Cotação em 21/07/2011 - Preço tonelada trigo}
Estado	Cidade	Preço R$
Rio Grande do Sul	Santa Rosa	460,00
Mato Grosso do Sul	Amambaí	475,00
Mato Grosso do Sul	Caarapó	480,00
Mato Grosso do Sul	Campo Grande	480,00
Mato Grosso do Sul	São Gabriel do Oeste	480,00
Mato Grosso do Sul	Sidrolândia	480,00
Paraná	Cascavel	480,00
Mato Grosso do Sul	Chapadão do Sul	485,00
Mato Grosso do Sul	Maracaju	485,00
Paraná	Apucarana	490,00
Paraná	Maringá	490,00
Rio Grande do Sul	Carazinho	496,76
Rio Grande do Sul	Porto Alegre	496,76
Mato Grosso do Sul	Dourados	500,00
Paraná	Ponta Grossa	500,00
Rio Grande do Sul	Vacaria	500,00
Paraná	Curitiba	510,00
Goiás	Cristalina	520,00
Minas Gerais	São Gotardo	540,00

Apresenta-se, também, gráfico contendo a evolução de preços de trigo em 2010:

Evolução mensal de preços em 2010 - TRIGO

Países	Mercado	Jan R$/T	Jan US$/T	Fev R$/T	Fev US$/T	Mar R$/T	Mar US$/T	Abr R$/T	Abr US$/T	Mai R$/T	Mai US$/T
Argentina	Externo	447	240	403	224	390	217	431	241	424	233
Argentina	Interno	284	153	274	152	267	149	280	157	281	155
Brasil	Paraná	453	244	450	250	448	250	436	243	433	238
Brasil	Rio Grande do Sul	413	222	414	230	413	230	405	226	400	220
Brasil	Média	433	233	432	240	431	240	420	235	417	229

Países	Mercado	Jun R$/T	Jun US$/T	Jul R$/T	Jul US$/T	Ago R$/T	Ago US$/T	Set R$/T	Set US$/T	Out R$/T	Out US$/T
Argentina	Externo	409	227	415	236	487	277	507	300	494	291
Argentina	Interno	271	151	300	171	331	188	315	186	316	186
Brasil	Paraná	414	230	423	241	464	264	463	286	472	278
Brasil	Rio Grande do Sul	395	219	399	277	426	242	435	257	428	252
Brasil	Média	404	225	411	234	445	253	459	272	450	265

Países	Mercado	Nov R$/T	Nov US$/T	Dez R$/T	Dez US$/T	Média 2010 R$/T	Média 2010 US$/T	Média 2009 R$/T	Média 2009 US$/T
Argentina	Externo	501	291	500	300	451	256	476	233
Argentina	Interno	302	176	301	180	294	167	289	143
Brasil	Paraná	465	271	469	281	451	256	509	251
Brasil	Rio Grande do Sul	421	245	424	254	414	235	442	218
Brasil	Média	443	258	446	267	433	246	476	234

Quanto ao farelo de trigo, o comportamento de preços de mercado é:

EVOLUÇÃO MENSAL DE PREÇOS EM 2010 - FARELO DE TRIGO											
	JAN		FEV		MAR		ABR		MAI		JUN	
	R$/T	US$/T	R$/T	US$/T	R$/T	US$/T	R$/T	US$/T	R$/T	US$/T	R$/T	US$/T
MERCADO BRASILEIRO	148	80	148	82	158	88	220	123	251	138	274	152

EVOLUÇÃO MENSAL DE PREÇOS EM 2010 - FARELO DE TRIGO											
	AGO		SET		OUT		NOV		DEZ		JUL	
	R$/T	US$/T	R$/T	US$/T	R$/T	US$/T	R$/T	US$/T	R$/T	US$/T	R$/T	US$/T
MERCADO BRASILEIRO	268	152	300	170	309	183	314	185	322	187	333	199

	MÉDIA 2009		MÉDIA 2008	
	R$/T	US$/T	R$/T	US$/T
MERCADO BRASILEIRO	254	145	262	130

Fonte: ABITRIGO/MDIC

6.3.8. Plantio de trigo na região Centro-Oeste

Na região Centro-Oeste, como a maior parte da lavoura é irrigada, a produção regional deve aproximar dos 3 mil quilos por hectare. A média geral esperada é de 2.502 quilos por hectare, superando em 20,9% a produtividade da safra passada, que foi de 2.070 quilos por hectare.

Segundo diversos especialistas, não há dúvidas de que a região Centro-Oeste brasileira apresenta condições bastante favoráveis para o aumento da produção de trigo, pois nessa região a qualidade do produto é excelente.

6.3.9. A visão da empresa 3 sobre o mercado de trigo no Brasil

Diante dos diversos fatores retroapresentados, a EMPRESA 3, entende que a produção de trigo na região Centro-Oeste deve aumentar consideravelmente tanto pelo preço das terras quanto por mão de obra mais barata, condições climáticas, etc.

Hoje, o complexo industrial de moagem de trigo da EMPRESA 3 está em excelentes condições de operação e está totalmente subutilizado. Ou seja, a ausência de danos na estrutura física dos equipamentos possibilita uma produção de farinha de trigo extremamente proveitosa.

Por essa razão, a operação do moinho será revista e modificada visando ampliar seu atual volume de operações, sem prejuízo do arrendamento já existente.

6.4. Mercado de massas no Brasil

6.4.1. Composição do mercado

Segundo a LAFIS (empresa especializada em análise setorial), existem, atualmente, cerca de 571 empresas de massas alimentícias no Brasil, empregando aproximadamente 25 mil pessoas. Na região Sudeste está concentrada cerca de metade das indústrias de massas alimentícias. Com uma produção anual da ordem de 1 milhão de toneladas, o Brasil fica atrás somente da Itália (3,1 milhões de toneladas) e dos EUA (1,2 milhão de toneladas).

O mercado brasileiro de massas é bastante concorrencial, sendo o principal representante do setor o Grupo M. Dias Branco. Esse setor se tornou mais concentrado com a intensificação das fusões e aquisições. Atualmente, mais da metade do mercado, em termos de volume vendido, é dominado por cinco empresas: M. Dias Branco, Selmi, J. Macêdo, Santa Amália e Vilma Alimentos.

6.4.2. Processo produtivo e logística de distribuição de massas

O macarrão seco representa mais de 80% do consumo de toda a categoria de massas secas, e suas vendas subdividem-se em: do tipo sêmola, do tipo com ovos, do tipo comum e ainda do tipo grano duro e caseiro.

O processo produtivo das massas permite ao produtor de um tipo deste produto produzir qualquer outro tipo com apenas pequenas adaptações no processo de fabricação e baixos investimentos. Isso permite ao produtor elaborar uma grande variedade de massas alimentícias. Assim, a indústria apresenta uma baixa barreira de entrada em termos de diversidade de produto.

Vale ressaltar que a massa é um produto de baixo valor agregado, e o frete tem peso significativo em seu preço final, justificando, dessa forma, o estabelecimento de núcleos regionais de produção, consumo e distribuição.

6.4.3. Ociosidade do parque fabril nacional e exportações de massas

Atualmente, o setor de massas tem capacidade instalada superior aos níveis da demanda nacional, sendo que seu nível de ociosidade gira em torno de 25%. As exportações brasileiras são da ordem de apenas 0,2% das vendas, tendo a Rússia, os EUA e o Paraguai como principais destinos.

Há o interesse de se fomentar a exportação de massas com o objetivo de reduzir o nível de ociosidade de parte da indústria brasileira. Os principais interessados no produto brasileiro seriam os países da África, do Oriente Médio e da Ásia.

Apresenta-se, a seguir, demonstrativo do consumo *per capita* de massas alimentícias no Brasil:

6.4.4. Consumo de massas

CONSUMO DE MASSAS ALIMENTÍCIAS (KG/HAB/ANO)					
TIPOS DE MASSAS	2006	2007	2008	2009	2010
POPULAÇÃO BRASIL (MILHÕES DE HABITANTES)	186	188	190	191	193
MASSAS SECAS	5,6	5,7	5,4	5,3	5,2
MASSAS INSTANTÂNEAS	0,8	0,8	0,9	0,9	0,9
MASSAS FRESCAS	0,2	0,2	0,2	0,2	0,2
TOTAL DE MASSAS ALIMENTÍCIAS	6,6	6,7	6,5	6,4	6,4
TOTAL CONSUMO	1.227,60	1.259,60	1.235,00	1.222,40	1.235,20

Fonte: Abima/Nielsen

De acordo com a revista *FiB*, nos últimos cinco anos, o faturamento do setor de massas cresceu 18% e o consumo *per capita* se manteve estável, com pequena queda. O Brasil é o terceiro maior mercado consumidor de macarrão do mundo, em termos de consumo, ficando atrás apenas da Itália e dos Estados Unidos. Entretanto, em relação ao consumo *per capita*, o País ocupa o 17º lugar no ranking mundial.

De acordo com a ABIMA (Associação Brasileira das Indústrias de Massas Alimentícias e Pão & Bolo Industrializado), o que dificulta uma expansão maior do nível de consumo nacional é o fato de que o brasileiro vê o macarrão como um complemento, e não como um prato. Além disso, o arroz é o maior concorrente da massa, em função de se tratar de um carboidrato de preço mais baixo. O consumo *per capita* de arroz é de, aproximadamente, 14 kg/ano, mais do que o dobro da demanda por macarrão.

Embora o mercado brasileiro de massas alimentícias tenha faturado R$ 5,9 bilhões em 2010, o consumo desse tipo de alimento no Nordeste ainda é baixo. Informações como essa foram apresentadas também pela ABIMA. Segundo o presidente da associação, Cláudio Zanão, a expectativa é de que o faturamento do setor aumente 3% em 2011.

6.4.5. Faturamento do setor de massas

Apresenta-se, a seguir, demonstrativo do faturamento de massas no Brasil:

Vendas de massas alimentícias – Faturamento (milhões de R$)					
Tipos de massas	2006	2007	2008	2009	2010
Massas secas	3.193	3.384	3.761	3.835	3.692
Massas instantâneas	1.345	1.407	1.516	1.643	1.766
Massas frescas	348	366	373	401	456
Total de massas alimentícias	4.886	5.157	5.650	5.879	5.915
Variação % do faturamento		5,25%	8,73%	3,90%	0,61%

Fonte: Abima/Nielsen

6.4.6. Mercado regional de massas

Estudos da Nielsen mostram que as marcas regionais já ultrapassam 52% do total de marcas existentes, e a previsão é de crescimento para 2011. A análise revelou que as classes C e D são as maiores consumidoras destes produtos. No Sul, consumidores A e B são os que mais compram itens de fabricação local.

As marcas regionais deixaram de ser apenas uma segunda opção para quem vive nos grandes, médios e pequenos centros para, cada vez mais, ganhar espaço e destaque nas prateleiras do País. Um levantamento da Nielsen mostra que, diante do aumento nos preços dos alimentos, o consumidor está procurando produtos mais baratos.

A pesquisa mostrou que as marcas de preço baixo vêm obtendo crescimento da ordem de 3% e as de médio preço, 4%. Ana Carolina Brenner Franceschi, coordenadora de pesquisas especiais da Nielsen, afirma que a proliferação de marcas regionais tem sido cada vez mais rápida nos últimos anos.

Nesse contexto, a EMPRESA 3 se destaca como líder e maior produtora de massas de toda a região Centro-Oeste do país.

6.4.7. As estratégias de atuação das marcas regionais pelo País

Marcas regionais representam 34% do faturamento total das categorias e, em algumas áreas do País, chegam a representar mais da metade das vendas em valor. Levando em conta a divisão Nielsen por regiões, temos:

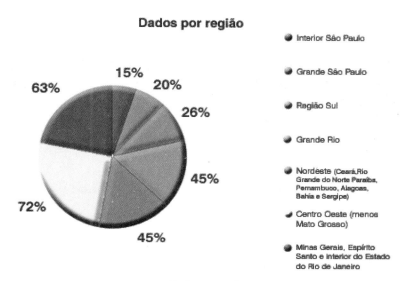

Fonte: EMPRESA 3

6.4.8. Perfis dos consumidores por região

No Centro-Oeste (menos Mato Grosso), o pequeno varejo é responsável por 79% do faturamento das marcas regionais, as preferidas da população de classe C. As redes locais de supermercados representam 70% do faturamento total da área.

Na área compreendida por Minas Gerais, Espírito Santo e interior do estado do Rio Janeiro, 81% do faturamento das marcas regionais vêm do pequeno varejo. "Nessa região observamos um movimento curioso, apesar de 30% das marcas regionais serem ao menos 10% mais caras que as nacionais, elas têm apelo da 'importância de consumir um produto local' e as ações pontuais no PDV como suas principais estratégias de promoção", revela Ana Carolina, coordenadora da Nielsen.[2]

No Nordeste (Ceará, Rio Grande do Norte, Paraíba, Pernambuco, Alagoas, Bahia e Sergipe), apesar de 36% das marcas locais serem mais ou menos 10% mais caras que as nacionais, as embalagens com destaque para menor desembolso chamam a atenção do consumidor.

As classes A e B são as que mais consomem produtos de marca regional nos estados do Sul brasileiro. O consumidor dessa parte do País busca produtos que relacionem menor preço por maior quantidade por quilo/litro.

Na região da Grande São Paulo (Capital, Santo André, São Bernardo do Campo, São Caetano do Sul, Diadema, Mauá, Guarulhos, Osasco, Embu e Taboão

---

[2] Fontes: Estudo Tendência Bimestral e Painel de Domicílios Homescan (8.700 lares brasileiros)

da Serra), os pequenos varejos são responsáveis por 61% do faturamento das marcas regionais. "Pelo fato de as grandes redes estarem presentes nas diversas partes da região, inclusive nas áreas mais periféricas, as vendas de produtos acabam sendo mais pulverizadas", explica Ana Carolina.

6.4.9. O segmento de misturas prontas para bolos

Numa análise do mercado de misturas para bolos, observa-se que a procura pelas misturas tem crescido, fato atribuído a ascensão da classe C, pois essas misturas já foram tradicionalmente mais consumidas pelas classes A e B. A praticidade desse tipo de produto de massa contribui para o crescimento do setor.

6.4.10. A visão da empresa 3 sobre o mercado de massas

Conforme explanado nos itens anteriores, o mercado de massas apresenta boa perspectiva. Entretanto, todo o complexo industrial de massas da empresa já é objeto de arrendamento e, portanto, a exploração desse mercado, afora o arrendamento, requer investimentos adicionais difíceis de serem atualmente operacionalizados.

O contrato de arrendamento da linha de misturas para bolos vencerá em 03 anos, e o investimento para a exploração desse mercado é bem menor que o de massas. E como já foi dito, a linha de misturas para bolos apresenta boa expectativa de crescimento.

Por essa razão, a EMPRESA 3 poderá manter o arrendamento de seu complexo industrial de massas e apenas explorar a linha de misturas para bolos quando do término do respectivo contrato de arrendamento.

Capítulo 7. As causas do desequilíbrio financeiro da empresa 3

Conforme já descrito no item 2 deste plano, sobre a história da EMPRESA 3, vários foram os fatores que contribuíram para o desequilíbrio econômico e financeiro da empresa.

Apresentaremos, a seguir, um resumo sobre os principais fatores:

7.1. Redução da produção nacional de trigo

O Brasil, após a abertura da economia no setor de trigo, ao final da década de 1980, se viu autossuficiente na produção do mesmo e começou, no início dos anos 1990, a reduzir sua produção de trigo, deixando o país aberto à concorrência internacional no mercado.

Essa situação de aumento das importações de trigo se agravou com a instituição do MERCOSUL, em 1994, porque, com o corte dos impostos de importação, os donos de moinhos brasileiros passaram a comprar grandes volumes de trigo da Argentina, que tem condições de clima e solo favoráveis para o plantio, produzindo trigo a um menor custo e melhor qualidade.

Esse aumento das importações de trigo da Argentina acabou inviabilizando ainda mais o cultivo do trigo nacional, tornando a importação a melhor estratégia para atendimento das necessidades internas.

7.2. A maxidesvalorização cambial em 1999

A EMPRESA 3, como a maioria das empresas nacionais de moagem de trigo, entrou na década de 1980 envolvida com o problema de importação de trigo da Argentina, onde as compras, via de regra, eram efetuadas a prazo.

Em 1999, houve a maxidesvalorização da moeda brasileira, o real, em relação ao dólar americano. Com isso, todas as dívidas em moeda estrangeira sofreram brusco aumento.

Naquela época, a EMPRESA 3 possuía uma dívida junto a EMPRESA X no montante de R$ 12 milhões de reais. Referida dívida, com a maxidesvalorização, passou da noite para o dia para R$ 21 milhões.

Essa queda do valor do real, e consequentemente a escassez de saldo em caixa, fez com que a EMPRESA 3, pela primeira vez na sua história, apresentasse dificuldades em honrar seus compromissos firmados com os seus fornecedores de trigo. E entre eles, estava a EMPRESA X, já que a EMPRESA 3 possuía um contrato de fornecimento de trigo.

Com a inadimplência junto à EMPRESA X, a mesma não levou em consideração o cenário econômico de desvalorização da moeda nacional e forçou a EMPRESA 3 a assinar um pesado termo de confissão de dívida, que, sem sombra de dúvidas, foi altamente prejudicial à EMPRESA 3.

7.3. RECORRÊNCIA A BANCOS E ELEVADO CUSTO FINANCEIRO

Com o início da escassez de recursos, sem geração positiva de fluxo de caixa e baixos níveis de capital de giro, a EMPRESA 3 se viu obrigada a recorrer a bancos para garantir e honrar seus compromissos, já que a moeda estrangeira disparou, e o valor do dólar subiu 73,6%, saltando de R$ 1,21, para R$ 2,10.

Com a assinatura da confissão de dívida citada no item anterior, aliada à baixa rentabilidade de se operar os moinhos no início dos anos 1990, e ainda devido à abertura econômica (as taxas de juros no mercado financeiro, por força de redução dos níveis mundiais de liquidez, também dispararam no mercado interno, subindo de 29% ao ano, para 45% ao ano), os custos financeiros tomaram praticamente toda a rentabilidade da operação da EMPRESA 3.

Só para se ter uma ideia sobre taxas de juros, é notório que o Brasil apresentou, nos últimos anos, uma das maiores taxas de juros do mundo.

Apresenta-se, a seguir, demonstrativo do comportamento da taxa SELIC (que é a taxa básica de juros) nos últimos anos:

Taxa Selic Brasil – 2000 – 2011

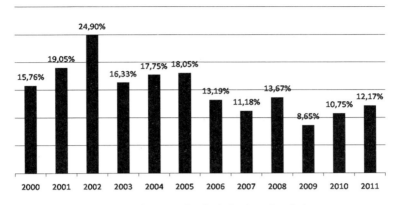

Fonte: Banco Central do Brasil – Indicadores Econômicos

Assim sendo, os elevados custos financeiros contribuíram para que a empresa passasse a registrar expressivos prejuízos financeiros em suas operações.

Dessa forma, para garantir os compromissos firmados com os fornecedores de trigo, a EMPRESA 3 começou a cada vez mais se endividar e ficar refém de linhas de crédito de curto prazo para o fomento e custeamento financeiro de suas operações. Os custos financeiros, a cada ano, ficaram maiores e os limites de crédito, cada vez mais estrangulados, foram paulatinamente sufocando a empresa.

Com o aumento de seu custo financeiro inviabilizando sua lucratividade, o crédito à empresa foi se escasseando até chegar a um ponto em que a EMPRESA 3 se viu sem crédito bancário, iniciando sua dependência junto à *factorings*.

Como os juros financeiros práticados pelas *factorings* são ainda maiores que do que os práticados pelos bancos, era óbvio que a empresa cada vez mais teria dificuldades em manter seus níveis de capital de giro.

Apresenta-se, a seguir, um demonstrativo das despesas financeiras registradas em cada ano no balanço da empresa:

Dados suprimidos para preservar informações da empresa.

Conforme se observa, o percentual de despesas financeiras apurado em cada exercício atingiram percentuais tão expressivos que era evidente que a empresa estava fadada ao estrangulamento financeiro.

7.4. Os problemas com o arrendamento do moinho

O ARRENDATÁRIO, como diversas outras empresas multinacionais, inseriu-se na década de 1990 no mercado nacional. Com a proposta de inserir-se no mercado de trigo na região Centro-Oeste, onde o ARRENDATÁRIO não atuava, tal empresa propôs uma parceria, em que parecia estar a solução para a crise financeira da EMPRESA 3.

Assim sendo, iniciou-se o arrendamento com o ARRENDATÁRIO, onde a mesma ficaria responsável pelo fornecimento de farinha de trigo para a EMPRESA 3. Não demorou muito para ficar claro que a parceria era boa apenas para a multinacional, que desejava apenas adquirir um *know-how* no segmento, já que a EMPRESA 3, durante décadas, se firmava como líder no mercado em que atuava, e o ARRENDATÁRIO, sabendo disso, se aproveitou da situação de dificuldade econômica da EMPRESA 3 para tomar seu mercado.

Diante da parceria firmada, inicialmente a EMPRESA 3 comprava uma parte da farinha produzida pelo ARRENDATÁRIO, e com essa farinha produzia os derivados da mesma. Além disso, com relação ao fornecimento de farinha para a EMPRESA 3, observa-se que ocorreram inúmeros reajustes nos preços, diminuindo, por consequência, a competitividade da EMPRESA 3 no mercado e aumentando sua dependência financeira em relação à referida multinacional. O ARRENDATÁRIO, no entanto, acabou entrando no segmento de farinha industrial, apoderando-se deste mercado até então dominado pela EMPRESA 3.

Na verdade, o que se observa é que a verdadeira intenção do ARRENDATÁRIO era apenas retirar definitivamente a EMPRESA 3 do mercado, apoderando-se de sua marca e carteira de clientes.

Assim sendo, tal multinacional, observando as dificuldades financeiras por que passava a EMPRESA 3, passou a cobrar encargos sobre os fornecimentos de farinha até sua efetiva quitação. O problema é que os encargos cobrados acabavam por dificultar ainda mais a vida da instituição, afora a exigência de títulos para garantia das dívidas.

Vendo a dificuldade crescente da EMPRESA 3 em honrar seus compromissos, a mesma foi forçada pelo ARRENDATÁRIO a assinar um contrato que, teoricamente, seria para a reestruturação da parceria. Entretanto, o contrato firmava que a dívida das cotas de farinha seriam pagas através do fornecimento de massa de macarrão, firmado mediante um contrato de compra e venda de massas entre a EMPRESA 3 e o ARRENDATÁRIO.

Dessa forma, o ARRENDATÁRIO, que antes apenas participava do processo de industrialização da farinha de trigo, passou a se aprofundar ainda mais na operação da EMPRESA 3. Esse mesmo contrato previa que a mesma venderia apenas os produtos que levassem consigo o nome da parceira multinacional. Mesmo assim, o ARRENDATÁRIO tinha acesso direto a toda a carteira de clientes da EMPRESA 3 e estava diretamente ligado a toda a cadeia de produção, custos, compra de matéria-prima, negociação com fornecedores, enfim, o ARRENDATÁRIO se infiltrou diretamente no negócio da EMPRESA 3, inclusive vendendo produtos da marca diretamente aos clientes.

Com a posse de todas as informações estratégicas, logísticas e de compra e venda, o ARRENDATÁRIO passou a exigir novas condições para que fosse dada continuidade a parceria, onde a EMPRESA 3 retornaria às mesmas condições do início da união, ficando apenas na prestação do serviço de processamento e comercialização de farinha, haja vista que toda a informação de que ela necessitava já havia sido adquirida, toda operação comercial já estava em sua posse fazendo com que seu objetivo de prejudicar a marca no mercado fosse obtido com êxito.

Assim, o ARRENDATÁRIO impôs a assinatura de um novo instrumento de parceria, no qual o mesmo não só consolidava os supostos "valores" que o ARRENDATÁRIO deteria em face da EMPRESA 3, valores esses referentes à cota mínima de farinha, dos altos e abusivos juros cobrados, encargos e taxas de comissão, como ainda tentava eximir o ARRENDATÁRIO de ser executado com possíveis ações da EMPRESA 3 contra o mesmo.

Vendo que não tinha outra saída, o instrumento foi assinado, numa desesperada tentativa por parte dos diretores da EMPRESA 3 em continuar a operação e não comprometer ainda mais a imagem da marca, cujo renome foi obtido ao longo de vários anos de trabalho árduo e que estava em risco diante da conduta adotada pelo ARRENDATÁRIO ao longo da parceria. Importante registrar ainda que, caso não fosse assinado o instrumento, seria paralisado o fornecimento de matéria-prima para a EMPRESA 3, o que inviabilizaria a continuidade da empresa naquele momento.

Entretanto, menos de 7 meses após a assinatura do último instrumento de parceria, o ARRENDATÁRIO se posiciona, notificando a EMPRESA 3 que não tinha nenhum interesse em continuar a parceria após a data especificada na notificação. Esse com certeza foi um "tiro certeiro" contra a EMPRESA 3.

Como se não bastasse, o ARRENDATÁRIO conseguiu autorização por meios legais através do CADE (Conselho Administrativo de Defesa Econômica) para vender suas operações de trigo para outra multinacional, que já era a líder deste segmento no Brasil. Justificando essa transação, o ARRENDATÁRIO se posicionou alegando que a mesma possuía apenas 3% do mercado nacional de trigo e que lhe custaria um elevado investimento para se igualar nesse mercado aos maiores. Mas fica claro que o ARRENDATÁRIO se utilizou do *know how*, da força da marca, bem como da posição de mercado que tomou da EMPRESA 3 para auferir lucros na venda de sua operação de trigo no Brasil para outra multinacional.

O parque fabril foi devolvido literalmente sucateado, situação que fez com que a EMPRESA 3 se recusasse a receber as chaves da área industrial que fazia parte da parceria. Com isso, o ARRENDATÁRIO recusou a continuar pagando o aluguel do objeto que fazia parte da parceria e, ainda, pediu o cancelamento do benefício do FOMENTAR (programa estadual de benefícios de ICMS), que lhe havia sido cedido pela EMPRESA 3 por força da parceria e que deveria ser restituído ao final do contrato.

Assim, com a inoperância do moinho, cujo bem foi depreciado durante o período do arrendamento, a EMPRESA 3 se viu obrigada a parar de moer trigo ao longo de quase todo o ano de 2008, para que fosse feito o levantamento dos prejuízos e a perícia dos gastos a incorrer para colocar o moinho novamente em operação. Sem o benefício do FOMENTAR e sem capital, já que grande parte foi gasto na tentativa de reparo do moinho, a EMPRESA 3 não conseguiria mais por conta própria retomar a operação de suas atividades.

7.5. Inadimplência tributária e com fornecedores

Mesmo diante das gigantescas dificuldades, a EMPRESA 3, que é tradicional no ramo, se manteve no mercado, buscando uma redução drástica nos seus custos diretos e indiretos. Com vários problemas de ordem financeira, era presumível a inadimplência com impostos e fornecedores.

Essa inadimplência com as suas obrigações fiscais em todas as esferas – (federais, estaduais e municipais) prejudicou qualquer tipo de financiamento, obtenção de novos benefícios fiscais e impossibilitou transações bancárias a custos mais acessíveis, até mesmo as mais simples, como desconto de duplicatas e cheques especiais e entre outros. Até os valores a serem pagos para a manutenção do fomentar, que é a questão decisiva em proporcionar o crescimento da empresa, passou a ficar em inadimplência, o que demonstra claramente a precária situação financeira da empresa.

Todos esses problemas foram administrados com muita firmeza, só que se avolumaram até os dias atuais pela absoluta dificuldade na obtenção de linhas de crédito junto a instituições financeiras e fornecedores. Frisa-se que a inadimplência na quitação de tributos e fornecedores também resultou em aumento do custo financeiro da empresa.

7.6. Queda no faturamento e redução da capacidade de produção

A EMPRESA 3, desde o ano de 2004, vem apresentando uma queda vertiginosa em suas vendas. A empresa chegou a faturar mais de R$ 203 milhões em 2004. Em 2009, seu faturamento foi da ordem de R$ 85 milhões.

Os prejuízos operacionais são evidentes em seus balanços patrimoniais. A empresa, que a cada ano foi reduzindo a sua capacidade de vendas/produção, teve que também reduzir drasticamente o seu quadro de mão de obra.

Registra-se que a empresa possuía mais de 800 funcionários em 2003.

7.7. Reajuste de mão de obra

No Brasil, observa-se que nos últimos exercícios vêm sendo concedidos reajustes salariais superiores aos níveis inflacionários, o que, consequentemente, trouxe reflexos aos dissídios de cada categoria de trabalhadores. Apresentamos, a seguir, quadro demonstrativo dos reajustes salariais concedidos aos trabalhadores do setor:

Ano	Reajuste Médio	Inflação
2008	6,0%	5,90%
2009	6,0%	4,31%
2010	5,5%	5,85%

7.8. Incêndio na cabine elétrica

Em 24/11/2008, não bastassem os problemas com o encerramento da parceria com o ARRENDATÁRIO, um incêndio ocorrido na cabine elétrica do parque fabril arrendado danificou gravemente grande parte dos equipamentos da planta industrial, fazendo com que as operações do moinho e do pastifício ficassem paradas por mais de 20 dias, gerando, assim, um prejuízo que afetou diretamente o capital de giro.

7.9. Venda do parque fabril

Conforme já descrito no item 2.9 deste plano, a empresa foi vendida em abril de 2011 para um empresário paulista. Com essa venda, os acionistas da EMPRESA 3 entendiam que os problemas da empresa estavam resolvidos, pois o comprador se obrigava a injetar recursos na empresa para a equalização de seus passivos e levantar a marca que por diversos anos se manteve em primeiro lugar no mercado goiano.

Entretanto, aquilo que seria uma solução acabou se transformando em mais um grande problema a ser resolvido, pois o comprador não investiu (conforme previa o contrato) na empresa, e as dívidas, inclusive com funcionários, não foram quitadas. Obviamente os acionistas da EMPRESA 3 desfizeram a venda.

Nesse período, conforme já comentado, a empresa ficou mais de 40 dias sem produção e chegou a ter o fornecimento de energia suspenso.

Capítulo 8. Da reestruturação da empresa 3
(art. 53 da lrj)

A administração atual da EMPRESA 3 já iniciou suas ações para modificação do cenário da empresa.

Uma verdadeira força-tarefa foi implementada visando à busca de soluções para empresa e de geração de caixa para a equalização de seus passivos. E, assim, iniciou-se o trabalho de reestruturação da instituição.

Nos itens adiante, há um resumo das ações já adotadas pelos administradores.

8.1. Medidas já adotadas pela administração

8.1.1. Retomada do parque fabril

A primeira ação tomada pelos administradores foi a retomada da empresa em maio de 2011, após o malsucedido processo de venda citado no item anterior.

8.1.2. Reestruturação relativa aos recursos humanos

Como a empresa somente possui arrendamento de seus complexos industriais, a folha de pagamentos foi reduzida ao mínimo de funcionários. Somente alguns procuradores e a advogada responsável pelo departamento jurídico foram mantidos para o acompanhamento das ações judiciais em andamento.

8.1.3. Ações de profissionalização

A empresa contratou, como já citado no início deste plano, consultorias jurídicas e financeiras especializadas para análise das possibilidades de melhoria da empresa.

8.1.4. Definição do foco da empresa e dos objetivos da recuperação

A administração da EMPRESA 3, após detida análise de sua situação financeira e em conjunto com seus consultores financeiros, entende que, na verdade, as receitas atualmente obtidas pela empresa no seu processo de arrendamento basicamente serão utilizadas para o custeamento de seu processo de recuperação judicial. Dessa forma, para o pagamento a credores, outras soluções foram discutidas e analisadas pelos consultores em conjunto com a administração da empresa.

Assim sendo, a efetiva recuperação da empresa e a equalização de seu passivo passa necessariamente por um conjunto de medidas que serão esboçadas nos tópicos seguintes.

8.2. Medidas a serem adotadas após o Pedido de Recuperação

8.2.1. Venda de áreas não vinculadas ao parque fabril de massas e moinho

Conforme já detalhado no item 3.4 deste plano, a EMPRESA 3 possui em seu ativo diversos terrenos que não estão vinculados às unidades industriais. São terrenos não operacionais, e que podem ser alienados sem prejuízo às atividades fabris.

Assim sendo, a proposta da administração é que esses terrenos sejam alienados e o produto dessa alienação seja utilizado no processo de recuperação judicial da empresa.

Atualmente já existem propostas encaminhadas aos administradores para alienação das unidades tanto na modalidade de venda direta quanto na modalidade de participação em processos de VGV (Valor Geral de Vendas), de empreendimentos imobiliários.

A administração efetuará análise sobre a melhor oferta para as alienações pretendidas, visando otimizar os recursos para a recuperação da empresa.

Os recursos a serem recebidos em decorrência dessa alienação serão integralmente alocados ao caixa da empresa. Para fins de pagamento a credores, a distribuição do fluxo de caixa observará as disposições constantes no item 13 deste plano.

8.2.2. Redefinição da nova operação do complexo industrial de moagem de trigo

Dentro de seu parque fabril, a EMPRESA 3 possui o complexo industrial de moagem de trigo, que hoje está arrendado.

Atualmente, o arrendatário não opera a totalidade da capacidade do moinho e, por isso, o complexo, que possui uma capacidade de moagem no montante de 15 mil ton/mês, está operando apenas com 30% de sua capacidade instalada.

Dessa forma, com os recursos da venda das áreas não operacionais constantes no item 8.2.1 deste plano, a EMPRESA 3 efetuará, em conjunto com o arrendatário, nova parceria para exploração da capacidade ociosa do complexo fabril.

Essa exploração trará geração positiva de caixa e a mesma será revertida aos credores. A projeção do fluxo de caixa e a demonstração de resultados da EMPRESA 3, que estão anexados ao presente plano de recuperação, já contemplam para os próximos exercícios essa geração de recursos com a nova modelagem de operação do moinho.

8.2.3. Redefinição da nova operação de exploração da fabricação de misturas para bolos

Tendo em vista que o contrato de arrendamento da fábrica de misturas para bolos tem seu término previsto para 2014, e considerando-se que o mercado de misturas para bolos apresenta-se com boa perspectiva, conforme já citado no item 6.4.11, a EMPRESA 3 poderá efetuar a exploração direta desse segmento.

Capítulo 9. Das premissas econômicas financeiras adotadas neste plano (art. 53, ii, da lrj)

9.1. Premissa da confirmação da viabilidade econômica

A Lei de Recuperação Judicial, interpretada à luz do princípio da preservação da empresa, envolve, além das importantes reestruturações operacionais e mercadológicas, o raciocínio lógico-científico do consultor na análise e avaliação criteriosa dos resultados financeiros a serem alcançados através das medidas propostas.

No presente plano, essa análise financeira dos resultados projetados foi feita com adequado grau de conservadorismo, levando-se em consideração, obviamente, as reestruturações operacionais e mercadológicas previstas.

A administração e consultores da empresa cuidaram, desde o primeiro momento desta fase, em reiterar políticas e implantar relatórios de acompanhamento que permitirão a constante verificação do andamento das operações para a necessária análise de alternativas e correção de rumos.

Entretanto, a melhor contribuição do modelo proposto foi a elaboração de um modelo de relatório que primou pela qualidade da projeção dos resultados a serem alcançados via a implementação deste plano. Tal modelo foi feito a partir da captação das medidas de recuperação estudadas pela direção da EMPRESA 3.

Assim sendo, foram feitas projeções de custos, despesas e receitas da empresa para o período de vários anos.

Apresenta-se, ainda, a Demonstração de Resultados Projetados, que deverá ser sempre confrontada com os dados reais para as devidas avaliações, o que, em última análise, permite a identificação de eventuais desvios e a imediata implementação de ações corretivas, tornando o plano facilmente acompanhável e muito flexível.

O modelo foi acoplado a uma demonstração de fluxos de caixa projetados que reflete, em bases anuais, a capacidade da empresa para o cumprimento dos compromissos assumidos: a liquidação dos valores devidos.

Finalmente, também é apresentado o demonstrativo de pagamento a credores, tanto a credores com garantia real quanto quirografários. Esses demonstrativos contemplam as diversas modalidades de amortização da dívida propostas pela empresa, e estão detalhadamente comentados no item 11 deste plano.

9.2. Premissas utilizadas para as projeções financeiras

Inicialmente, é importante ressaltar que os pilares básicos que foram utilizados na elaboração das projeções de resultado e fluxo de caixa são os seguintes:

- Fundamentar projeções na mais realista probabilidade de consecução das metas referentes às áreas comercial (quantidades e preços de venda), administrativa e econômico-financeira, conforme explicado no texto desta proposta;
- Determinar como principal objetivo que – ao longo de todo o período – os saldos acumulados finais de caixa sejam positivos, confirmando a capacidade de recuperação da empresa;
- Destacar que é absolutamente imprescindível a concessão dos prazos de carência estabelecidos no item 11 deste plano pois, além da adequação da nova política de operacionalização do moinho, é imprescindível a concretização da venda das áreas não operacionais;
- O valor utilizado como base é o divulgado na primeira lista de credores ajustados pelas divergências já identificadas e notificadas pelo administrador judicial até a presente data;
- Caso até a data da realização da assembleia geral de credores (art. 56 da LRJ) tenha sido apresentada a 2ª Relação de Credores pelo administrador judicial (cf. art. 7º, § 2º da lei nº 11.101/05), os credores constantes dessa nova relação terão o mesmo tratamento que será dado aos credores da primeira lista de credores no presente plano.

Apresenta-se, a seguir, as principais premissas utilizadas para a determinação e projeção de resultados e do fluxo de caixa da empresa para os próximos exercícios:

Dados suprimidos para preservar as informações da empresa.

Por fim, ressalta-se que a adequada recuperação da empresa, que se dará pela implementação das medidas previstas neste plano, dependerá de diversos fatores, pois, além da boa vontade, do conhecimento, da experiência e da capacidade de todos os envolvidos, sejam eles administradores, consultores, advogados, o sucesso deste mecanismo também dependerá de fatores externos, tais como a política cambial e monetária, política de juros, modificações na carga tributária, etc., fatores indispensáveis.

Recomenda-se, portanto, que para superar esses obstáculos imponderáveis no momento é importante manter-se sempre atualizado, sem perder de foco o objetivo principal da empresa, ou seja, a obtenção de resultados positivos.

As planilhas trazidas como anexos ao presente plano demonstram de forma inequívoca que a EMPRESA 3 é uma empresa viável, posto que poderá manter-se no mercado, gerar recursos em longo prazo para pagar seus credores e manter, assim, o negócio em bom funcionamento.

Destaque-se, quanto à viabilidade econômica, que o negócio da EMPRESA 3 possui margem para uma ampla expansão. Assim, tanto pelas planilhas anexas, como pelo cenário macroeconômico e pelos mercados que atua, é evidente que a EMPRESA 3 é economicamente viável, desde que as metas estabelecidas possam ser cumpridas, especialmente no que se refere à busca de parcerias e melhor utilização de seus recursos físicos.

9.3. CAPITAL TANGÍVEL – MÁQUINAS E EQUIPAMENTOS

Apresenta-se, a seguir, um resumo dos valores apurados relativos ao patrimônio tangível da empresa, cuja avaliação foi feita por peritos independentes, conforme laudo de empresa especializada.

Capítulo 10. Classificação dos credores

Como se verá a seguir, o rol de credores da EMPRESA 3 é predominantemente composto por fornecedores e alguns agentes financeiros. Com relação aos fornecedores, observa-se que os créditos, em sua grande maioria, são originários de estreito e antigo relacionamento comercial, adquiridos no desempenho de seu objetivo social.

Dessa forma, o resumo dos credores da EMPRESA 3, detalhado por grupo conforme informações até agora obtidas junto ao administrador judicial, segue abaixo:

Dados suprimidos para preservar as informações da empresa.

Capítulo 11. Do pagamento aos credores

O valor que está sendo utilizado como base para os saldos dos credores é o divulgado na primeira lista já publicada pela empresa, ajustada pelos fatos já identificados e notificados pelo administrador judicial até a presente data.

Caso até a data da realização da assembleia geral de credores (art. 56 da LRJ) tenha sido apresentada a 2ª Relação de Credores pelo administrador judicial (cf. art. 7º, § 2º da lei nº 11.101/05), os credores constantes dessa nova relação terão o mesmo tratamento que será dado aos credores da primeira lista de credores no presente plano.

11.1. Pagamento aos credores – trabalhistas

11.1.1. Credores trabalhistas da lista atual

O tratamento que será dado aos credores constantes na atual lista de credores será o seguinte:

a. Credores trabalhistas que efetuaram acordo com a empresa na esfera trabalhista, até 30 dias antes da data da realização da primeira AGC:
    - Carência de 6 meses a partir da publicação da decisão que homologar o plano de recuperação judicial;
    - Em relação aos pagamentos após a carência, os créditos nesta subclasse serão pagos integralmente em até 6 parcelas mensais.

b. Credores trabalhistas que não efetuarem acordo com a empresa na esfera trabalhista até 30 dias antes da data da realização da primeira AGC:
    - Carência de 10 meses a partir da publicação da decisão que homologa o plano de recuperação judicial;

- Deságio de 80% sobre o valor do crédito constante da primeira relação de credores, ou, se houver, da segunda relação de credores;
- Pagamentos: o saldo do crédito após a carência e aplicação do deságio será pago em 02 parcelas mensais.

11.1.2. Credores trabalhistas que tiverem seus créditos reconhecidos e habilitados após a elaboração da 2ª Relação de Credores pelo administrador judicial.

Tendo em vista que podem existir processos trabalhistas em trâmite, ou a serem ajuizados no período de dois anos da rescisão do contrato de trabalho, em que se discutem verbas controversas e alheias ao parágrafo único do artigo 54 da lei, tomando por base o princípio legal, e evitando privilegiar credores da mesma classe, a EMPRESA 3 pagará aludidas verbas, caso reconhecidas pela Justiça do Trabalho, da seguinte forma:

a. Credores trabalhistas que efetuarem acordo com a empresa na esfera trabalhista
- Carência de 6 meses a partir de habilitação, na recuperação judicial, do crédito apurado na Justiça do Trabalho por força do acordo;
- Pagamentos: após a carência, os créditos nesta subclasse serão pagos integralmente em até 6 parcelas mensais.

b. Credores trabalhistas que não efetuarem acordo com a empresa na esfera trabalhista
- Carência de 10 meses a partir da habilitação, na recuperação judicial, do crédito apurado na Justiça do Trabalho;
- Deságio de 90% sobre o valor do crédito apurado na Justiça do Trabalho;
- Pagamentos: o saldo do crédito, após a carência e aplicação do deságio, será pago em 02 parcelas mensais e consecutivas.

11.1.3. Atualização de valores

Os valores não serão atualizados ou corrigidos monetariamente.

11.1.4. Encargos sociais

Os encargos sociais relacionados à classe trabalhista serão pagos e/ou parcelados na forma prevista em lei.

11.2. Pagamento aos credores com garantia real

O plano de pagamento foi concebido levando-se em consideração as projeções de fluxo de caixa e de resultado da empresa para os próximos 20 anos.

Apresentamos, a seguir, esclarecimentos quanto à proposta técnica e quanto à forma de pagamento aos credores com garantia real:

- Carência de 2 anos para início dos pagamentos, contados a partir da data de publicação da decisão judicial que homologar o plano de recuperação;
- Deságio de 55% sobre o saldo de cada credor constante na primeira (ou segunda) relação de credores;
- Os valores destinados a esses credores serão atualizados monetariamente com juros de 2% ao ano sem correção monetária;
- Pagamento de 45% do valor individual homologado pelo juízo da recuperação judicial nas seguintes condições:

    a. Pagamentos realizados semestralmente mediante utilização de 35% do fluxo de caixa livre gerado a cada semestre subsequente à carência pela EMPRESA 3. Os pagamentos relativos a cada SEMESTRE serão realizados em 03 parcelas mensais, sendo que a primeira parcela deverá ser paga em até 90 dias após a data de fechamento do correspondente semestre e as demais parcelas no mesmo dia dos meses subsequentes. Os 35% do fluxo e caixa livre gerado serão destinados aos credores desta classe da seguinte forma:

    - a.1 – 10% serão pagos aos credores de forma linear;
    - a.2 – 15% serão pagos aos credores proporcionalmente aos valores de seus créditos;
    - a.3 – 10% serão pagos apenas aos credores classificados como credores parceiros, ou seja, aqueles que continuarem a fornecer produtos e/ou serviços à empresa. Não havendo credor nessa condição, esse percentual será pago de forma linear.

    b. Além do pagamento descrito na alínea anterior, a recuperanda também propõe amortizações complementares, sob a modalidade de Leilões Reversos, conforme descrito no item 12 deste plano;

    c. A Previsão de liquidação dessa classe, considerando as premissas utilizadas, é de 17 anos, conforme quadro apresentado no item 11.6.

11.3. Pagamento aos credores – Quirografários

O plano de pagamento para esta classe também foi concebido com base nas projeções de fluxo de caixa e de resultados da empresa para os próximos 20 anos.

Apresentamos, a seguir, esclarecimentos quanto à proposta técnica e quanto à forma de pagamento aos credores:

- Carência de 2 anos para início dos pagamentos, contados a partir da data de publicação da decisão judicial que homologar o plano de recuperação;
- Deságio de 65% sobre o saldo de cada credor constante na relação de credores homologada;
- Os valores serão atualizados monetariamente com juros de 2% ao ano sem correção monetária;
- Pagamento de 35% do valor individual homologado pelo juízo da recuperação judicial nas seguintes condições:

    a. Pagamentos realizados semestralmente, mediante utilização de 23% do fluxo de caixa livre gerado a cada semestre subsequente à carência pela EMPRESA 3. Os pagamentos relativos a cada SEMESTRE serão realizados em 03 parcelas mensais, sendo que a primeira parcela deverá ser paga em até 90 dias após a data de fechamento do correspondente semestre e as demais parcelas no mesmo dia dos meses subsequentes. Os pagamentos descritos neste item serão realizados observando-se os seguintes critérios:

    - a.1 – 8% de geração de caixa serão divididos igualmente entre os credores e os valores serão pagos até o limite do saldo de cada credor na referida data;
    - a.2 – 10% de geração de caixa, acrescido do saldo não utilizado do item "a.1", serão distribuídos entre os credores proporcionalmente ao saldo de cada credor, após os pagamentos descritos no item "a.1" anterior;
    - a.3 – 5% serão pagos a credores classificados como credores parceiros, ou seja, aqueles que continuarem fornecendo produtos e/ou serviços à empresa.

    b. Além do pagamento descrito na alínea anterior, a recuperanda também propõe amortizações complementares, sob a modalidade de Leilões Reversos, conforme descrito no item 12.1 deste plano;

    c. A previsão de liquidação dessa classe, considerando essas premissas, é de 19 anos, conforme quadro apresentado no item 11.6.

11.4. OUTRAS CONSIDERAÇÕES SOBRE AS PROPOSTAS DE PAGAMENTO A CREDORES

Destaque-se que a metodologia de pagamento, conforme previsto no item 11 deste plano, cumpre os seguintes requisitos:

- Cumprimento das determinações da LFRE, especialmente, do artigo 50, I e XI;
- Tratamento igualitário entre credores da mesma classe;
- Viabilidade financeira do plano;
- Fazer prevalecer o espírito da lei, tratando seus credores, parceiros históricos da empresa, com justiça e bom senso.

Para fins de pagamento, utilizar-se-á o conceito de geração de caixa, que, em suma, se traduz na capacidade da EMPRESA 3, no decorrer de suas atividades operacionais, conseguir fazer com que as entradas de caixa superem as saídas.

11.5. CRÉDITOS COM GARANTIA REAL E QUIROGRAFÁRIOS E RECONHECIDOS APÓS A SEGUNDA RELAÇÃO DE CREDORES DIVULGADA PELO ADMINISTRADOR JUDICIAL

Os créditos com garantia real e quirografários retardatários, reconhecidos após a publicação da segunda relação de credores da EMPRESA 3, serão pagos da mesma forma:

- Carência de 2 anos para início dos pagamentos, contados a partir da data de publicação da decisão judicial que homologar o plano de recuperação;
- Deságio de 90% sobre o valor homologado;
- O saldo será atualizado monetariamente com juros de 2% ao ano, sem correção monetária;
- Pagamento: o saldo remanescente do crédito (10%) será adicionado aos valores dos créditos já homologados na segunda relação de credores para fins de pagamento.

11.6. Demonstrativo de pagamento a credores

a. Percentuais destinados – Credores garantia Real

Ano	Destinação Fluxo%		Leilão		Atual. Crédito	
	Linear	Proporcional	Leilão Reverso	credor parceiro	Prev. Deságio	%
1	10%	15%	20%	10%	40%	2%
2	10%	15%	20%	10%	40%	2%
3	10%	15%	20%	10%	40%	2%
4	10%	15%	20%	10%	40%	2%
5	10%	15%	20%	10%	40%	2%
6	10%	15%	20%	10%	40%	2%
7	10%	15%	20%	10%	40%	2%
8	10%	15%	20%	10%	40%	2%
9	10%	15%	20%	10%	40%	2%
10	10%	15%	20%	10%	40%	2%
11	10%	15%	20%	10%	40%	2%
12	10%	15%	20%	10%	40%	2%
13	10%	15%	20%	10%	40%	2%
14	10%	15%	20%	10%	40%	2%
15	10%	15%	20%	10%	40%	2%
16	10%	15%	20%	10%	40%	2%
17	10%	15%	20%	10%	40%	2%
18	10%	15%	20%	10%	40%	2%
19	10%	15%	20%	10%	40%	2%
20	10%	15%	20%	10%	40%	2%

b. Percentuais destinados – Credores quirografários

Ano	Destinação Fluxo%		Leilão		Atual. Crédito	
	Linear	Proporcional	Leilão Reverso	Credor Parceiro	Prev. Deságio	%
1	8%	10%	12%	5%	40%	2%
2	8%	10%	12%	5%	40%	2%
3	8%	10%	12%	5%	40%	2%
4	8%	10%	12%	5%	40%	2%
5	8%	10%	12%	5%	40%	2%
6	8%	10%	12%	5%	40%	2%
7	8%	10%	12%	5%	40%	2%
8	8%	10%	12%	5%	40%	2%
9	8%	10%	12%	5%	40%	2%
10	8%	10%	12%	5%	40%	2%
11	8%	10%	12%	5%	40%	2%
12	8%	10%	12%	5%	40%	2%
13	8%	10%	12%	5%	40%	2%
14	8%	10%	12%	5%	40%	2%
15	8%	10%	12%	5%	40%	2%
16	8%	10%	12%	5%	40%	2%
17	8%	10%	12%	5%	40%	2%
18	8%	10%	12%	5%	40%	2%
19	8%	10%	12%	5%	40%	2%
20	8%	10%	12%	5%	40%	2%

c. Valores destinados para pagamento – Credores garantia real

Dados suprimidos para preservar as informações da empresa.

d. Valores Destinados para pagamento – quirografários

Dados suprimidos para preservar as informações da empresa.

11.7. Prazos para pagamento

Todos os prazos constantes neste plano ocorrem a partir da publicação no Diário Oficial da sentença que homologar a aprovação do plano de recuperação judicial da EMPRESA 3, salvo expressa disposição em contrário constante na mesma.

11.8. Impostos

Os acionistas da EMPRESA 3 têm convicção de que é preciso envidar todos os esforços para regularização dos tributos municipais, estaduais e federais vencidos. Para isso, se utilizará das prerrogativas constantes do Artigo 68 – lei 11.101/2005 e se solicitará os parcelamentos específicos editados pelas Fazendas públicas municipais, estaduais e federais.

Há ainda que se ressaltar que a confusão gerada pelo emaranhado das leis tributárias sobre os variados segmentos de atividade empresarial exige um estudo minucioso da situação tributária da empresa. A cada momento são editadas medidas cujo principal objetivo é permitir o aumento da arrecadação.

Assim sendo, o principal objetivo da EMPRESA 3 é o pagamento de todos os seus tributos, mas sem comprometer a operação da empresa. Devido à morosidade e burocracia que enfrentamos no Brasil, até a presente data. Nada foi estabelecido de concreto no que diz respeito ao parcelamento dos impostos das empresas em recuperação judicial.

Diante deste quadro, a EMPRESA 3 efetuará um levantamento de todo o seu passivo fiscal federal, estadual e municipal, de maneira a efetuar o expurgo das ilegalidades contidas nos valores que estão sendo cobrados pelos órgãos competentes.

Dessa forma, as premissas do planejamento tributário que está sendo efetuado na EMPRESA 3 podem ser resumidas em:

- Parcelamento de acordo com a possibilidade de pagamento da empresa;
- Exercício de cidadania: recurso ao judiciário para proteger seus direitos ofendidos;
- Expurgo das fórmulas irregulares de cobrança de juros, multas e encargos legais;
- Apuração do valor "justo" de cada dívida, aplicando-se a fórmula constitucional de cálculo;
- Adequação dos pagamentos ao fluxo de caixa do contribuinte;
- Medidas jurídicas de maneira a acelerar as compensações efetuadas pela empresa no tocante aos créditos de IPI;
- Para fins de elaboração desse plano, considerou-se um percentual do faturamento destinado à amortização de tributos;
- Há que se destacar uma das ações de extrema importância que está sendo patrocinada pela EMPRESA 3: exclusão do ICMS da base de cálculo para apuração do PIS e da COFINS.

Registra-se ainda que a EMPRESA 3 possui ação para recuperação de créditos junto à Eletrobrás, cujo montante estimado do crédito ultrapassa a cifra de R$ 70 milhões. Pretende a EMPRESA 3 utilizar esse recurso para liquidação de débitos tributários. Por conservadorismo, as recuperações tributárias não foram inseridas no fluxo de caixa.

11.9. Ação contra o "arrendatário"

A EMPRESA 3 possui ações judiciais contra o ARRENDATÁRIO, objetivando o ressarcimento de valores a título de lucro cessante, indenização por perdas e danos, degradação de marca, etc.

Apresenta-se, a seguir, o resumo dos valores que estão sendo pleiteados:

Dados foram suprimidos para preservar informações da empresa.

A proposta da administração é de que, em caso de sucesso nas ações, os valores efetivamente recebidos sejam destinados da seguinte forma:

- 50% do valor será destinado a capital de giro;
- 50% do valor será destinado ao pagamento a credores na modalidade de Leilão Reverso.

Por conservadorismo, não estão computados na projeção de fluxo de caixa para os próximos exercícios recebimentos em decorrência dessas ações judiciais.

Capítulo 12. Do leilão reverso de créditos e da geração de caixa em cada semestre

12.1. Utilização de leilão reverso

Conforme já descrito nos itens 11.2 e 11.3 deste Plano, a administração da empresa pretende efetuar o Leilão Reverso de Créditos (possibilidade dos credores resgatarem parte de seus créditos antecipadamente em cada ano).

Dessa forma, a EMPRESA 3 apresenta o presente plano contemplando a possibilidade de realização do Leilão Reverso de créditos.

Leilão Reverso de Créditos, na prática, significa destinar recursos da própria empresa para aquisição de créditos com deságio. Vencerão o leilão os credores que ofertarem seus créditos com a maior taxa de deságio possível.

Referidos leilões serão efetuados mediante utilização de percentual de 32% do fluxo de caixa livre gerado em cada semestre para os credores com garantia real e quirografários. Além disso, 50% dos recursos efetivamente recebidos pela empresa em decorrência de eventual sucesso na ação contra o ARRENDATÁRIO também serão utilizados como Leilão Reverso, conforme está previsto no item 11.9 deste plano.

Os leilões reversos serão realizados em até 90 dias após a data de fechamento do correspondente semestre. Neles poderão participar tanto credores com garantia real quanto quirografários.

Os leilões serão feitos sem segregação dos credores de cada classe. Apenas para fins de simulação, as planilhas de projeção de amortização dos valores dos credores contemplam premissa que 20% do fluxo de caixa livre serão utilizados como na classe de garantia real e 12% na classe de quirografários.

Capítulo 13. Da geração de caixa em cada semestre

Conforme já mencionado, a distribuição do fluxo de caixa livre gerado semestralmente pela EMPRESA 3 será efetuada semestralmente após a carência na seguinte forma:

a. 10% para pagamento a credores com garantia real, na modalidade pagamento linear, conforme descrito no item 11.2;

b. 15% do fluxo de caixa livre para pagamento de credores com garantia real na modalidade pagamento proporcional conforme item 11.2;

c. 10% do fluxo de caixa livre para pagamento de credores com garantia real na modalidade credor parceiro, conforme item 11.2;

d. 8% para pagamento a credores quirografários na modalidade de pagamento linear conforme descrito no item 11.3;

e. 10% para pagamento a credores quirografários na modalidade pagamento proporcional conforme item 11.3;

f. 5% para pagamento de credores quirografários na modalidade credor parceiro, conforme item 11.3;

g. 32% para Leilão Reverso (para ambas as classes de garantia real e quirografários).

Para fins deste plano de recuperação judicial, fica desde já estabelecido que a mensuração do fluxo de caixa livre em cada semestre (para fins de pagamento aos credores) será efetuada utilizando-se os mesmos critérios de cálculo dos adotados nas planilhas de projeção de fluxo de caixa.

Também fica estabelecido que, do saldo residual de caixa não utilizado em um semestre, 50% será adicionado ao fluxo de caixa livre gerado no semestre subsequente para fins de distribuição.

Capítulo 14. Outros meios de recuperação

Conforme estabelece o art. 50 da lei 11.101/05, outros meios poderão ser utilizados para prover a recuperação da empresa, sendo que todas as medidas abaixo podem ser tomadas, desde que os valores dos credores sejam prioritariamente liquidados com os recursos oriundos das medidas a serem implantadas.

I. Concessão de prazos e condições especiais para pagamento das obrigações vencidas ou vincendas;

II. Cisão, incorporação, fusão ou transformação de sociedade, constituição de subsidiária integral, ou cessão de cotas ou ações, respeitados os direitos dos sócios, nos termos da legislação vigente;

III. Alteração do controle societário;

IV. Aumento de capital social;

V. Trespasse ou arrendamento de estabelecimento, inclusive à sociedade constituída pelos próprios empregados;

VI. Redução salarial, compensação de horários e redução da jornada, mediante acordo ou convenção coletiva;

VII. Dação em pagamento ou novação de dívidas do passivo, com ou sem constituição de garantia própria ou de terceiro;

VIII. Constituição de sociedade de credores;

IX. Venda parcial dos bens;

X. Equalização de encargos financeiros relativos a débitos de qualquer natureza, tendo como termo inicial a data da distribuição do pedido de recuperação judicial, aplicando-se inclusive aos contratos de crédito rural, sem prejuízo do disposto em legislação específica;

XI. Usufruto da empresa;

XII. Administração compartilhada;
XIII. Emissão de valores mobiliários;
XIV. Constituição de sociedade de propósito específico para adjudicar, em pagamento dos créditos, os ativos do devedor.

Capítulo 15. Alteração do plano e permissões

Entende a EMPRESA 3 que, como costumeiramente tem ocorrido em outras recuperações judiciais, outras formas alternativas de recuperação da empresa e de pagamento aos credores podem ser propostas, alteradas ou mesmo viabilizadas na assembleia geral de credores, observadas as disposições previstas na lei 11.101/05.

Aludidas propostas poderão, no futuro, ser viabilizadas no prazo legal aos credores e, por certo, terão como premissas a melhor forma de recuperação da empresa, com o menor sacrifício à sociedade, aos seus sócios e aos credores.

Entretanto, com absoluta segurança, os acionistas da EMPRESA 3 entendem que a forma proposta no presente plano é adequada e está em plena consonância com as previstas em lei. Referida proposta é factível, pois realmente preserva os interesses dos credores, eis que possibilita o pagamento de seus créditos, preservando a atividade econômica da empresa em recuperação.

Capítulo 16. Outros efeitos inerentes à aprovação do plano

16.1. Suspensão das ações de recuperação de crédito

Após a aprovação do plano de recuperação judicial, deverão ser suspensas todas as execuções judiciais, falências, arrestos ou qualquer outra medida judicial ajuizada contra a EMPRESA 3, inclusive os seus acionistas, administradores e/ou garantidores, a qualquer título, inclusive por avais e fianças de seus sócios e respectivos cônjuges, referente aos créditos sujeitos ou não à recuperação judicial e que tenham sido novados pelo plano aprovado, salvo se de maneira diversa e expressa tiver sido pactuado pelas referidas pessoas físicas em ação própria.

É vedada, ainda, a constrição de bens e prosseguimento processual enquanto o plano aprovado estiver sendo regularmente cumprido. Os processos permanecerão suspensos enquanto as obrigações assumidas neste plano estiverem sendo cumpridas a tempo e modo, até eventual solução, resilição ou alteração do plano aprovado.

Os credores não poderão ajuizar novas ações de execução ou de qualquer outra natureza no intuito de reaver os créditos incluídos na recuperação judicial, mesmo que cedidos a terceiros, por endosso ou cessão de crédito, ou de período abrangido pela recuperação, salvo no caso de descumprimento do plano, nos termos dos artigos 58 e 59 da lei nº 11.101/2005.

No caso de interposição de ação em razão dos créditos referidos no parágrafo acima, não poderá o patrimônio da empresa e dos seus devedores solidários sofrer qualquer espécie de ônus na tentativa de cumprimento de ato executório.

16.2. Novação da dívida

A aprovação do plano acarretará, por força do disposto no art. 59 da lei nº 11.101/2005 a novação das dívidas sujeitas à recuperação e também daquelas não sujeitas à recuperação que foram relacionadas e não contestadas pelos respectivos credores.

Capítulo 17. Da situação dos credores em caso de falência

> No direito brasileiro, abstraída a hipótese de desistência, não há terceira alternativa: quem requer o benefício da recuperação judicial ou o obtém ou terá sua falência decretada.
>
> Comentários à nova lei de falências e de recuperação de empresas – Fábio Ulhoa Coelho – 4ª. Edição, pag. 73

Hipóteses de decretação da falência:

- Deliberação dos credores;
- Não apresentação do plano de recuperação pelo devedor no prazo;
- Rejeição do plano de recuperação pela assembleia geral de credores;
- Descumprimento do plano de recuperação.

Como se pode observar, a nova lei é rigorosa no que diz respeito ao cumprimento do plano de recuperação judicial. Assim sendo, afastada a hipótese de decretação da falência pela não apresentação do mecanismo, a decisão pela concessão da recuperação judicial da empresa está nas mãos da assembleia de credores.

Porém, caso ocorra a decretação da falência da empresa, teremos a seguinte ordem de liquidação dos créditos.

Art. 83. A classificação dos créditos na falência obedece à seguinte ordem:

I. Os créditos derivados da legislação do trabalho, limitados a 150 (cento e cinquenta) salários-mínimos por credor, e os decorrentes de acidentes de trabalho;
II. Créditos com garantia real até o limite do valor do bem gravado;
III. Créditos tributários, independentemente da sua natureza e tempo de constituição, excetuadas as multas tributárias;
IV. Créditos com privilégio especial;

V. Créditos com privilégio geral;
VI. Créditos quirografários;
VII. As multas contratuais e as penas pecuniárias por infração das leis penais ou administrativas, inclusive as multas tributárias;
VIII. Créditos subordinados.

Conforme se observa, a hipótese de falência traria enorme prejuízo à classe de quirografários, pois primeiro são liquidados os saldos extraconcursais, bem como saldos com garantia real, trabalhadores e tributos para o restante ser rateado aos demais credores.

Diante, do quadro exposto, a EMPRESA 3 entende que a falência não é uma alternativa melhor aos credores do que a proposta constante do presente plano, que trata todos os credores de maneira igualitária e que demonstra com clareza e consistência que a continuidade das operações mediante a aprovação do plano de recuperação judicial pela assembleia geral de credores possibilitará a liquidação de todas as dívidas conforme fluxo de pagamento anexo ao presente plano. Para o próprio ARRENDATÁRIO, que operou por vários anos a empresa, a falência da EMPRESA 3 não é a melhor alternativa.

Capítulo 18. Conclusão

O plano de recuperação judicial proposto atende cabalmente os princípios da lei 11.101/2005, no sentido da tomada de medidas aptas à recuperação financeira, econômica e comercial da EMPRESA 3.

O presente plano cumpre a finalidade da lei, de forma detalhada e minuciosa, sendo instruído com planilhas financeiras de projeções contábeis e de fluxo de caixa, comprovando a probabilidade de pagamento aos credores.

Saliente-se ainda que o plano de recuperação apresentado demonstra a viabilidade financeira e econômica da entidade, desde que conferidos novos prazos e condições de pagamentos aos credores.

Os conceitos que foram aplicados têm por objetivo fazer com que a EMPRESA 3 quite o mais rápido possível os créditos trabalhistas e agilize o pagamento às demais classes, utilizando-se dos leilões reversos de crédito nas classes especificadas.

Dessa forma, considerando que a recuperação financeira da EMPRESA 3 é medida que trará benefícios a sociedade como um todo, através da geração de empregos e riqueza ao País, especialmente ao estado de Goiás, somado ao fato de que as medidas financeiras, de comercialização e de reestruturação interna, em conjunto com o parcelamento de débitos, são condições que possibilitarão a efetiva retomada dos negócios, temos que, ao teor da lei 11.101/2005 e de seus princípios norteadores, que prevê a possibilidade de concessões judiciais e de prazos com credores para a efetiva recuperação judicial de empresas, o presente plano é a cabal solução para a continuidade da entidade.

Cabe esclarecer que todas as informações que fundamentaram a elaboração do presente plano de recuperação, assim como os dados contábeis, projeções e análises, foram fornecidas pela EMPRESA 3. Da mesma forma, as afirmações e opiniões aqui expressadas refletem exclusivamente sua visão e entendimento dos fatos que o levaram a requerer a sua recuperação judicial.

Ressalte-se que, como sucede com qualquer planejamento, seu efetivo resultado depende de inúmeros fatores, muitas vezes alheios ao controle e determinação de quem o está implantando.

Importante observar que o risco é inerente a qualquer empreendimento, e a incerteza inerente a qualquer projeção. Absolutamente impossível eliminá-los totalmente. Por esse motivo, procurou-se, de forma transparente, adotar premissas cautelosas, a fim de não comprometer a realização do esforço a ser empregado.

Caso seja necessário, o plano de recuperação poderá sofrer futuras alterações, com modificação das propostas aqui declaradas.

Para tanto, observar-se-ão as mesmas condições impostas pela lei para sua tramitação, ou seja, aquiescência do devedor e aprovação em assembleia de credores, pelo mesmo critério de quórum que o tenha aprovado inicialmente.

Após o cumprimento dos artigos 61 e 63 da lei 11.101/05, a EMPRESA 3 compromete-se a honrar os subsequentes pagamentos na forma estabelecida no presente plano de recuperação, devidamente homologado pelo Juízo competente.

Uma vez concedida a recuperação judicial, o plano de recuperação obriga a EMPRESA 3, seus credores e sucessores a qualquer título.

Local e data

Primeiro aditivo ao plano de recuperação judicial da empresa 3

Empresa 3

Introdução

1. Considerando que as propostas estabelecidas no plano de recuperação judicial inicialmente apresentado pela recuperanda não alcançaram as expectativas de alguns credores e, por isso, o mesmo foi alvo de objeções;
2. Considerando-se que a assembleia geral de credores será instalada em primeira e segunda convocação nas datas estabelecidas pelo judiciário, para que os credores possam analisar melhor as propostas originalmente apresentadas e sugerir eventuais modificações;
3. Considerando-se o interesse da recuperanda EMPRESA 3 – em recuperação judicial – em atingir a satisfação da maioria dos credores;
4. Considerando-se que alguns credores sugeriram melhorias nas propostas apresentadas pela recuperanda;
5. Considerando-se que a falência da recuperanda não é uma alternativa economicamente viável aos credores, conforme detalhado no plano de recuperação judicial originalmente apresentado.

A EMPRESA 3 – em recuperação judicial – vem através do presente apresentar o primeiro aditivo ao seu plano de recuperação judicial, conforme detalhado a seguir:

Capítulo 1. Modificações ao Plano de Recuperação Judicial

1.1. Proposta para quitação de credores quirografários e com garantia real mediante constituição de nova sociedade

A EMPRESA 3 – em recuperação judicial – efetuará a quitação dos créditos com garantia real e quirografários mediante a criação de uma nova Sociedade Anônima, uma S/A, doravante denominada NOVA COMPANHIA, que irá incorporar parte dos ativos da EMPRESA 3 – em recuperação judicial –.

Os ativos a serem incorporados pela NOVA COMPANHIA através do processo de cisão da EMPRESA 3 – em recuperação judicial – são os seguintes:

Dados foram suprimidos para preservar informações da empresa.

Os bens acima relacionados serão incorporados pela NOVA COMPANHIA com todos os seus acessórios, máquinas, equipamentos e benfeitorias, inclusive os imóveis onde estão edificados.

Do total dos ativos a serem vertidos para a nova empresa serão deduzidos os valores, que ficarão consignados como crédito para a sociedade em recuperação judicial para atendimento das obrigações assumidas no processo de recuperação judicial.

Após a aprovação pelos credores em assembleia geral e homologação do plano pelo Juízo da Recuperação, os terrenos não operacionais (unidades produtivas isoladas) estarão livres e desembaraçados de quaisquer ônus. Além disso, não haverá(ão) sucessão do(s) adquirente(s) dessas unidades produtivas isoladas, de qualquer natureza, na forma dos artigos 60 e 142 da lei nº 11.101/05.

A NOVA COMPANHIA nascerá atuando no setor de moagem de trigo. Ela também contará com um amplo complexo de fabricação de massas. Ela já nascerá como o maior moinho da região Centro-Oeste brasileira e um dos maiores do Brasil, com uma capacidade de produção instalada de moagem de 15 mil toneladas/mês de trigo, e irá buscar parcerias com novos investidores e *players* do setor para otimizar a utilização de sua capacidade instalada.

Os detalhes desta proposta são a seguir elencados.

1.1.1. Tipo de Sociedade a ser criada

A Sociedade a ser criada será uma Sociedade Anônima (S/A) de capital fechado que se regerá pela Lei das Sociedades Anônimas – lei nº 6.404/76 (Lei das S/A's) e alterações posteriores.

1.1.2. Forma a ser utilizada para a constituição da nova sociedade

A criação da NOVA COMPANHIA será feita através de uma cisão parcial dos ativos da EMPRESA 3 – em recuperação judicial.

1.1.3. Da sede da nova sociedade

A sede da NOVA COMPANHIA será em local previamente a ser definido, e filiais poderão ser criadas de acordo com as deliberações dos acionistas.

A sede e domicilio fiscal da EMPRESA 3 – em recuperação judicial continuará sendo em local a ser definido.

1.1.4. Objeto social da nova Sociedade

A NOVA COMPANHIA terá como objeto social a compra, processamento, venda, exportação, importação de trigo e de seus derivados; arrendamento, aluguel ou venda de unidades industriais, bem como a intermediação de operações de compra e venda dos itens retro descritos.

1.1.5. Despesas para constituição da nova companhia

As despesas iniciais para a constituição da NOVA COMPANHIA, incluindo os custos de cisão, serão custeadas pela empresa recuperanda.

1.1.6 Ativos a serem vertidos para constituição da nova companhia

Os ativos a serem vertidos para constituição da NOVA COMPANHIA, observado o contido no item 2.1 deste Primeiro Aditivo, serão os terrenos, as edificações e 100% do maquinário atualmente instalado no prédio onde se opera moagem de trigo e pastifício, e ainda parte dos terrenos não operacionais, exceto o terreno do estacionamento, que continuará sendo de propriedade da empresa EMPRESA 3 – em recuperação judicial – para suprimento de sua necessidade de capital de giro durante o período da recuperação judicial.

Apresenta-se, a seguir, demonstrativo dos valores objeto da cisão, cujas avaliações foram realizadas por peritos independentes, conforme laudos de avaliação apresentados nos autos da recuperação judicial.

1.1.7 Dos responsáveis pela constituição da nova companhia

Os atuais administradores da EMPRESA 3 – em recuperação judicial serão os responsáveis pela coordenação e acompanhamento do processo de cisão da recuperanda e criação da nova sociedade.

1.1.8. Elaboração do Estatuto e assembleia geral de constituição da nova companhia

Caberá aos atuais administradores da EMPRESA 3 – em recuperação judicial adotar todas as providências necessárias à elaboração do Estatuto da NOVA COMPANHIA, registro na Junta Comercial e obtenção de licenças de operação, dentre outras providências necessárias ao início das operações comerciais da nova empresa.

A primeira assembleia geral da NOVA COMPANHIA será a de sua constituição. Essa assembleia será convocada pelos acionistas da EMPRESA 3 – em recuperação judicial em até 120 dias da homologação deste plano de recuperação pelo juízo da 11ª. Vara Cível de Goiânia (GO).

Nessa assembleia, além da aprovação do Estatuto da Companhia e de sua constituição, também serão abordados os seguintes aspectos: a) eleição do presidente e dos membros do conselho de administração, e fixação de prazo de mandato; b) remuneração dos conselheiros e do presidente; c) estrutura da gestão e operação da NOVA COMPANHIA e d) outras providências de interesse da sociedade.

1.1.9. Capital social inicial da nova companhia

A EMPRESA 3 – em recuperação judicial – efetuará, mediante aprovação da assembleia de credores e homologação judicial do plano de recuperação, a cisão de parte de seus ativos para constituição da NOVA COMPANHIA. Os ativos a serem cindidos são os constantes no item 2.1.6 deste primeiro aditivo. A sociedade constituída por essa cisão terá seu capital social composto por ações ordinárias nominativas.

Fica estabelecido que o valor de integralização do capital social da nova sociedade será o que foi definido pela empresa especializada conforme avaliação constante dos autos da recuperação judicial. Esse procedimento está previsto no artigo 8º da lei nº 6.404/76.

1.1.10. Conversão das dívidas com credores em ações da nova companhia

Juntamente com os ativos que serão cindidos para a constituição da nova empresa NOVA COMPANHIA, também serão cindidos os saldos dos credores quirografários e com garantia real constantes na segunda relação de credores divulgada pelo administrador judicial da EMPRESA 3 – em recuperação judicial. Assim sendo, referidos credores terão seus créditos convertidos em ações ordinárias nominativas.

1.1.11. Fórmula para conversão em ações *on* dos créditos constantes na segunda relação de credores

A fórmula que será utilizada para conversão dos créditos quirografários e com garantia real constantes na segunda relação de credores em ações da EMPRESA 3 – em recuperação judicial – é a descrita no anexo II deste primeiro aditivo.

1.1.12. Do acompanhamento da constituição da nova companhia e da conversão dos créditos

Todo o processo de constituição da NOVA COMPANHIA e conversão dos créditos em ações será objeto de acompanhamento pelo administrador judicial da sociedade em recuperação.

1.1.13. Do Conselho de Administração da nova companhia

O Conselho de Administração da Companhia será o órgão responsável por, entre outras questões, determinar as suas políticas e diretrizes dos seus negócios. O Conselho de Administração também supervisionará a diretoria e monitorará a implementação, pela mesma, das políticas e diretrizes estabelecidas periodicamente pelo Conselho de Administração. De acordo com a lei nº 6.404/76, o Conselho de Administração será ainda o responsável pela contratação de seus Auditores Independentes.

O Estatuto social da NOVA COMPANHIA estabelecerá o funcionamento permanente de um conselho de administração que será composto por um máximo de 5 conselheiros eleitos em assembleia geral. A cada 20% de ações ordinárias da Companhia, caberá a indicação de 1 membro do Conselho.

Como dito anteriormente, a remuneração do conselho de administração será estabelecida em assembleia geral.

O Conselho de Administração da NOVA COMPANHIA deverá adotar como regra a assessoria permanente de uma empresa especializada em Auditoria Independente, devidamente registrada nos órgãos competentes.

1.1.14. Tratamento dos créditos retardatários (reconhecidos posteriormente à publicação da segunda relação de credores – DJe nº 915 de 03/10/2011)

Créditos de qualquer natureza que, porventura, venham a ser reconhecidos posteriormente à publicação da segunda relação de credores da EMPRESA 3 – em recuperação judicial – divulgada pelo administrador judicial, terão o seguinte tratamento:

1.1.14.1. Credores trabalhistas

Permanecem inalteradas as disposições constantes no item 11.1.2 do plano de recuperação originalmente apresentado.

1.1.14.2. Credores com garantia Real e quirografários

Em relação aos credores com garantia real e quirografários retardatários, será feita a conversão em quantidade de ações, do valor reconhecido judicialmente, aplicando-se o previsto no item 11.5 do plano de recuperação judicial originalmente apresentado. A conversão em ações observará a fórmula estabelecida no anexo III deste Primeiro Termo Aditivo.

1.1.15. Emissão de ações a credores retardatários da empresa 3 – em recuperação judicial

Fica desde já assegurado que, com relação à quantidade de ações emitidas aos credores retardatários, também serão emitidas para os subscritores iniciais da constituição da sociedade NOVA COMPANHIA ações em quantidade correspondente para garantir aos mesmos a manutenção do percentual inicial de participação societária previsto neste Primeiro Aditivo.

1.1.16. Manutenção da representatividade no conselho de administração em relação aos créditos retardatários

Fica também desde já assegurado que o Estatuto Social da NOVA COMPANHIA deverá conter cláusula pétrea que assegure que a representatividade dos conselheiros indicados pelos atuais acionistas da EMPRESA 3 – em recuperação judicial – no Conselho de Administração da NOVA COMPANHIA não sofrerá qualquer modificação em caso de emissão de ações a credores retardatários.

1.1.17. Distribuição dos resultados apurados pela nova sociedade Nova Companhia

O lucro líquido contábil apurado em cada exercício pela NOVA COMPANHIA-terá a seguinte destinação:

- 5% para constituição de reserva legal;
- 50% para constituição de reserva para resgate de ações. Referido percentual também poderá ser utilizado para resgate de debêntures;
- 25% para dividendos aos acionistas;
- 20% será mantido na companhia para Capital de Giro.

1.1.18. Nomeação da diretoria da Nova Companhia

Ao Conselho de Administração caberá, na forma da lei, a nomeação da diretoria executiva da NOVA COMPANHIA.

Dessa forma, fica assegurada aos credores a oportunidade de participarem da gestão da companhia mediante sua participação no Conselho de Administração da forma estabelecida no item 2.1.13 deste Primeiro Aditivo.

1.1.19. Passivos ocultos pré-existentes à constituição da nova sociedade

Passivos ocultos de qualquer natureza, inclusive ambiental e tributário, pré-existentes à data de constituição da companhia, serão de exclusiva responsabilidade da EMPRESA 3— em recuperação judicial — nos termos do artigo 60 da lei nº 11.101/05.

1.1.20. Da responsabilidade pelos bens da Nova Companhia até sua constituição

Até a constituição da NOVA COMPANHIA, a EMPRESA 3— em recuperação judicial — será responsável pela manutenção dos bens a serem vertidos na nova empresa.

1.2. DISPOSIÇÃO ESPECÍFICA PARA OS CREDORES QUIROGRAFÁRIOS OU COM GARANTIA REAL QUE NÃO ACEITEM SER ACIONISTAS DA NOVA SOCIEDADE.

Os credores constantes na 2ª relação divulgada pelo administrador judicial que não puderem, por questão ou vedação legal, ou ainda que não quiserem tornar-se acionistas da NOVA COMPANHIA, receberão debêntures perpétuas da nova empresa, com prazo de vencimento indeterminado.

As condições para emissão dessas debêntures perpétuas serão definidas a seguir.

1.2.1. Exercício da opção pelos credores

Sob pena de perecimento do direito, a opção dos credores pelo recebimento de debêntures perpétuas deverá ser expressamente manifestada ao administrador judicial em até 30 dias contados da homologação do plano de recuperação judicial e seus Aditivos pelo juízo da 11ª. Vara Cível da Comarca de Goiânia (GO), ou do reconhecimento/retificação do crédito pelo mesmo juízo. Após esse prazo, considerar-se-á como exercida tacitamente, em caráter irrevogável e irretratável, a opção pela conversão do crédito em ações ordinárias da NOVA COMPANHIA.

1.2.2. Da autorização para emissão de debêntures perpétuas

A ESCRITURA DE EMISSÃO DE DEBÊNTURES será firmada com base na autorização deliberada pela assembleia geral Extraordinária da NOVA COMPANHIA e será realizada em prazo máximo de 90 dias da constituição da companhia.

1.2.3. Dos requisitos para emissão de debêntures perpétuas

A emissão de debêntures perpétuas, não conversíveis em ações, será feita com observância dos seguintes requisitos:

- A ata da assembleia geral extraordinária que deliberar sobre a EMISSÃO será arquivada na Junta Comercial/Registro de Empresas do Estado de Goiás e publicada no Diário Oficial do Estado de Goiás e em jornal de grande circulação no local da sede da companhia;
- A ESCRITURA DE EMISSÃO DE DEBÊNTURES receberá a grafia SÉRIE ÚNICA e seus eventuais aditivos serão inscritos na Junta Comercial/Registro de Empresas do Estado de Goiás.

1.2.4. Das características de emissão das debêntures perpétuas

As características e condições dessa SÉRIE ÚNICA de debêntures perpétuas são a seguir apresentadas:

- O valor nominal unitário das debêntures perpétuas da SÉRIE ÚNICA será de R$ 1,00 na data de emissão;
- Serão emitidos os correspondentes certificados de emissão de debêntures perpétuas da SÉRIE ÚNICA;
- Para todos os fins de direito, a titularidade das debêntures perpétuas será comprovada pelo registro nos controles da EMISSORA. As transferências de titularidade deverão ser devidamente averbadas nos controles da EMISSORA;
- As debêntures perpétuas da SÉRIE ÚNICA serão da espécie QUIROGRAFÁRIA;
- Para todos os efeitos legais, a data de emissão das debêntures perpétuas da SÉRIE ÚNICA será de no máximo 90 dias da constituição da companhia;
- As debentures SÉRIE ÚNICA têm a característica de perpétuas e, por isso, o vencimento dessas debêntures está condicionada a um evento de liquidez e somente ocorrerá nas hipóteses de: (i) dissolução da companhia EMISSORA, (ii) abertura de capital da companhia EMISSORA ou (iii) venda da empresa EMISSORA. Portanto, nas hipóteses retrocitadas, vencerão em 30 dias as debêntures em circulação, obrigando-se a EMISSORA a efetuar o pagamento do saldo das debêntures.

1.2.5. Do rendimento das debêntures série única

As debêntures da SÉRIE ÚNICA serão anualmente atualizadas monetariamente com base na variação da TR (taxa referencial). A atualização monetária será anualmente incorporada ao valor das debêntures até sua amortização. A partir da data de emissão, as debêntures SÉRIE ÚNICA farão jus ao rendimento de juros de 2% ao ano, calculados em base de 360 dias, incidentes sobre o valor nominal de emissão de cada debênture atualizada monetariamente. Os juros serão anualmente incorporados ao valor da debênture.

1.2.6. Do valor da emissão e do preço de subscrição e integralização das debêntures série única

O valor de emissão e o preço de subscrição e integralização das debêntures da SÉRIE ÚNICA será o seu valor nominal unitário. A integralização das debêntures será a vista, em moeda corrente nacional, com os créditos que não foram convertidos em ações da companhia emissora, após a aplicação do deságio previsto nos itens 11.2 e 11.3 do plano de recuperação judicial originalmente apresentado pela recuperanda.

1.2.7. Deságio no resgate das debêntures perpétuas da série única

Fica desde já estabelecido que as debêntures perpétuas SÉRIE ÚNICA serão resgatáveis caso ocorra algum dos eventos de liquidez descritos no item 2.2.4 deste Primeiro Aditivo, com o seguinte deságio sobre o valor das debêntures:

a) Caso o evento de resgate descrito no item 2.2.4 ocorra nos primeiros 5 anos após a homologação do plano de recuperação judicial, 80% do valor de face das debêntures; b) caso o evento de resgate ocorra entre 5 a 10 anos após a homologação do plano de recuperação judicial, 70% do valor de face das debêntures; c) caso o evento de resgate ocorra após 10 anos da homologação do plano de recuperação judicial, 60% do valor de face das debêntures.

1.3. Disposição específica para créditos reconhecidos posteriormente à segunda relação de credores: direito ao recebimento de debêntures perpétuas — série única

Os créditos reconhecidos posteriormente à segunda relação de credores divulgada pelo administrador judicial terão direito ao recebimento de debêntures da SÉRIE ÚNICA, com as mesmas características das debêntures previstas no item 2.2.4 ao item 2.2.7. Dessa forma, novas debêntures da SÉRIE ÚNICA deverão ser emitidas aos referidos credores, com as mesmas condições das debêntures previstas no item 2.2.4 ao item 2.2.7 (preço de emissão, preço de subscrição, prazos de vencimento, remuneração, deságio, etc.). A emissão dessas novas debêntures será realizada em forma de aditivo à ESCRITURA DE EMISSÃO DE DEBÊNTURES e, como efeito, serão ajustados os valores de cisão da EMPRESA 3 – em recuperação judicial. Referidos aditivos serão devidamente registrados na Junta Comercial/Registro de Empresas do Estado de Goiás.

1.4. ASSEMBLEIA DE DEBENTURISTAS

A assembleia geral de debenturistas pode ser convocada pela EMISSORA ou por debenturistas que representem 10%, no mínimo, das debêntures em circulação, observando-se o seguinte:

- A convocação se dará mediante anúncio publicado, pelo menos 3 vezes, nos órgãos de imprensa, nos quais a EMISSORA deve efetuar suas publicações, respeitadas outras regras relacionadas à publicação de anúncio de convocação de assembleias gerais constantes da lei nº 6.404/76, da regulamentação aplicável e da ESCRITURA;
- A assembleia se instalará, em primeira convocação, com a presença de debenturistas que representem a metade, no mínimo, das debêntures em circulação e, em segunda convocação, com qualquer quórum. Para os efeitos da ESCRITURA, considera-se debêntures em circulação todas as debêntures subscritas, excluídas aquelas já canceladas e as mantidas em tesouraria pela EMISSORA;
- A presidência da assembleia caberá ao debenturista eleito por maioria dos titulares das debêntures;
- Nas deliberações da assembleia, a cada debênture em circulação caberá um voto, admitida a constituição de mandatário, debenturista ou não. Observado o disposto neste item, as alterações nas características e condições das debêntures e da EMISSÃO deverão ser aprovadas pela emissora e por debenturistas que representem, pelo menos, 2/3 das debêntures em circulação, observado que alterações no rendimento e/ou prazo de vencimento das debêntures e/ou dispositivos sobre quórum previstos nesta ESCRITURA deverão contar com aprovação da EMISSORA e por debenturistas representando, no mínimo, 50% das debêntures em circulação.

Capítulo 2. Operação remanescente na sociedade em recuperação judicial

A EMPRESA 3 – em recuperação judicial – continuará em operação. Ela operará a linha de misturas para bolos e pretende ampliar sua participação nesse mercado com a criação de nova marca e lançamento de novos sabores e produtos.

Dessa forma, a EMPRESA 3 – em recuperação judicial continuará responsável pelo cumprimento de todas as obrigações até então existentes, inclusive com as advindas da cisão para a constituição de nova sociedade EMPRESA 3, as quais serão suportadas com recursos advindos das operações comerciais regulares e com o esforço do capital decorrente da venda de ativos.

Fica desde já previsto que para o equacionamento do endividamento tributário da EMPRESA 3 – em recuperação judicial –, será requerido o parcelamento mediante utilização de percentual de faturamento (1,2%), nos moldes do que já foi aprovado pelo Governo Federal em parcelamentos anteriores (REFIS 1).

Capítulo 3. Outras disposições

3.1. Outras disposições constantes no plano de recuperação judicial originalmente apresentado pela recuperanda

Permanecem inalteradas as disposições constantes no plano de recuperação judicial originalmente apresentado pela recuperanda desde que expressamente não seja modificado pelo presente Primeiro Aditivo ao plano de recuperação, permanecendo inalteradas as disposições relativas à novação da dívida em relação à recuperanda, aos sócios e avalistas, os quais figuram como fiadores, coobrigados, avalistas, devedores solidários em obrigações sujeitas à recuperação judicial.

3.2. Indisponibilidade e impenhorabilidade dos ativos vinculados à constituição da nova sociedade nova companhia

Fica desde já estabelecido que a aprovação do plano de recuperação judicial e modificações constantes neste Primeiro Aditivo implicará na indisponibilidade e impenhorabilidade dos ativos vinculados à criação da nova sociedade NOVA COMPANHIA.

3.3. Foro

Fica desde já estabelecido que será o MM. Juízo da Recuperação o órgão competente para solucionar controvérsias que eventualmente possam existir com relação à aprovação, modificação e cumprimento do plano de recuperação judicial e modificações previstas neste Primeiro Termo Aditivo.

Este primeiro aditivo contendo propostas para modificação do Plano de Recuperação Judicial, é firmado pelos representantes legais da recuperanda.

Local e data

Anexo I

Distribuição da composição acionária da "nova companhia"

Acionistas subscritores iniciais (A)).......................... - 80%

(B)+ (C)...- 20%

Total... -100%

Onde :

a. Corresponde à participação dos atuais acionistas da EMPRESA 3 – **em recuperação judicial** (na mesma proporção da detida na sociedade cindida);
b. Corresponde ao total dos créditos quirografários constantes na segunda relação de credores divulgada pelo administrador judicial a serem convertidos em ações ON;
c. Corresponde ao total dos créditos com garantia real constantes na segunda relação de credores divulgada pelo administrador judicial a serem convertidos em ações ON.

Anexo II

Fórmula para conversão em ações ON dos créditos quirografários e com garantia real

$(A + B + C) * 20\% * (D/(B+C))$

Onde:

a. Subscrição inicial pelos acionistas da EMPRESA 3 – **em recuperação judicial**;
b. Créditos quirografários constantes na segunda relação de credores a serem convertidos em ações ON;
c. Créditos com garantia real constantes na segunda relação de credores a serem convertidos em ações ON;
d. Valor do crédito detido pelo credor constante na segunda relação de credores.

ANEXO III

FÓRMULA PARA CONVERSÃO EM AÇÕES ON DOS CRÉDITOS QUIROGRAFÁRIOS E COM GARANTIA REAL RECONHECIDOS APÓS A SEGUNDA RELAÇÃO DE CREDORES DIVULGADA PELO ADMINISTRADOR JUDICIAL

$(A + B + C+D) * 20\% * (D/(B+C+D))$

Onde:

a. Subscrição inicial pelos acionistas da EMPRESA 3 – **em recuperação judicial**;

b. Créditos quirografários, constantes na segunda relação de credores, convertidos em ações ON;

c. Créditos com garantia real, constantes na segunda relação de credores, convertidos em ações ON;

d. Valor do ajuste do crédito detido pelo credor devidamente homologado, a ser acrescido na segunda relação de credores, após a aplicação do deságio previsto no item 11.5 do plano originalmente apresentado pela recuperanda EMPRESA 3 **em recuperação judicial**, a ser convertido em ações ON .

AGRADECIMENTOS

Pela confiança e amizade, os autores agradecem a Abner Nogueira de Jesus, Adelmo da Silva Emerenciano, Adriano Guelman, Agnaldo Pacheco, Alaor Ávila Filho, Alberlan Matos dos Santos, Aldo Fleury de Siqueira Junior, Alessandro Mendonça, Alexandre Presbiteris, Alfredo Kaefer, Almir e Sandra Bifulco, Aluísio Quintanilha de Barros, Alexandre Lorusso, André Dela Togna, Angelo Paiva, Antonio Augusto Mamede, Antonio Belinelo, Antonio Carlos Sobrinho, Antonio Daniele, Arsenio Plagliari Junior, Artur Valentim Boscariol, Augusto Mendes, Augusto Sabadin, Augusto Salvadori Neto, Ayorton Vargas, Bethânia Placucci Bari, Bianca Almeida, Bruno Miwa, Bruno Szwarc, CG, Caio Lutfalla, Camila Vieira, Camilo El Bazi, Carlito, Carlos Alfredo, Carlos Cornelio, Carlos Eduardo de Grossi, Carlos Machado, Carlos Silva, Carlos Yasaka, Celso Fraia, Cesar Santanella, Charles Behs, Charles Cristiano, Cintia Bergamo, Cinthia dos Reis Fagundes, Cláudio Halaban, Clayton Lopes de Souza, Clito Fornaciari, Condecil Guimarães, Daniela Garcia, Daniele Teixeira F. Pedroso, Daniel Daroz, Darci Pessali, Dario Alexandre, Dionizio Alves Jr., Domingos Junior, Eduardo Lemos, Eduardo Urany, Edson Lacerda de Caldas, Eliane Maria Braga, Eliane Migliano, Elton Scaccabarozi, Ely de Oliveira Faria, Enrico Daniele, Ernane Resende, Estevam Santana, Euclides Abrão, Ewerton Nunes, Fabiana Henrique Lucena, Fabio Forti, Fabio Matos, Fábio Villas Boas, Fabio Pagnozzi, Fabio Zogbi, Fernanda Garcez, Fernanda dos Santos Silva, Fernando de Luizi, Fernando Lutfalla, Fernando Mota, Filomena Machado, Flavio Alessi, Flavio Cataldo, Francisco Canazart, Francisco Benedito da Silveira Filho, Francisco Torralbo, Frederico Penteado Bisco, Gabriela Pereira , Geraldo Prearo, Gerson Prado, Giancarlo Dardi, Giovani Salomão, Giuliano de Oliveira Rufino, Gladinston Silvestrini, Gloria Escobosa Valejo, Guilherme Dias, Guivan Bueno, Gustavo Buschinelli, Gustavo Catenaci, Helio Wagner da Silveira, Henrique Hildebrand,

Henry Skitnevsky, Herbert Augusto, Jacques Nasser, Jamal Yusuf, Jango Ribeiro, Jeff Moda, João Caetano Magalhães, João Marcos Tietzmann Silva, João Otavio Pimentel Feijo, Jonathan C. Saragossa, Jorge A. Gonçalves, Jorge Otavio, Jorge Silveira da Silva, José Antônio Tietzmann Silva, José Carlos Fernandes de Alcântara, José Carlos Pereira, José Cláudio Z. Bolognani, José Aldeni, José Gomes, José Luiz Daroz, José Luiz Pinto, Jose Magalhães Vilela, Jose Pivato, José Ricardo Costa, José Ricardo Risolia, Jose Roberto Faria Lima, José Theodoro, Jose Teruji Tamasato, Juliana Medeiros da Silva, Julio K. Mandel, Klever Muller, Leonardo Paço, Liege Ribeiro Pousa, Luciana Rodrigues, Luciano Duarte de Souza, Luiz Augusto Alves Junior, Luiz Felipe de Barros, Luiz Lopes, Luis Santi, Manoel Cardoso, Manoel e Iliria Pilisari, Marcelo Balan, Marcelo Camilo, Marcelo Freitas, Marcelo José Soares, Marcio Lutfalla Franco Grassi, Marco Antonio Papini, Marco Antonio Parisi Lauria, Marco Bruck, Marco Cotomacio, Marcos Vinicius Silveira Tavares, Marco e Kátia Machado, Marcos Bonfim, Marcos Costa, Marcos Antonio Dias de Freitas, Marcos Henrique Martins, Maria Solange Martins Vedrami Bezerra, Mario Pagnozzi, Marly Uchoa, Mary Jane Paiva, Mauricio Fernandes da Costa, Mauricio Gianni, Mauro Rocha, Mauro Suaiden, Milton Hummel, Murilo Lobo, Neide Erance, Nilton Ramos, Odair Vacco, Oscar Uehara, Othmar Rempel, Otto Grubel, Paquito, Paulo Calheiros, Paulo Cesar dos Santos, Paulo Macchia, Paulinho Sorriso, Pedro Pagnozzi, Pedro Paulo Ávila, Pepe Diaz Alencar de Melo, Renato e Eduardo Mange, Ricardo Marinelli, Ricardo Mesa, Raquel Vetrano, Reginaldo Gomes Vieira, Régis Carlos Santos, Rodolfo Preuss, Rogerio Diniz, Roberto Vetrano, Ricardo Mesa, Ricardo Alexandre Luiz, Roberta de Campos Salles, Robson de Andrade Diogo, Robinson Leite, Rodrigo Cecílio, Rodrigo Leme, Rodrigo Tietzmann Silva, Romeu Bocutti Sobrinho, Rubens Harb Boullos, Rubens do Nascimento Filho, Sandra Regina Ferreira, Samuel Garson, Sandra Regina de Oliveira Silva, Sebastião Luiz da Silva, Sergio Sannicola, Sergio Fernandes, Sidney Barone, Silvia Costa, Silvestre Solak, Simone Faria Dragone, Simone Ferrarezi, Sonia Brito Marques, Sydney Marques Paiva, Tathiane Uchoa, Thales Buschinelli, Tiago Zotarelli, Valter Coltro, Vanessa Infantini Vilela, Vera Maria Tietzmann Silva, Vinicius Buschinelli, Viviane de Paula Souza Cavalcanti, Viviani Serra, Wagner Araújo, Wagner Barbero, Wagner Fonseca, Wagner Marques da Silva, Waldeir Foresti Pinto, Walter Lazaro, Walter Ventura Ferreira Junior.

Contato com os autores:

artur@arturlopes.com.br
luidg@mastersreestruturacao.com.br

Site:
www.guiadarecuperacaojudicial.com.br

Este livro foi impresso pela Edições Loyola em papel *Offset* 75 g.